"十三五"国家重点出版物出版规划项目
现代机械工程系列精品教材
普通高等教育"十三五"汽车类规划教材

汽车工程概论
第2版

主编　霍　炜
参编　陈焕明　于梦阁　蒋荣超
主审　刘大维

机械工业出版社

本书是"十三五"国家重点出版物出版规划项目。

本书全面系统地介绍了汽车的基础知识，主要包括汽车工业的发展历史，汽车分类，汽车基本构造，汽车的设计、制造、试验、使用、营销、保养、维修、检测以及新能源汽车的结构原理等方面的内容。本书内容广泛，语言简洁，通俗易懂，趣味性强。

本书可作为高等学校本科车辆工程、汽车服务工程专业学生学习汽车基础知识的教材，也可作为高职、高专、成人教育等汽车工程类专业的教材，还可作为汽车工业部门和汽车运输部门的技术人员、感兴趣的驾驶人员以及汽车爱好者的参考用书。

本书配有 PPT 课件，采用本书作为教材的教师可登录 www.cmpedu.com 注册免费下载，也可向编辑（tian. lee9913@ 163. com）索取。

图书在版编目（CIP）数据

汽车工程概论/霍炜主编. —2 版. —北京：机械工业出版社，2020.2
（2024.6重印）

"十三五"国家重点出版物出版规划项目　现代机械工程系列精品教材
普通高等教育"十三五"汽车类规划教材

ISBN 978-7-111-64479-8

Ⅰ.①汽…　Ⅱ.①霍…　Ⅲ.①汽车工程-高等学校-教材　Ⅳ.①U46

中国版本图书馆 CIP 数据核字（2020）第 005879 号

机械工业出版社（北京市百万庄大街 22 号　邮政编码 100037）
策划编辑：宋学敏　责任编辑：宋学敏　商红云
责任校对：潘　蕊　封面设计：张　静
责任印制：邸　敏
北京中科印刷有限公司印刷
2024 年 6 月第 2 版第 2 次印刷
184mm×260mm · 16.25 印张 · 379 千字
标准书号：ISBN 978-7-111-64479-8
定价：45.00 元

电话服务　　　　　　　　　网络服务
客服电话：010-88361066　机 工 官 网：www.cmpbook.com
　　　　　010-88379833　机 工 官 博：weibo.com/cmp1952
　　　　　010-68326294　金 书 网：www.golden-book.com
封底无防伪标均为盗版　机工教育服务网：www.cmpedu.com

前　言

随着国民经济和汽车工业的快速发展，汽车工业在世界经济发展中的作用日益突出。由于汽车已成为人们生产、生活中的重要交通运输工具，成为人们生活的必需品，越来越多的人想要了解汽车的相关知识。汽车专业的学生在低年级学习本书，可以提高其专业兴趣，预先了解专业所涉及的知识结构，从而增强学习的自觉意识和动力，同时为后续专业课的学习提供一定的帮助。非汽车专业的学生通过学习本书，可扩大知识面，提高综合素质，为未来的工作生活奠定一定的基础。

本书知识面广，实用性强，概括性地介绍了汽车的基础知识，主要包括汽车的发展历史、汽车分类与性能、汽车基本构造、新能源汽车的基本原理、汽车设计与制造、汽车使用及汽车营销与维修等内容。

本书由青岛大学霍炜主编，并编写第五章、第七章，陈焕明编写第二章、第四章，于梦阁编写第一章、第八章，蒋荣超编写第三章、第六章。本书由青岛大学刘大维教授主审。

在本书编写过程中，主审刘大维教授提出了许多宝贵意见和建议，对提高本书质量给予很大帮助，在此致以衷心的谢意。此外，本书的编写参考了大量的文献和资料，在此，对原作者一并表示诚挚的谢意。

由于编者水平有限，书中难免有不足之处，恳请广大读者批评指正。

编　者

目　录

第一章　总　　论

第一节　汽车工业发展简史

一、世界汽车工业发展历程

德国人卡尔·本茨设计制造了世界上第一辆装有 0.65kW（0.88PS）汽油发动机的三轮汽车（图 1-1），并于 1886 年 1 月 29 日取得"机动车发明专利证书"。同年，德国人戈特利布·戴姆勒制造了一辆用 0.81kW（1.1PS）汽油发动机作动力的四轮汽车（图 1-2）。卡尔·本茨和戈特利布·戴姆勒被公认为以内燃机为动力的现代汽车的发明者，1886 年 1 月 29 日也被公认为汽车的诞生日。

图 1-1　世界第一辆三轮汽车　　　　　　　图 1-2　世界第一辆四轮汽车

19 世纪末至 20 世纪初，欧美一些主要资本主义国家相继完成了工业革命，随着生产力的大幅度提高，要求交通运输工具也要有相应的发展。同时，石油工业的发展，已能提供足够的燃料，而机械工业的发展，也提供了先进的加工设备。因此，从德国人本茨和戴姆勒于 1886 年制造内燃机汽车开始，法国于 1890 年，美国于 1893 年，英国于 1896 年，日本于 1907 年，俄罗斯于 1910 年，相继制造了汽车。

汽车虽诞生于欧洲，但最早形成的汽车工业却是在美国。1908 年，美国福特汽车公司制造了一种成本较低的福特 T 型大众汽车（图 1-3）。1913 年福特公司在底特律建成了第一条汽车装配流水线，首次实现了汽车的批量生产，也使福特 T 型车的产能大幅增加、成本大幅降低。这使汽车从少数富人的奢侈品变成普通人买得起的大众经济实用的交通工具。从 1908 年到 1927 年，T 型车共生产了 1500 万辆，这一车型累计产量纪录直到 1972 年才被大众汽车公司的甲壳虫汽车（图 1-4）所打破。

图 1-3　福特 T 型汽车　　　　　　　　　图 1-4　大众甲壳虫汽车

福特 T 型车的经验不仅为美国，也为世界汽车工业的发展奠定了基础。美国政府的政策及巨大的国内市场促进了美国汽车工业的发展，在汽车大规模生产模式上，与福特公司的全能厂模式不同，通用汽车公司实行"专业化"生产模式，并于 1927 年超过福特公司而成为世界上产量最大的汽车制造厂商，这一生产模式的成功为许多企业所效仿。直到今天，通用汽车公司仍然是世界上产量最大的汽车制造厂商之一。美国先进的生产模式及欧洲战争的影响，使美国汽车工业从 20 世纪初至 20 世纪 70 年代的数十年间一直处于领先地位。

20 世纪 60 年代开始，日本丰田公司以精益生产方式，掀起了世界汽车工业的第三次高潮。日本汽车工业在 20 世纪六七十年代迅猛发展，先后超过德国、意大利、英国、法国等老牌汽车工业国，并曾于 1980~1993 年期间超过美国而跃居世界第一汽车生产大国，成为继美国和欧洲之后的第三个汽车工业中心。

与此同时，一些新兴工业国家和发展中国家的汽车工业正在崛起。其中不少国家都用优惠政策吸引外资，引进先进技术和装备、进口全拆散零件（CKD）装车，逐步提高国产零件的装车比率，进而使主要部件实现自给，然后扩大零部件及整车出口的模式，发展自己的汽车工业。西班牙、巴西、韩国、中国等就是采用这种模式使汽车工业迅速发展的主要代表，在逐步增强自主开发能力之后，其汽车产品已开始打入国际市场参与竞争。

汽车工业发展初期，曾有过百家争鸣的局面，经过激烈地竞争、优胜劣汰和兼并改组，逐渐趋于集中垄断。跨国公司的发展，使汽车工业的联合兼并向全球范围发展，到 20 世纪 90 年代末形成了"6+3"的竞争格局，即通过并购、控股等形式形成 6 家巨型汽车集团（通用、福特、戴姆勒-克莱斯勒、丰田、大众、雷诺-日产）和 3 家相对独立的汽车公司（本田、标致-雪铁龙、宝马）。随着韩国现代起亚迅速崛起，形成了由十大竞争主体构成的世界汽车市场竞争的基本格局。2005 年，这 10 家汽车公司的汽车产量占全球总产量的 95% 以上。

2008 年金融危机爆发，并向实体经济迅速蔓延，这对全球汽车制造业造成巨大的冲击。通用、福特、丰田、戴姆勒-克莱斯勒均受到重创，并进行了不同程度的股权重组及调整。大众于 2009 年 12 月收购保时捷，又在 2010 年 1 月与铃木交叉持股合作，逐渐超越丰田、通用等，成为全球最大的汽车生产商。本田坚持自主研发，而法国标致-雪铁龙和德国宝马于 2010 年 1 月 27 日联手，合作开发汽油发动机。在金融危机前后，全球汽车业跨国公司重组，竞争格局发生变化，以资本为纽带、以技术和业务为核心的同盟主体间竞争将替代过去以汽车集团为主体的竞争。因此，旧的竞争格局已被打破，在新的竞争格局下，主要形成 7 大联盟主体（通用、福特、菲亚特-克莱斯勒、大众-铃木、丰田-富士重工、雷诺-日产-戴姆勒、雪铁龙-标致-三菱-宝马）和 2 家独立汽车公司（本田、现代起亚），外加若干新型市场汽车集团（中国、印度、俄罗斯等）。

虽然在 2008 年至 2009 年期间，受金融危机影响，全球汽车产量连续两年出现下滑，但 2010 年受益于世界经济的复苏和各国汽车消费鼓励政策的推出，汽车产业迅速企稳回暖，2011~2013 年，全球汽车行业逐步回归到正常发展水平。目前，全球汽车工业经过 100 多年的发展，已步入稳定发展的成熟期，产销量增长平稳，成为世界各国重要的经济支柱之一。2018 年，全球汽车产量达到 9570.63 万辆，销量达到 9505.59 万辆（图 1-5）。

汽车工业迅猛发展的主要原因，一方面是汽车因其便利性受到社会的青睐，另一方面是汽车工业综合性强和经济效益高。一辆汽车有上万个零件，由钢铁、有色金属、工程塑料、橡胶、玻璃、纺织品、木材、涂料等繁多的材料制成，应用冶炼、铸造、锻压、焊接、机械加工、装配、涂装等诸多工艺技术，涉及冶金、机械制造、化工、电子、电力、石油、轻工等工业部门，汽车的销售与营运还涉及金融、商业、运输、旅游、服务等第三产业。汽车工业的发展无疑会促进许多行业的繁荣兴旺，带动整个国民经济的发展，其实力足以影响整个国民经济的动向。因此，世界各发达国家几乎无一例外地把汽车工业作为国民经济的支柱产业之一。

现代汽车已不是过去单纯的机械工程的体现，已从"没有马的马车"的雏形经过无数精心的雕琢而演化成精妙绝伦的高新科技产品。近年来，计算机技术、设计理论、测试手段、新型材料、微电子技术、工艺技术等诸方面的成就，在汽车及汽车制造业得到了应用和推广，不但改变了汽车工业的面貌，而且使汽车产品的结构和性能焕然一新。因此，汽车是科学技术发展水平的标志。

汽车产品的现代化，首先是汽车操纵控制的电子化。汽车的创新 70% 来源于汽车电子产品。20 世纪 60 年代以来，汽车控制系统就开始从机械控制转向电子化，先后经过独立控制、集中控制和整车控制三个阶段。目前，电子设备已经成为汽车整车控制系统最重要的组成部分，电子产品成本占整车比例已经从 20 世纪 70 年代的 4%，增长到现在的 30% 左右，成本占比不断提升，一些豪华车型的电子产品已达整车成本 50% 以上。对于大力发展的新能源汽车，电子技术尤为重要。混合动力轿车中汽车电子成本占比已经达到 47%，而纯电动轿车中，该比例则达到了 65%。汽车上几乎每一个系统都可采用电子装置改善性能和实现自动化，如电子操纵的发动机点火系统、电子控制汽油喷射系统、电子驱动力调节系统（ETS）、电控自动变速器、制动力调节装置、防抱死制动系统（ABS）、智

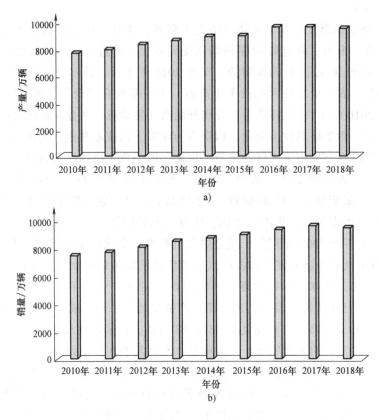

图 1-5 全球汽车产销量

a) 全球汽车产量 b) 全球汽车销量

能悬架、速度感应式转向系统（SSS）、电子车厢温度调节系统、电控防撞安全系统、电子防盗系统、电子通信及卫星导航系统（GPS）等。

其次，汽车产品的现代化还体现在汽车结构的变革上。汽车发动机结构变革的主要目的是提高工作效率、降低燃油消耗和减少污染，如可变气门正时技术、汽油缸内直喷、可变压缩比、柴油机高压共轨燃油喷射、起动停止及发动机小型化等新结构。底盘结构变革的主要目的是提高汽车的性能和进一步降低燃料消耗，如采用多档位变速器、空气悬架、可变转向比转向系统、电动助力转向系统、四轮转向系统及电子液压制动系统等。轮胎应与地面有良好的附着性能，以提高汽车的动力性、制动性和通过性。先进的轮胎结构主要体现在子午化、扁平化和无内胎化等方面。另外，低压安全轮胎新结构可以有效防止爆胎，防滑水轮胎结构可以改善汽车在湿滑路面上的行驶性能。先进的车身结构轻巧并具有优良的防撞安全性，其造型已从 20 世纪 70 年代连续挺拔的大曲线与大曲面结合急剧的转折所构成的方正基调，转化为空气动力性能优异的圆滑平顺的外形风格。提高整车结构安全性能，加强车身横向结构刚度，可以控制能量转移，保证乘员的生存空间，降低由挤压造成的伤害。

最后，汽车产品的现代化体现在汽车整车的轻量化上，减轻汽车自重是降低汽车排放、提高燃烧效率的有效措施之一，汽车自重每减少 10%，燃油的消耗可降低 6%~8%。整车轻量化，除了运用先进的设计方法使汽车尺寸更紧凑而合理外，更重要的是采用了新型材料。现代汽车上所采用的轻质材料可以分为两大类：一类是低密度材料，如铝合金、镁合金、钛合金、塑料和复合材料等；另一类是高强度材料，如高强度钢和高强度不锈钢。高强度钢在抗碰撞性能、耐腐蚀性能和成本回收等方面较其他材料仍具有较大的优势，尤其适用于两部分：一部分是车身结构件与覆盖件、减振及车轮用部件；另一部分是底盘和排气系统。轻质铝合金不但已广泛应用于铸造发动机和底盘各种壳体及车轮，而且越来越多地用于车身零件，全铝车身也已投入批量生产。近年来，工程塑料在汽车中的应用不断增多。目前，德国、美国、日本等国的汽车工程塑料用量已达到 10%~15%，有的甚至达到了 20% 以上。随着工程塑料硬度、强度、拉伸性能的不断提高，工程塑料不只是应用于装饰件、功能与结构件，塑料车窗、车门、骨架乃至全塑汽车已逐步出现。此外，一些新型化学材料如防锈剂、胶黏剂和密封剂等，对汽车的防腐、防松、防渗漏也具有举足轻重的作用。

汽车生产方式经历了欧洲生产方式（单件生产）、福特生产方式（大规模流水生产）、丰田生产方式（多品种、及时化、低成本），到目前以平台化开发、全球采购、模块化供应为基础，开始形成新的生产方式，即超精益生产方式。汽车生产方式的进化基于获得竞争性的成本和满足多样化、个性化的需求。目前，大规模定制生产汽车的概念已经形成。这种生产方式基于网络技术、电子商务、菜单式选购、个性化服务、计算机生产管理系统等，可以为每个顾客提供独一无二的个性化产品，并可以实现大规模生产，最终实现在顾客提出订单的第二天即送货上门。大规模定制生产不但使生产方式发生深刻变化，也使汽车的销售和维修方式发生重大变化。大规模定制的基础是电子商务，大量快捷交货靠物流技术，维护修理依靠远程诊断，汽车可靠性的提高将使汽车修理业逐渐淡化。

在汽车产品开发方面，汽车工业已广泛应用全球信息网络、计算机辅助造型（CAS）、计算机辅助设计（CAD）、计算机辅助工程分析（CAE）、计算机辅助制造（CAM）、计算机辅助试验（CAT）、计算机集成制造系统（CIMS）及虚拟现实（VR）系统等一大批先进技术，促成了并行工程（SE）的实施，真正做到技术数据和信息在网络中准确地传输与管理，实现无图样化生产和制造柔性化，不但大大提高了工作效率，缩短了开发周期，而且提高了产品的精度和质量，降低了生产成本。新产品开发的周期由过去的 5~7 年缩短到 2 年，有些大的汽车公司还缩短至 1.5 年甚至 1 年。

随着以电子和信息技术为核心的技术革新、技术发明大量涌现，汽车将被全新的科技改变。除去汽车的节能、排放、安全、舒适等性能全部被电子控制装置优化外，无线通信和因特网技术的突破，使得车载通信迅速普及，汽车因而具有信息交流的功能，同时为智能交通的发展创造了必备条件。现代娱乐技术装备的车载化，多媒体系统的广泛应用使汽车成为新的娱乐中心。网络延伸到汽车以后，汽车的性质发生了巨大的变化。随着汽车电子技术、车联网及智能化技术的发展及应用，将实现"人—车—网络—路"的互动。因此，汽车逐渐成为一个高科技装备的移动搭载平台，不仅是交通工具，还是工作、生活、通信、学习、娱乐的工具。

二、中国汽车工业发展历程

我国的汽车工业于 1953 年起步，经过半个多世纪的努力，发生了翻天覆地的变化。1953 年 7 月，第一汽车制造厂（简称"一汽"）正式动工兴建，1956 年 7 月 13 日，中国第一辆解放牌载货汽车下线，从此结束了中国不能制造汽车的历史。一汽于 1958 年先后试制成功 CA71 型东风牌小轿车和 CA72 型红旗牌高级轿车。同年 9 月，上海汽车制造厂的国产凤凰牌轿车在上海诞生。

从 20 世纪 50 年代后期至 60 年代，中国汽车工业形成了新的格局。我国一批汽车修配企业发展成为汽车制造厂，城建和交通部门也设立了一批公交车辆厂，如北京汽车制造厂、北京客车总厂、上海汽车制造厂、上海客车厂、南京汽车制造厂、济南汽车制造厂；此后又建成了四川和陕西汽车制造厂。第二汽车制造厂（简称"二汽"）于 1968 年动工兴建，1975 年开始投产。1977 年全国汽车产量为 12.54 万辆，其中载货汽车为 7.59 万辆，轿车仅为 0.23 万辆。汽车的品种在过去的很长时间内"缺重少轻"，更无轿车工业。

自 1978 年实行改革开放政策以后，我国汽车工业进入了大发展阶段。从 1979 年到 1983 年，北京汽车制造厂与当时美国第四大汽车厂——美国汽车公司（AMC）持续谈判了 4 年半，最终于 1983 年 5 月 5 日，正式签署合资协议，开启了我国汽车工业合资合作的发展历程。1984 年 1 月 15 日，中美合资经营的北京吉普汽车有限公司正式成立，这标志着中国汽车工业迈出了与国际接轨的第一步。随后上汽与德国大众于 1985 年组建了第一家轿车合资企业，拉开了汽车工业大规模引进外资的历史。1987 年提出战略性转变，从以生产载货汽车为主转向以生产轿车为主。在此期间，我国汽车工业有重点、有选择地引进国外先进技术 100 多项，其中包括整车项目 10 余项。为了发展轿车生产，我国已确定了一汽、二汽、上海为三大基地以及天津、北京、广州三个较小的基地。我国汽车产量连年大幅度增加，从 1978 年的 14.9 万辆到 1983 年的 23.99 万辆增至 1988 年的 64.7 万辆，于 1993 年达到了 129.7 万辆而跃居世界第 12 位。

1994 年我国颁布了《汽车工业产业政策》，确定汽车工业为支柱产业，为汽车工业发展创造了稳定的政策条件。中国汽车工业进入快速发展期，汽车工业建设投资达到了历史最高水平。2004 年，国家发展和改革委员会发布了《汽车产业发展政策》，进一步推动了汽车产业结构的调整和升级，全面提高我国汽车行业的国际竞争力。我国汽车工业经过多年艰难的产业结构调整，现已形成多家重点汽车企业集团（公司），包括国有控股企业（如中国第一汽车集团公司等），合资企业（如一汽-大众汽车有限公司等）和民营企业（如比亚迪股份有限公司等）。

2008 年，金融风暴对全球汽车制造业造成了一定冲击，但对我国的汽车产业却有一定的促进作用。在国家政策的激励下，我国产业规模不断扩大，产业地位不断增强，国际竞争力不断提高。2008~2017 年，我国汽车产销量持续增长（图 1-6）。虽然 2018 年受政策因素和宏观经济影响，我国汽车销量出现负增长，但我国汽车产销量仍然连续十年居全球首位，我国已经成为世界上最大的汽车生产国及销售国。

我国的汽车工业，经过多年的发展与完善，已经形成了较完备的汽车工业体系，我国汽车产品质量得到提高，汽车产品构成趋于合理，培养了一大批汽车研发设计人才，为我

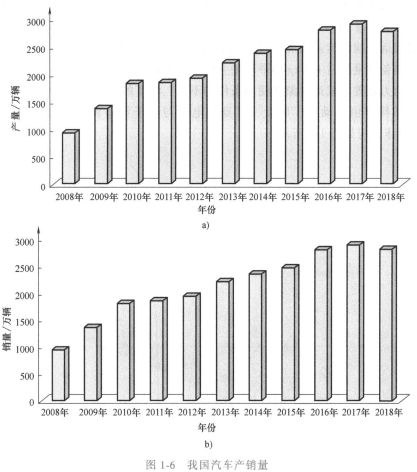

图 1-6　我国汽车产销量

a）我国汽车产量　b）我国汽车销量

国汽车工业的可持续发展及参与国际竞争奠定了基础。我国汽车工业虽然已经形成一批大企业集团，但仍然不具备强劲的自主研发能力，产品核心技术大多掌握在合资企业手中，没有形成国际竞争优势，这是影响我国汽车工业发展的重大隐患，"拿市场换技术"的传统合资模式开始受到质疑。走合资道路有其历史原因，但自主研发、自主管理、自主品牌三位一体的技术创新模式才是中国汽车工业应当追求的目标，唯有如此，才能不断提高我国汽车工业的核心竞争力。

第二节　汽车的组成与分类

一、汽车的组成及功用

根据 GB 7258—2017《机动车运行安全技术条件》，汽车（Motor Vehicle）是由动力驱动、具有 4 个或 4 个以上车轮的非轨道承载的车辆，包括与电力线相联的车辆（如无轨电车），主要用于载运人员和/或货物（物品）、牵引载运货物（物品）的车辆或特殊用途

的车辆以及专项作业车辆。汽车还包括以下由动力驱动、非轨道承载的三轮车辆：①整车整备质量超过 400kg 的不带驾驶室的三轮车辆；②整车整备质量超过 600kg、不带驾驶室、不具有载运货物结构或功能且设计和制造上最多乘坐 2 人（包括驾驶人）的三轮车辆；③整车整备质量超过 600kg 的带驾驶室的三轮车辆。

根据其动力装置、载运对象和使用条件的不同，汽车的总体构造可以有很大差异，但它们的基本结构都由发动机、底盘、车身和电器与电子设备四大部分组成。典型汽车（轿车）的总体结构如图 1-7 所示。

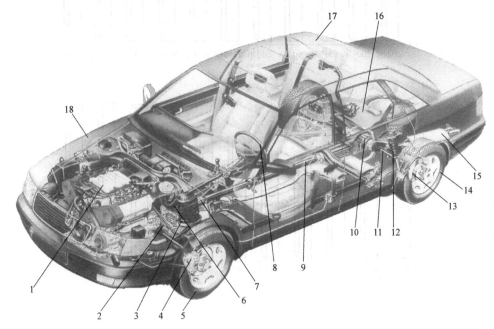

图 1-7　典型轿车的总体结构

1—发动机　2—副车架　3—前悬架　4—前轮制动器　5—前轮　6—离合器　7—变速器　8—转向盘　9—传动轴
10—主减速器及差速器　11—半轴　12—后悬架　13—后轮制动器　14—后轮　15—消声器
16—燃油箱　17—车身　18—车前板制件

1. 发动机

发动机是汽车的动力装置，其作用是使供入其中的燃料燃烧而发出动力。汽车发动机广泛采用的是活塞式汽油内燃机和柴油内燃机。它一般由曲柄连杆机构、配气机构、燃料供给系统、进气系统、排气系统、冷却系统、润滑系统、点火系统（用于汽油发动机）及起动系统等部分组成。

2. 底盘

底盘接受发动机的动力，使汽车运动并按驾驶人的操纵正常行驶。作为汽车的基体，发动机、车身、电器设备及各种附属设备都直接或间接地安装在底盘上。它包括以下组成部分：

(1) 传动系统　其作用是将发动机的动力传给驱动车轮。如图 1-7 所示，传动系统包括离合器 6、变速器 7、传动轴 9、主减速器及差速器 10 和半轴 11 等部分。

（2）行驶系统　其作用是使汽车各总成及部件安装在适当的位置，对全车起支承作用，以保证汽车正常行驶。它包括支承全车的承载式车身 17 及副车架 2、前悬架 3、前轮 5、后悬架 12、后轮 14 等部分。

（3）转向系统　其作用是使汽车按驾驶人选定的方向行驶。它由带转向盘 8 的转向器及转向传动装置组成，有的汽车还带有助力转向装置。多数两轴及三轴汽车仅用前轮转向。为了提高操纵稳定性和机动性，某些现代轿车采用全四轮转向。

（4）制动系统　其作用是使汽车减速或停车，并可保证驾驶人离去后汽车可靠地停驻。它包括前轮制动器 4、后轮制动器 13 以及控制装置、供能装置和传动装置。

3. 车身

车身是驾驶人工作及容纳乘客和货物的场所。它包括车前板制件（俗称车头）18、车身 17 及副车架 2，还包括货车的驾驶室和货厢以及某些汽车上的特种作业设备。

4. 电器与电子设备

汽车电器设备由蓄电池、硅整流交流发电机及调节器、起动机、点火系统、照明与信号系统及报警装置、电气仪表及显示系统、汽车声像系统以及汽车电动辅助装置（如风窗刮水器、电动车窗、电动座椅、中控防盗系统）等组成。

汽车电子设备须和车上机械系统进行配合使用，即所谓"机电结合"的汽车电子装置，包括发动机、底盘、车身电子控制，如电子控制燃油喷射系统（EFI）、防抱死制动系统（ABS）、驱动防滑系统（ASR）、牵引力控制系统（TCS）、电子控制悬架系统、电子控制自动变速器及电动助力转向系统（EPS）等。

二、汽车类型

（一）按用途分类

根据 GB/T 3730.1—2001 的规定，汽车可分为乘用车和商用车两大类。

1. 乘用车

乘用车（Passenger Car）是作为私人代步工具的车辆，是指在设计和技术特性上主要用于载运乘客及其随身行李和/或临时物品的汽车，包括驾驶人座位在内最多不超过 9 个座位，它也可以牵引一辆挂车。乘用车按车身、车顶、座位、车门、车窗结构或数量的不同，分为下述 11 种类型：

（1）普通乘用车　封闭式车身，侧窗中柱有或无；固定式车顶（顶盖），硬顶，有的顶盖一部分可以开启；4 个或 4 个以上座位，至少两排；后座椅可折叠或移动，以形成装载空间；2 个或 4 个侧门，可有一后开启门。

（2）活顶乘用车　具有固定侧围框架的可开启式车身；车顶（顶盖）为硬顶或软顶，至少有两个位置，即封闭和开启或拆除；可开启式车身可以通过使用一个或数个硬顶部件和/或合拢软顶将开启的车身关闭；4 个或 4 个以上座位，至少两排；2 个或 4 个侧门；4 个或 4 个以上侧窗。

（3）高级乘用车　封闭式车身，前后座之间可以设有隔板；固定式车顶（顶盖），硬顶，有的顶盖一部分可以开启；4 个或 4 个以上座位，至少两排，后排座椅前可安装折叠式座椅；4 个或 6 个侧门，也可有一个后开启门；6 个或 6 个以上侧窗。

（4）**小型乘用车** 封闭式车身，通常后部空间较小；固定式车顶（顶盖），硬顶，有的顶盖一部分可以开启；2个或2个以上座位，至少一排；2个侧门，也可有一个后开启门；2个或2个以上侧窗。

（5）**敞篷车** 可开启式车身，车顶（顶盖）可为软顶或硬顶，至少有两个位置，第一个位置遮覆车身，第二个位置车顶卷收或可拆除；2个或2个以上座位，至少一排；2个或4个侧门；2个或2个以上侧窗。

（6）**仓背乘用车** 封闭式车身，侧窗中柱可有可无；固定式车顶（顶盖），硬顶，有的顶盖一部分可以开启；4个或4个以上座位，至少两排，后座椅可折叠或可移动，以形成一个装载空间；2个或4个侧门，车身后部有一仓门。

（7）**旅行车** 封闭式车身，车尾外形按可提供较大的内部空间设计；固定式车顶（顶盖），硬顶，有的顶盖一部分可以开启；4个或4个以上座位，至少两排，座椅的一排或多排可拆除，或装有向前翻倒的座椅靠背，以提供装载平台；2个或4个侧门，并有一后开启门；4个或4个以上侧窗。

（8）**多用途乘用车** 上述7种车辆以外的，只有单一车室载运乘客及其行李或物品的乘用车。但是，如果这种车辆同时具有下列两个条件，则不属于乘用车而属于货车：一是除驾驶人以外的座位数不超过6个，只要车辆具有可使用的座椅安装点，就应算"座位"存在；二是最大设计总质量 $P-(M+N \times 68)>N \times 68$，式中 M 为整车整备质量与1位驾驶人质量之和，N 为除驾驶人以外的座位数。

（9）**短头乘用车** 它一半以上的发动机长度位于车辆前风窗玻璃最前点以后，并且转向盘的中心位于车总长的前四分之一部分内。

（10）**越野乘用车** 这种车辆在其设计上所有车轮同时驱动（包括一个驱动轴可以脱开的车辆），或其几何特性（接地角、离去角、纵向通过角、最小离地间隙）、技术特性（驱动轴数、差速锁止机构或其他形式机构）和它的性能（爬坡度）允许在非道路上行驶。

（11）**专用乘用车** 运载乘员或物品并完成特定功能的乘用车，它具备完全特定功能所需的特殊车和/或装备，如旅居车、防弹车、救护车、殡仪车等。旅居车是一种至少具有下列生活设施结构的乘用车：座椅和桌子；睡具，可由座椅转换而来；炊事设施；储藏设施。

标准中的普通乘用车、活顶乘用车、高级乘用车、小型乘用车、敞篷车和仓背乘用车也可俗称轿车。

2. 商用车

商用车（Commercial Vehicle）主要是为商业运输目的的车辆，是指在设计和技术特性上用于运送人员和货物的汽车，并且可以牵引挂车。商用车分为客车、半挂牵引车和货车三类。

（1）**客车** 它是指在设计和技术特性上用于载运乘客及其随身行李的商用车辆，包括驾驶人座位在内的座位数超过9座。客车有单层的或双层的，也可牵引一挂车。客车按用途分为小型客车、城市客车、长途客车、旅游客车、铰接客车、无轨电车、越野客车及专用客车；按车长为分为微型客车（不超过3.5m）、小型客车（3.5~7m）、中型客车

（7～10m）和大型客车（10m以上）。

1）小型客车。它是指用于载运乘客，除驾驶人座位外，座位数不超过16座的客车。

2）城市客车。作为一种为城市内运输而设计和装备的客车，这种车辆设有座椅及站立乘客的位置，并有足够的空间供频繁停站时乘客上下车走动用。

3）长途客车。作为一种为城间运输而设计和装备的客车，这种车辆没有专供乘客站立的位置，但在其通道内可载运短途站立的乘客。

4）旅游客车。作为一种为旅游而设计和装备的客车，这种车辆的布置要确保乘客的舒适性，不载运站立的乘客。

5）铰接客车。作为一种由两节刚性车厢铰接组成的客车，在这种车辆上，两节车厢是相通的，乘客可通过铰接部分在两节车厢之间自由走动。这种车辆可以按城市客车、长途客车和旅游客车进行装备。两节刚性车厢永久联结，只有在工厂车间使用专用的设施才能将其拆开。

6）无轨电车。作为一种经架线由电力驱动的客车，这种电车可指定用作多种用途，并按城市客车、长途客车和铰接客车进行装备。

7）越野客车。这种车辆在其设计上所有车轮同时驱动（包括一个驱动轴可以脱开的车辆）或其几何特性（接近角、离去角、纵向通过角、最小离地间隙）、技术特性（驱动轴数、差速锁止机构或其他形式机构）和它的性能（爬坡度）允许在非道路上行驶。

8）专用客车。在其设计和技术特性上只适用于需经特殊布置安排后才能载运人员的车辆。

（2）半挂牵引车　它是指装备有特殊装置用于牵引半挂车的商用车辆。

（3）货车　它是一种主要为载运货物而设计和装备的商用车辆，可以牵引一挂车。货车按用途分为普通货车、多用途货车、全挂牵引车、越野货车、专用作业车及专用货车；按总质量分为小型（3.5t以下）、轻型（3.5～6t）、中型（6～12t）及重型（12t以上）。

1）普通货车。它是一种在敞开（平板式）或封闭（厢式）载货空间内载运货物的货车。

2）多用途货车。这种车辆，在其设计和结构上主要用于载运货物，但在驾驶人座椅后带有固定或折叠式座椅，可运载3个以上乘客。

3）全挂牵引车。它是一种牵引牵引杆式挂车的货车。它本身可在附属的载运平台上运载货物。

4）越野货车。这种车辆，在其设计上所有车轮同时驱动（包括一个驱动轴可以脱开的车辆），或其几何特性（接近角、离去角、纵向通过角、最小离地间隙）、技术特性（驱动轴数、差速锁止机构或其他形式的机构）和它的性能（爬坡度）允许在非道路上行驶。

5）专用作业车。在其设计和技术特性上用于特殊工作的货车，如消防车、救险车、垃圾车、应急车、街道清洗车、扫雪车及清洁车等。

6）专用货车。在其设计和技术特性上用于运输特殊物品的货车，如罐式车、乘用车运输车、集装箱运输车等。

（二）按动力装置形式分类

1. 内燃机汽车

根据其使用的燃料不同，通常分为汽油车、柴油车和代用燃料车。汽油和柴油在一段时期内仍将是活塞式内燃机的主要燃料，而各种代用燃料的研究工作也在大力开展。目前国内开发使用的发动机代用燃料包括天然气、液化石油气、甲醇、乙醇、生物质燃料、氢气以及二甲基醚等。

活塞式内燃机还可按其活塞的运动方式分为往复活塞式和旋转活塞式（采用三角转子旋转运动来控制压缩和排放）内燃机等类型。

2. 电动汽车

电动汽车是指由电动机驱动并且自身装备供电能源（不包括供电架线）的车辆。

（1）纯电动汽车 其动力装置是电动机。纯电动汽车的优点是不需要石油燃料，实现零排放，操纵简便，噪声小以及可以在特殊环境下工作。电动机的供能装置也可以是太阳能电池，或者其他形式的电源。

（2）燃料电池电动汽车 车辆使用的燃料（如醇类）在转化器中产生反应而释放出氢气，再将氢气输到燃料电池中与氧气结合而发出电力，从而使电动机工作驱动汽车。燃料电池电动汽车具有能量转化率高、绿色环保、振动噪声小等优点。

（3）混合动力电动汽车 它是指同时装备内燃机和电动机两种能量转换装置的车辆。混合动力电动汽车不仅减少了废气污染，而且也解决了纯电动汽车动力不足、充电站基础投入大的问题。

（三）按行驶道路条件分类

1. 公路用车

公路用车主要是指行驶于公路和城市道路的汽车。公路用车的长度、宽度、高度、单轴负荷等均受交通法规的限制。

2. 非公路用车

非公路用车主要有两类：一类是本身的外廓尺寸、单轴负荷等参数超出了法规限制而不适于公路行驶，只能在矿山、机场和工地内的无路地区或专用道路上行驶的汽车；另一类是越野汽车。

（四）按座位总数或设计总质量分类

国家标准 GB/T 15089—2001 按乘客座位数及汽车总质量对汽车进行了分类，机动车辆及挂车分类见表1-1。

表 1-1　机动车辆及挂车分类（GB/T 15089-2001）

汽车类型		乘客座位数	厂定汽车最大总质量/t	说明
M 类	至少有4个车轮并且用于载客的机动车辆			
	M₁ 类	≤9	—	包括驾驶人座位在内,座位数不超过9座的载客车辆
	M₂ 类	>9	≤5.0	包括驾驶人座位在内,座位数超过9个,且最大设计总质量不超过5.0t的载客车辆
	M₃ 类	>9	>5.0	包括驾驶人座位在内,座位数超过9个,且最大设计总质量超过5.0t的载客车辆

（续）

汽车类型			乘客座位数	厂定汽车最大总质量/t	说　明
N 类	至少有 4 个车轮并且用于载货的机动车辆	N₁ 类	—	≤3.5	最大设计总质量不超过 3.5t 的载货车辆
		N₂ 类	—	3.5 ~ 12	最大设计总质量超过 3.5t，但不超过 12t 的载货车辆
		N₃ 类	—	>12	最大设计总质量超过 12t 的载货车辆
O 类	挂车（包括半挂车）	O₁ 类	—	≤0.75	最大设计总质量不超过 0.75t 的挂车
		O₂ 类	—	0.75 ~ 3.5	最大设计总质量超过 0.75t，但不超过 3.5t 的挂车
		O₃ 类	—	3.5 ~ 10	最大设计总质量超过 3.5t，但不超过 10t 的挂车
		O₄ 类	—	>10	最大设计总质量超过 10t 的挂车

第三节　汽车识别代号和基本参数

一、车辆识别代号（VIN）

1. VIN 的组成

车辆识别代号（Vehicle Identification Number，VIN）由 17 位字符组成，俗称十七位码。它包含了车辆的生产厂家、年代、车型、车身形式及代码、发动机代码及组装地点等信息。

17 位的 VIN 可以根据其各自代表的含义划分成三个部分，分别是世界制造厂识别代号（WMI）、车辆说明部分（VDS）和车辆指示部分（VIS），如图 1-8 所示。

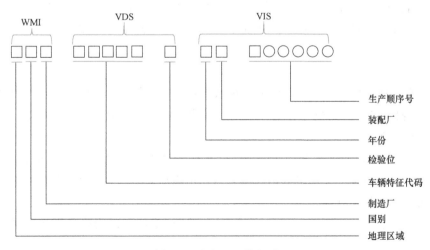

图 1-8　汽车 VIN 的组成

（1）**世界制造厂识别代号**（WMI） 用三位字符标示车辆的制造厂，需经过申请、批准和备案后才可以使用。第1位字码为地理区域代码，如1~5代表北美洲，6、7代表大洋洲、8、9、0代表南美洲，A~H代表非洲、J~R代表亚洲、S~Z代表欧洲。第2位字码为此特定区域内一个国家的代码。第3位字码为汽车制造厂的代码。当制造厂的年产量少于500辆的时候，WMI的第三个字码是9。在我国，WMI中的第1位是"L"，表示中国，第2、3位表示汽车制造厂。国内常见汽车制造厂商的WMI编号为：上海大众（LSV）、一汽-大众（LFV）、神龙富康（LDC）、广州本田（LHG）、上海通用（LSG）、长安汽车（LS5）。

（2）**车辆说明部分**（VDS） 由六位字符组成，说明车辆的一般特性，如车辆的形式、系列、车身、发动机类型及检验位等。

美国与加拿大要求在VIN的第9位使用检验位，我国的国家标准也有同样的规定。与身份证号码中的检验位一样，其目的是提供检验VIN编码正确性的方式，通过它就可以核定整个VIN编码正确与否。它在车辆的识别过程中起着极其重要的作用。

（3）**车辆指示部分**（VIS） 由VIN的后8位字符组成，是车辆制造厂为区别不同车辆而指定的一组八位字码，它包括出产年份、装配厂和产品顺序号等，这组代码与VDS组合足可以保证每个车辆制造厂在30年之内生产的每辆车的VIN具有唯一性，决不重复。

不同国家或汽车生产厂商，其VIN含义略有不同，有关这方面的资料可以查阅相关文献⊖。

2. VIN的位置

各国规定的位置不同，美国规定VIN编码应该位于仪表板左侧，在车外透过风窗玻璃可以清楚地看到而便于检查；欧盟规定VIN编码应该位于汽车右侧的底盘车架上或标写在厂家铭牌上。为防止车辆盗窃后的拆件交易，美国还规定轿车及轻型载货汽车的主要零部件（如发动机、变速器、保险杠、翼子板等）上必须标记车辆的VIN。我国规定：9人座或9人座以下的车辆和最大总质量小于或等于3.5t的载货汽车的VIN应该位于仪表板上，在白天日光照射下，观察者不需移动任一部件从车外即可分辨出VIN。另外，每辆车的VIN应在车辆部件上（玻璃除外），该部件除修理以外是不可拆的。

3. VIN的用途

VIN具有全球通用性、最大限度的信息承载性和可检索性，已成为全世界识别车辆唯一准确的"身份证"。当每辆车标上VIN后，其代号将伴随车辆的注册、保险、年检、保养、修理直至回收报废。

1）各大保险公司通过车辆的VIN，结合车辆管理部门提供的车辆登记和使用记录，就可以分析车辆的盗抢、交通事故情况等，估计车辆承保的风险程度，从而能够针对不同的车辆制定相应的保险制度。

2）整车制造厂通过车辆的VIN，结合车辆制造档案就可以明确各批次车辆及零部件

⊖ 参见本书参考文献［11］。

的去向和车辆的生产、销售及使用状况，对于进行调整生产、改进售后服务和实行汽车召回具有重大的指导意义。

3）维修企业通过车辆的 VIN，查询相关的 VIN 规则说明，可以准确确定车辆的车型年款以及相应的配置状况，从而选择合适的仪器设备和相关的车型维修资料，正确进行故障诊断和车辆维修。另外，通过 VIN 能明确车辆配置及其生产年限、批次，从而找到正确的零件。

4）在二手车市场上，通过车辆的 VIN，可以了解车辆的生产年限、产地、车型、车身形式以及发动机配置等，以确定合理的价位。

5）购买进口汽车时，通过解读车辆的 VIN，能了解车辆的产地、配置、年款、装配厂等信息。例如奔驰汽车，它的产地分布在世界各地，而且不同地域的车辆等级和品质是不同的。

二、汽车基本参数

1. 汽车的质量参数

（1）汽车的整备质量 汽车经整备后在完备状态下的自身质量，即指汽车在加满燃料、润滑油、工作油液（如制动液等）及发动机冷却液并装备（随车工具及备胎等）齐全后但未载人、载货时的总质量。

（2）汽车的装载量或装载质量 最大货运质量与最大客运质量之和。

（3）汽车的总质量 汽车的整备质量与最大装载质量之和。

（4）最大轴载质量 汽车单轴所能承载的最大质量。

2. 汽车的尺寸参数

汽车尺寸参数如图 1-9 所示。

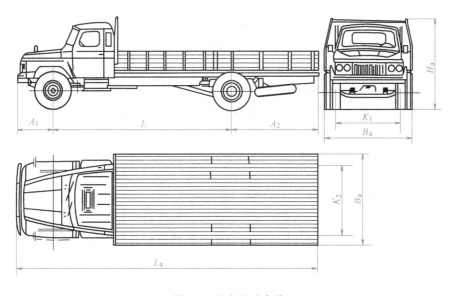

图 1-9　汽车尺寸参数

（1）**车长 L_a（mm）** 垂直于车辆纵向对称平面并分别抵靠在汽车前、后最突出部位两垂直面之间的距离。

（2）**车高 H_a（mm）** 车辆最高点与车辆支承平面之间的距离。

（3）**车宽 B_a（mm）** 平行于车辆纵向对称平面并分别抵靠车辆两侧最外处刚性固定突出部位（不包括后视镜、方位灯、侧面标志灯、转向指示灯等）的两平面之间的距离。

各国对公路运输车辆的外廓尺寸都有法规限制，以便使其适应该国的公路、桥梁、涵洞和铁路运输的有关标准，保证交通畅通和行车安全。我国对公路车辆的限制尺寸是：车高不大于 4m；车宽（不包括后视镜）不大于 2.5m，左、右后视镜等突出部分的侧向尺寸总共不大于 250mm；载货汽车及越野汽车总长不大于 12m，牵引汽车带半挂车总长不大于 16m，汽车拖带挂车总长不大于 20m，挂车总长不大于 8m，大客车总长不大于 12m，铰接式大客车总长不大于 18m。重型矿用汽车不是公路车辆，可不受上述外廓尺寸限制，但一般其总高在 4.5m 左右。

（4）**前悬和后悬 A_1、A_2** 汽车的前悬 A_1 是指其前端至前轮中心的悬置部分，后悬 A_2 是指汽车的后端至汽车后轮中心的悬置部分。

（5）**前、后轮距 K_1、K_2** 轮距是指同一车轴左、右轮胎中心间的距离。如后轴为双胎，则为同一轴的一端两轮胎中心到另一端两轮胎中心间的距离。

（6）**轴距 L** 轴距是指汽车在直线行驶位置时，同车相邻两轴的车轮落地中心点到车辆纵向对称平面的两条垂线之间的距离。

3. 汽车的性能参数

汽车常用的性能参数有动力性参数、燃油经济性参数、制动性参数和通过性几何参数等。

（1）**动力性参数** 动力性参数包括最高车速、加速时间、上坡能力、比功率和比转矩等。

（2）**燃油经济性参数** 燃油经济性参数用汽车在水平的水泥或沥青路面上，以经济车速或多工况且以一定载荷行驶百公里的燃油消耗量（L/100km）来评价。货车有时用单位质量的百公里油耗量 [L/(100t·km)] 来评价。

（3）**制动性参数** 制动性参数通常用制动距离、制动减速度和行车制动的踏板力及应急制动时的操纵力等来评价制动效能。

（4）**通过性几何参数** 通过性几何参数包括最小离地间隙、接近角、离去角、纵向通过半径、最小转弯直径等。

第四节　汽车行驶的基本原理

汽车在道路上向前行驶时，承受较复杂的各种力的作用，有纵向力、横向力和垂直力以及力矩。本节只讨论后轮驱动的汽车直线行驶时各种纵向力的相互关系。

一、汽车的驱动力

汽车发动机产生的转矩，经传动系统传至驱动轮上。此时作用于驱动轮上的转矩 T_t

（图 1-10）产生一对地面的圆周力 F_0，地面对驱动轮的反作用力 F_t（方向与 F_0 相反）即为驱动汽车的外力，此外力称为汽车驱动力，其表达式为

$$F_t = \frac{T_t}{r_r} \tag{1-1}$$

式中，T_t 是作用于驱动轮上的转矩；r_r 是车轮滚动半径。

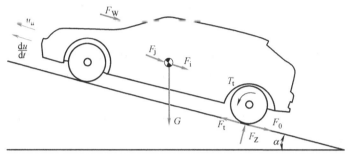

图 1-10　汽车的驱动力和行驶阻力

二、汽车的行驶阻力

汽车在道路上等速行驶时须克服来自地面的滚动阻力 F_f 和来自空气的空气阻力 F_w。汽车在坡道上行驶时，还须克服重力沿坡道的分力，即坡度阻力 F_i。汽车加速行驶时需要克服加速阻力 F_j。因此汽车行驶的总阻力为

$$\sum F = F_f + F_w + F_i + F_j \tag{1-2}$$

上述阻力中，滚动阻力和空气阻力是在任何行驶条件下均存在的。坡度阻力和加速阻力仅在一定行驶条件下存在，在水平道路上等速行驶就没有坡度阻力和加速阻力。

1. 滚动阻力

车轮滚动时，轮胎与地面的接触区域会产生轮胎和支承路面的变形（当弹性轮胎在硬路面上滚动时，轮胎的变形是主要的），由此而引起的地面对轮胎的阻力，即为滚动阻力 F_f。滚动阻力等于滚动阻力系数与车轮负荷之乘积。

滚动阻力系数由试验确定。滚动阻力系数与路面的种类、行驶速度以及轮胎的构造、材料、气压等有关。应该指出的是，行驶速度对滚动阻力系数有很大影响，当车速达到一定值以后，滚动阻力系数将迅速增大。

2. 空气阻力

汽车直线行驶时受到的空气作用在行驶方向上的分力称为空气阻力 F_w。空气阻力分为压力阻力和摩擦阻力两部分。作用在汽车外表面上的法向压力的合力在行驶反方向的分力称为压力阻力，分为四部分：形状阻力、干扰阻力、内循环阻力和诱导阻力。形状阻力占压力阻力的大部分，与车身主体形状有很大关系；干扰阻力是车身表面突起物如后视镜、门把手、悬架导向杆、驱动轴等引起的阻力；发动机冷却系统、车身通风等所需空气流经车体内部时构成的阻力即为内循环阻力；诱导阻力是空气升力在水平方向的投影。

摩擦阻力是由于空气的黏性在车身表面产生的切向力的合力在行驶方向的分力。在无

风时，汽车空气阻力与车速的平方成正比，与空气阻力系数及汽车的迎风面积成正比。汽车迎风面积值受到使用空间的限制不易进一步减小，因此降低空气阻力系数是降低空气阻力的重要手段。

3. 坡度阻力

当汽车上坡行驶时，其总重力沿坡道的分力称为坡度阻力 F_i。根据我国的公路工程路线设计规范，高速公路平原微丘区最大纵坡为 3%，山岭重丘区为 5%；一级汽车专用公路平原微丘区最大坡度为 4%，山岭重丘区为 6%；四级汽车专用公路平原微丘区最大坡度为 5%，山岭重丘区为 9%。由于坡度阻力与滚动阻力均属于与道路有关的阻力，而且均与汽车重力成正比，可以把这两种阻力合在一起称为道路阻力。

4. 加速阻力

汽车加速行驶时，需要克服其质量加速运动的惯性力，也就是加速阻力 F_j。汽车的质量分为平移的质量和旋转的质量两部分。

三、汽车行驶的附着条件

当驱动力与汽车行驶的总阻力相等时，即 $F_t = \sum F = F_f + F_w + F_i + F_j$，汽车匀速行驶；当 $F_t > \sum F$ 时，汽车速度增加，总阻力也随空气阻力而增加，在某个较高的车速处达到新的平衡，然后匀速行驶；当 $F_t < \sum F$ 时，汽车将减速或停驶。

驱动力大，加速能力好，爬坡能力也强，汽车的动力性能好。但这只有在轮胎-路面有足够大的附着力（如良好的轮胎在干燥的水泥路面上）时才可以。在潮湿的沥青路面上附着性能差时，大的驱动力可能引起车轮在路面上急剧加速滑转，地面切向反作用力并不是很大，动力性也未进一步提高。由此可见，汽车的动力性能不只受驱动力的制约，它还受到轮胎与地面附着条件的限制。

地面对轮胎切向反作用力的极限值称为附着力 F_φ，在硬路面上它与驱动轮法向反作用力 F_z（称为附着重力）成正比，即

$$F_\varphi = F_z \varphi \tag{1-3}$$

式中，φ 是附着系数，其值与地面性质、轮胎的花纹、气压、车速及荷载等有关。

由作用在驱动轮上的转矩 T_t 引起的地面对轮胎切向反作用力不能大于附着力，否则将发生驱动轮滑转现象，即后轮驱动的汽车必须满足下述汽车行驶的附着条件：

$$F_t \leqslant F_\varphi$$

在冰雪或泥泞地面上，由于附着力很小，汽车的驱动力受到附着力的限制而不能克服较大的阻力，导致汽车减速甚至不能前进。即使加大节气门开度或换入低档，车轮也只会滑转而驱动力仍不能增大。为了增加车轮在冰雪路面的附着力，可采用特殊花纹轮胎、镶钉轮胎或在普通轮胎上绕装防滑链，以提高其对冰雪路面的抓地能力。非全轮驱动汽车的附着重力只是分配到驱动轮上的那部分汽车总重力；而全轮驱动汽车的附着重力则是全车的总重力，并可利用其轮胎上的特殊花纹获得较大的附着系数，因而其附着力较前者显著增大。

第五节 交通安全与环保

一、交通安全

随着汽车保有量的增加，汽车交通事故也在增加，每年汽车交通事故给成千上万的家庭带来灾难，使个人及国家的财产遭受巨大损失，形成社会不安定的因素，交通事故已发展为公害。交通事故与汽车安全性、人及环境（道路建设、交通管理等）密切相关。对于人而言，无论是驾驶人在驾车过程中，还是行人在行走过程中或骑车人在骑车过程中都可能存在过失；对于汽车而言，在设计、制造、使用、维护等方面仍存在不完善的地方；对于道路及交通管理而言，在设计、建设、管理、维护等方面也存在不完善的地方，从而在目前的技术条件下，交通事故尚难以完全避免。世界各国政府及汽车制造厂商日益关注汽车安全问题，除研究、开发安全技术外，还普遍重视道路安全设施及交通管理系统的建设，加强交通法规的建立及交通安全教育等。

汽车安全性通常是指汽车在行驶过程中避免事故、保障行人及成员安全的能力，汽车安全性可以进一步分为主动安全性（Active Safety）和被动安全性（Passive Safety），相应的技术措施也就分为主动安全技术和被动安全技术。主动安全性也称为"一次安全性"，是指汽车能主动预防或难于发生事故的性能，其主要目的在于提高汽车行驶的稳定性，减少操纵的偏差。被动安全性也称为"二次安全性"，是指汽车在不可避免的情况下，一旦出现事故时，汽车本身具有能对付事故、保护乘员及行人不伤亡或减少伤亡，将损失降至最低的性能。

从 20 世纪六七十年代开始，一些国家就投入许多人力及物力研究汽车安全问题，其中较重要的是汽车安全法规。目前，世界上有代表性的汽车安全法规主要有美国汽车法规、欧洲汽车法规、日本汽车法规三大体系，而日本为提高国际化水平，其汽车技术法规正在向欧洲汽车法规体系靠拢。1996 年美国开始制定和发布有关交通安全标准及安全法规，之后欧洲及日本也相应地进行了有关工作。许多国家根据本国国情制定出汽车安全性的最低法律要求，各生产厂必须严格按法规规定进行设计和生产，并通过形式认证，否则不得进行生产、销售和使用。即使销售出去的车辆，一旦发现有涉及法规的安全问题，生产厂商必须全部召回解决。

美国、欧洲及日本的汽车安全法规体系，均由主动安全性和被动安全性两大部分组成。美国联邦汽车安全法规体系（Federal Motor Vehicle Safety Standards，FMVSS）中关于主动安全性的有 27 项（FMVSS 100～126），被动安全性有 24 项。欧洲的 ECE（联合国欧洲经济委员会）汽车法规和 EEC（欧洲经济共同体）安全指令，以及日本的道路车辆安全法规与 FMVSS 都较类似，只是具体的技术要求有所不同。

我国汽车标准起步较晚，在对国外主要汽车技术法规体系进行深入研究的基础上，最后确定了以欧洲 ECE 为基础的汽车强制性国家标准体系，内容涉及安全（主动安全、被动安全、一般安全）、环保（排放、电磁干扰、噪声、有毒有害物质、可回收）、节能（降低能源和材料消耗、可再利用）、防盗等。我国自 1993 年第一批强制性标准发布以

来，目前已发布的汽车安全强制标准达 92 项之多，其中主动安全标准有 29 项，被动安全标准有 36 项，一般安全标准有 27 项。

汽车工业已成为国际性的产业，对于安全法规相关国家也正在进行协调，以便使各大安全法规体系能够趋向一致。汽车安全法规体现了汽车安全技术水平，汽车安全法规的每一次改变，意味着汽车安全技术水平又提高了一步。

1. 汽车上用于实现主动安全性的装置

(1) 防抱死制动系统（Antilock Braking System，ABS） 该系统可通过控制制动管路的制动压力，保持车轮处于滑移的滚动状态而不会抱死不转，克服紧急制动时的侧滑、甩尾等不安全状况。

(2) 驱动防滑系统（Anti-Slip Regulation，ASR） 该系统可避免车辆加速时驱动轮打滑，维持车辆行驶方向的稳定性。ASR 以驱动力为控制对象，驱动力也称为牵引力，故 ASR 也称为牵引力控制系统（Traction Control System，TCS）。

(3) 车身电子稳定系统（Electronic Stability Program，ESP） 该系统可通过从各传感器传来的车辆行驶状态信息进行分析，然后向 ABS、ASR 发出纠偏指令，来帮助车辆维持动态平衡。ESP 可以使车辆在各种状况下保持最佳的稳定性，在转向过度或转向不足的情形下效果更明显。

(4) 路面及环境状况检测系统 该系统能够在规定的车辆接近区域内，通过激光雷达、超声波传感器、摄像机等设备，检测路面状态（干燥、潮湿或冰雪，有无障碍物等）；检测周围车辆及障碍物的距离，车辆的相对速度；检测周围行人及交通状况，夜间则用红外线监视系统在显示屏上指示行人状况。这些检测信息通过直观显示信号警告驾驶人，以便提前采取适当的措施。

(5) 自适应巡航控制系统 该系统将汽车自动巡航控制系统和车辆向前撞击报警系统结合，不但具有自动巡航的全部功能，还可以通过车载雷达等传感器检测汽车前方的道路交通环境。一旦发现当前行驶车道的前方有其他前行车辆，即根据本车与前车之间的相对距离及相对速度等信息，对车辆进行纵向速度控制，与前车保持合适的安全距离。采用该系统可降低驾驶人的工作负荷，提高驾驶的安全性。

(6) 胎压监测及安全控制系统 该系统将胎压监测和智能化自动控制结合起来，不仅具备胎压监测系统的功能，可以实现监测轮胎的气压，并提供胎压过高或过低的预警，还能够在驾驶人遭遇爆胎反应过来之前，自动接管车辆，代替驾驶人在 0.5s 的时间内实施渐进式自动制动，可以在驾驶人做出行车制动之前大幅度降低汽车速度，达到降低和化解爆胎风险的目的。

(7) 视觉增强系统 该系统能够在不良天气和复杂交通条件下改善驾驶视野，解决视野盲区等问题。通过应用一种高级玻璃熔接涂层技术，研制了斥水风窗玻璃，它能将雨滴变成水珠，防止雨水在玻璃上形成水膜，改善雨天时的驾驶视野；或者通过装在车上的多个铅笔大小的摄像机和三个可切换的视频显示屏为驾驶人提供前、后、侧方视野，极大地改善了驾驶视野。

(8) 卫星定位导航系统 该系统可以向驾驶人提供有关交通信息，如车辆行驶时的所在位置，前进路线中的交通事故及堵塞情况等；指导驾驶人如何按最佳路线行驶，以便顺利到达目的地。该系统可提高交通运输效率，使驾驶轻松，有助于交通安全。

（9）汽车安全预警系统（Safety Alarm System，SAS） 该系统包括轮胎异常预警功能、引路导航和防追尾功能、倒车测距预警功能以及防盗报警功能。一旦轮胎出现漏气、温度升高、气压异常等不安全状况，系统会自动报警；视线不好的天气，开启可自动调光的强光警示灯，实现引路导航和防追尾功能；当倒车车位距障碍物 0.3~2m 时，会以语音无线方式及时预警；当有活动物非法进入车内时，会自动报警。

2. 汽车上用于实现被动安全性的部件和装置

（1）冲击吸能保护系统 该系统在汽车发生碰撞时能吸收汽车的动能，减缓乘员移动的程度，并保证乘员有足够的生存空间。具体措施包括改善能承受正面及侧面碰撞并吸收能量的车身，改进车门设计，增加横梁，使其能有更好的防侧撞能力，采用中间有泡沫充填物的夹层钢板等。

（2）乘员保护系统 该系统能够在车辆事故发生后尽量减小成员伤害，主要包括智能安全带及安全气囊系统。该系统利用雷达检测外部情况，座椅蒙皮下的传感器测量驾驶人体重，用安全带测量驾驶人外形尺寸及驾驶人与转向盘的距离。当预测到事故不可避免时，中央微机控制系统便指令安全带收紧，根据计算得到的将要发生碰撞的严重程度，使驾驶人座椅沿滑轨向后移动，使收缩型方向柱收缩到仪表板内，调节气囊充气时间和爆破力，减小碰撞对成员的伤害。

（3）降低行人伤害程度系统 该系统能够在撞到行人后尽量降低伤害程度。在发生碰撞事故时，发动机罩宽幅气囊由碰撞传感器激发后，在保险杠上沿着发动机罩的外形展开，能有效为中、高身材的成年人提供腹部和臀部保护，以及为儿童和身材矮小的成年人提供头部和胸部保护。

（4）紧急门锁释放装置 当车辆发生碰撞，传感器已确认发生碰撞时，系统能立即释放门锁，让车门能迅速打开。

（5）行车记录仪 类似飞机上的黑匣子，可以记录事故发生瞬间前后操作车辆和环境的多种信息，而且可以再现导致事故的发展过程，可以分析事故原因，为以后预防提供可靠资料。

（6）紧急事故自动通报系统 通过该系统车辆与负责交通管理的无线电台及时联系，电台可以获知发生事故的车辆的位置、事故及乘员受伤害的主要情况，可以通知有关部门及人员及时前往事故地点，进行救援工作。

3. 汽车安全保障体系

道路交通系统由人、车辆、道路环境三要素组成，该系统的工作实质是完成客、货安全、迅速移动的过程。因此，汽车安全保障体系就是以这个大系统为前提，以交通法规为依据，以管理为手段而构成的。

2003 年 10 月 28 日，《中华人民共和国道路交通安全法》审议通过，自 2004 年 5 月 1 日起施行，并于 2007 年和 2011 年两次修订。该法对车辆和驾驶人、道路通行条件和规定、交通事故处理及执法监督等做出了规定。其立法宗旨是为了维护道路交通秩序，预防和减少交通事故，保护人身安全，保护公民、法人和其他组织的财产安全及其他合法权益，提高通行效率。

二、环境保护

地球是人类赖以生存和发展的地方，地球环境遭受多种产业及交通工具污染的威胁。汽车工业及汽车对环境的污染是其中一个重要方面。由汽车带来的环境的污染，一是排气污染，二是噪声及振动，三是电波干扰。

1. 排气污染

目前，大气污染已经成为密切关注的话题，而随着汽车工业的发展，汽车保有量的增加，汽车尾气的有害气体排放对环境的污染已经成为全球性亟待解决的问题。汽车排出的气体分为尾气、曲轴箱窜气和燃油蒸气三类。在尾气中含有 CO、HC 和 NO_x，曲轴箱窜气和燃油蒸气大部分是 HC。同时，汽油中硫以 SO_x 的形式排出。柴油机排出的黑烟大部分是微粒（PM）。空气中这些气体的浓度如果超过一定标准，会对人类健康乃至整个生态环境造成巨大的危害。CO 主要是由于汽车发动机燃烧不完全而产生的，在空档行驶、经常制动、起动、加速、减速时排出量较大。CO 易与血液中的血红素结合，使人中毒。汽油在高温燃烧过程中产生的 NO_x 以及 HC 与 NO_x 经光化学反应形成的光化学烟雾，对人的眼睛、鼻子、咽、喉、气管都有刺激作用，浓度高时会使人剧烈咳嗽，甚至死亡。

世界各国都制定了相应的法规或标准，以期把汽车的有害排放物控制在较低的水平。美国是当今世界上控制汽车排放最严格的国家，具有美国加利福尼亚法规和美国联邦政府法规两个不同的法规，而加利福尼亚州的排放标准则常常比联邦政府更严格。2014 年，美国国家环境保护局出台汽车尾气排放与燃油质量新标准 Tier 3，对各种污染物的排放限值进行大幅度缩减，并从 2017 年开始逐步实施。美国加州于 2012 年 1 月正式颁布 LEV Ⅲ排放标准，有效期为 2015～2025 年。欧盟汽车排放标准经历了由欧 I 到欧 Ⅵ 的演变，排放标准迅速提高，欧 Ⅵ 标准从 2014 年开始实行，特别是对粉尘颗粒和氮氧化物的排放设定了严格的标准。我国汽车尾气排放法规起步较晚，由于环境日益严重，我国对汽车尾气排放标准日益重视，自 2020 年 7 月 1 日起对销售和注册登记的轻型汽车污染物排放实施国 Ⅵ 标准，常温冷起动（Ⅰ型）试验条件下主要排放污染物的限值规定见表 1-2（6a 阶段执行日期为 2020 年 7 月 1 日，6b 阶段执行日期为 2023 年 7 月 1 日）。自 2021 年 7 月 1 日起对销售和注册登记的重型柴油车污染物排放实施国 Ⅵ 标准。

表 1-2　轻型汽车Ⅰ型试验排放限值

车辆类别	测试质量 TM/kg	限值							
		CO/(mg/km)		HC/(mg/km)		NO_x/(mg/km)		PM/(mg/km)	
		6a 阶段	6b 阶段	6a 阶段	6b 阶段	6a 阶段	6b 阶段	6a 阶段	6b 阶段
第一类车	全部	700	500	100	50	60	35	4.5	3.0
第二类车	$TM \leqslant 1305$	700	500	100	50	60	35	4.5	3.0
	$1305 < TM \leqslant 1760$	880	630	130	65	75	45	4.5	3.0
	$1760 < TM$	1000	740	160	80	82	50	4.5	3.0

注：1. 第一类车为包括驾驶人座位在内座位数不超过 6 座，且最大设计总质量不超过 2500kg 的载客汽车。

2. 第二类车为除第一类车以外的其他所有轻型汽车。

防治汽车排气污染的措施有：

（1）改进汽车设备　改进内燃机结构，推广采用电控汽油喷射技术，使汽油燃烧完全；改进曲轴箱和燃料箱，避免或减少气体的泄漏；安装排气再循环装置，使排气中未完全燃烧的成分得到完全燃烧，从而达到降低污染的目的；安装三元催化装置，使排气中的有害气体转化为无害气体。

（2）改进能源　掺入添加剂，改变燃料成分，提高燃油品质，如采用甲醇和其他醇类同汽油混合所制成的燃料，可在一定程度上减少汽车排出的污染；推广代用燃料代替汽油，目前汽车上使用较为普遍的代用燃料有液化石油气、天然气、醇类、醚类和植物油等，属于可再生资源，可有效改善汽车的排放。

（3）推广新能源汽车　推广使用混合动力电动汽车、纯电动汽车及燃料电池电动汽车等。

（4）合理布置路网及调整交通流　综合治理交通，加强交通管理，调整交通流，使道路上的车流有适当的流量和速度，尽可能地匀速、通畅，从而减少因加速、减速、制动、起动等带来的污染。

2. 噪声及振动

汽车的噪声及振动，是指噪声、振动及行驶不平顺性。前者包括燃烧噪声、机械噪声、冷却风扇噪声、进气噪声和排气噪声、轮胎噪声、风阻噪声等；后者是指汽车在凹凸不平的地面及路面接缝处行驶时，会引起振动，而振动除了直接令人感到不舒服以及可能使零部件损伤外，也会产生噪声。这些噪声随发动机转速、加速状态和负荷状态等使用状态的改变而大幅度地改变。

持续的噪声，即使噪声级不是特别高，也会损伤听力。医学界已经证实，随着噪声的加强，高血压病的发病率会提高。汽车的噪声及振动对人类的危害不容忽视，降低汽车噪声也是我国及世界各国努力的目标。

3. 电波干扰

从汽车点火系统产生的电波杂音会对无线电通信和电视广播等产生干扰。点火系统的电波杂音一般来自分电器和火花塞两处，由于具有各自的容量和感应放电成分，实际的放电波形是复杂的。为防止或减小点火系统的电波杂音，可以根据车辆种类和防干扰目的的不同而采用相应的防干扰器。在通信用车辆上对点火系统全部高压电路进行电磁屏蔽，可取得显著的防干扰效果。

思 考 题

1-1　汽车由哪些部分组成？各部分的作用是什么？

1-2　汽车是如何分类的？

1-3　车辆识别代号由哪些部分组成？有何用途？

1-4　汽车有哪些基本尺寸参数？

1-5　汽车等速行驶时，主要存在哪些阻力？它们都是怎样产生的？

1-6　何谓附着力？如何增大汽车的附着力？

1-7　何谓汽车主动安全性和被动安全性？

1-8　改善汽车排气污染有哪些方法？

第二章 发动机

汽车的动力源是发动机。发动机是将某一种形式的能量转化为机械能的机器。

将燃料燃烧所产生的热能转化为机械能的装置称为热力发动机，简称热机。内燃机是热力发动机的一种，其特点是液体或气体燃料与空气混合后直接输入机器内部燃烧而产生热能，然后再转变成机械能。另一种热机是外燃机，如蒸汽机，其特点是燃料在机器外部的锅炉内燃烧，将锅炉内的水加热而产生高温、高压的水蒸气，输送至机器内部，使所含的热能转变为机械能。

内燃机根据其将热能转化为机械能的主要构件的形式，可分为活塞式内燃机和燃气轮机两大类。前者按活塞运动方式又可分为往复活塞式和旋转活塞式两种。

活塞式内燃机的特点是燃料在气缸内燃烧，将其所产生的热能转变为机械能，再通过一系列的传动机构，驱动汽车前进。活塞式发动机具有热效率高，体积小，质量轻，便于起动和维修的特点，在汽车领域占有主导地位。

目前汽车上使用的活塞式发动机按其所用燃料不同，主要分为汽油机和柴油机两大类。汽油机是将汽油直接喷入进气管或气缸内，同空气混合形成可燃混合气，再用电火花点燃，这种发动机称为汽油喷射式发动机。柴油机使用的燃料一般是轻柴油，它是通过喷油泵和喷油器将柴油直接喷入气缸，与气缸内经过压缩的空气混合，使之在高温下自燃做功。

汽油机与柴油机相比，各有特点。汽油机具有转速高（目前轿车汽油机的最高转速达 $5000\sim6000r/min$，货车汽油机的转速达 $4000r/min$ 左右）、质量轻、工作噪声小、起动容易、制造和维修费用低等特点，故在轿车和轻型货车及越野车上得到广泛的应用。其不足之处是燃油消耗率高，燃油经济性差。柴油机因压缩比高，燃油消耗率平均比汽油机低 $20\%\sim30\%$，且柴油价格较低，所以燃油经济性好。一般装载质量为 5t 以上的货车大都采用柴油机。柴油机的缺点是转速较汽油机低、质量大、制造和维修费用高（因为喷油泵和喷油器加工精度要求高），但这些缺点正逐渐被克服，其应用范围正在向中、轻型货车及轿车扩展。轿车用柴油机，其最高转速可达 $5000r/min$。

内燃机一般要求使用石油燃料，同时排出的废气中所含有害气体成分较高。为解决能源与大气污染的问题，国内外正致力于排气净化以及其他新能源发动机的研究工作。

第一节　发动机的基本知识

一、发动机总体构造

发动机是一部由许多机构和系统组成的复杂机器，现代汽车发动机的结构型式有很多，即使是同一类型的发动机，其具体构造也是各种各样的。以桑塔纳轿车四冲程汽油喷射式发动机为例，介绍四冲程汽油机的一般构造（图2-1）。

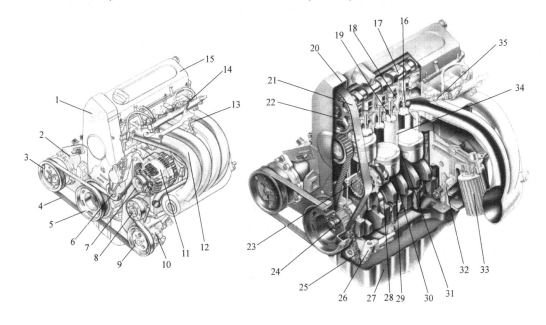

图 2-1　桑塔纳轿车发动机的构造

1—正时齿形带护罩　2—空调压缩机　3—空调压缩机带轮　4—多楔带　5—曲轴带轮　6—张紧轮　7—发电机带轮　8—导向轮　9—转向助力泵带轮　10—转向助力泵　11—发电机　12—进气歧管　13—油尺　14—燃油分配器　15—气缸盖罩　16—液压挺柱　17—凸轮轴　18—气缸盖　19—进气门　20—排气门　21—正时齿形带　22—凸轮轴正时齿形带轮　23—水泵齿形带轮　24—曲轴正时齿形带轮　25—机油泵链　26—机油泵　27—油底壳　28—水泵　29—曲轴　30—活塞　31—连杆　32—限压阀　33—机油滤清器　34—气缸体　35—喷油器

1）曲柄连杆机构包括活塞30、连杆31及带有飞轮的曲轴29等。它是将活塞的直线往复运动转变为曲轴的旋转运动并输出动力的机构。

2）配气机构包括进气门19、排气门20、液力挺柱16、凸轮轴17以及凸轮轴正时齿形带轮22（由曲轴正时齿形带轮24驱动）。其功用是使可燃混合气及时充分地进入气缸并将废气及时彻底地从气缸排出。

3）汽油机燃料供给系统包括燃油箱、电动燃油泵、燃油滤清器、喷油器35、燃油压力调节器及燃油分配器14等。其功用是根据发动机的工况要求，向发动机提供燃烧时所

需要的汽油量。

4）进气与排气系统包括空气滤清器、进气歧管 12、排气管及排气消声器等。其功用是将喷油器中喷出的汽油，在进气歧管或进气管道上与空气混合，雾化后供入气缸，以供燃烧，并将燃烧生成的废气排出发动机。

5）润滑系统包括机油泵 26、机油集滤器、机油滤清器 33、限压阀 32 及润滑油道等。其功用是将机油供给做相对运动的零件，以减少它们之间的摩擦阻力，减轻机件的磨损，并部分冷却摩擦零件，清洗摩擦表面。

6）冷却系统包括水泵 28、散热器、风扇、分水管以及气缸体 34 和气缸盖 18 中铸出的空腔——水套等。其功用是把受热机件的热量散到大气中去，以保证发动机正常工作。

7）在汽油机中，气缸内的可燃混合气是靠电火花点燃的，为此在汽油机的气缸盖上装有火花塞，火花塞头部伸入燃烧室内。点火系统的功用就是保证按规定时刻及时点燃气缸中被压缩的混合气。

8）起动系统包括起动机及其附属装置，用以使静止的发动机起动并转入自行运转。

汽油机一般由上述两大机构和六大系统组成，柴油机是压燃的，不需要点火系统。

二、发动机常用术语

1. 活塞行程与上、下止点

图 2-2 所示为发动机工作示意图。活塞顶部离曲轴中心最远处，即活塞最高位置，称为上止点；活塞顶部离曲轴中心最近处，即活塞最低位置，称为下止点。上、下止点间的距离 S 称为活塞行程，曲轴与连杆下端的连接中心至曲轴中心的距离 R 称为曲柄半径。活塞每走一个行程相应于曲轴转角180°。对于气缸中心线与曲轴中心线相交的发动机，$S = 2R$。

2. 气缸容积

活塞在上止点时，活塞顶部以上的容积称为燃烧室容积，用 V_c 表示。

活塞从上止点到下止点所扫过的容积称为气缸工作容积，用 V_s 表示。多缸发动机各气缸工作容积的总和，称为发动机排量，用 V_L 表示，单位为 L，即

$$V_L = \frac{\pi D^2}{4 \times 10^6} Si \quad (2-1)$$

式中，D 是气缸直径（mm）；S 是活塞行程（mm）；i 是气缸数。

活塞在下止点时，活塞顶部以上的气缸容积称为气缸总容积，用 V_a 表示，即

$$V_a = V_c + V_s \quad (2-2)$$

3. 压缩比

压缩前气缸中气体的最大容积与压缩后的最小容积

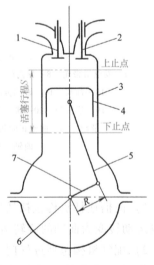

图 2-2　发动机工作示意图

1—进气门　2—排气门　3—气缸
4—活塞　5—连杆　6—曲轴
中心　7—曲柄

之比，即气缸总容积与燃烧室容积之比称为压缩比，用 ε 表示，其表达式为

$$\varepsilon = \frac{V_a}{V_c} = 1 + \frac{V_s}{V_c} \tag{2-3}$$

其中，ε 表示活塞从下止点移到上止点时，气缸内气体被压缩的程度。现代汽车发动机的压缩比，汽油机一般为 6~9（轿车有的可达 9~11），柴油机一般为 16~22。

三、发动机工作原理

1. 四冲程汽油机工作原理

为使发动机产生动力，必须先将可燃混合气供入气缸，经压缩后使之燃烧发出热能，以气体为工作介质并通过活塞和连杆使曲轴旋转，从而使热能转变为机械能，最后再将燃烧后的废气排出气缸。至此，发动机完成了一个工作循环。此循环周而复始地进行，发动机便连续产生动力。活塞在气缸内往复四个行程，曲轴旋转两周，完成一个工件循环的发动机，称为四冲程发动机。

四冲程发动机一个工作循环中的四个活塞行程分别是进气行程、压缩行程、做功行程和排气行程，其工作原理如图 2-3 所示。

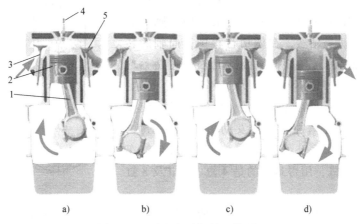

图 2-3　四冲程发动机的工作原理

a）进气　b）压缩　c）做功　d）排气

1—曲轴连杆　2—活塞　3—进气门　4—火花塞　5—排气门

（1）进气行程　进气行程中，进气门打开，排气门关闭，转动的曲轴带动活塞从上止点向下止点运动（曲轴旋转 180°），随着活塞的下移，缸内容积增大，压力降低，形成真空，将汽油与空气所形成的可燃混合气吸入气缸。

（2）压缩行程　随着曲轴转动，活塞由下止点向上止点运动（曲轴旋转 180°）。与此同时，进、排气门均关闭，活塞上行压缩可燃混合气，使其温度和压力同时升高。

（3）做功行程　当压缩行程即将终了，活塞接近上止点时，火花塞产生电火花点燃混合气。气缸中燃料燃烧放出热能，使气体受热膨胀，压力和温度急剧上升。在高温高压气体的作用力推动下，活塞向下止点运动（曲轴旋转 180°），活塞的下移通过连杆使曲轴做旋转运动，产生转矩而做功。发动机至此完成了一次将热能转变为机械能的过程。在此

行程中进、排气门均保持关闭。

(4）排气行程 在曲轴飞轮系统惯性力的作用下，活塞从下止点向上止点运动（曲轴旋转180°）。此时进气门关闭，排气门开启，混合气燃烧后形成的废气，被活塞挤出气缸之外。

曲轴继续旋转，活塞从上止点向下止点运动，又开始了下一个工作循环。由此可知，四冲程汽油机经过进气、压缩、做功、排气四个行程完成了一个工作循环，在这期间活塞在上、下止点间往复运动了四个行程，相应地曲轴旋转了720°。

2. 四冲程柴油机工作原理

四冲程柴油机与四冲程汽油机一样，每个工作循环都经过进气、压缩、做功、排气四个行程。由于柴油机所用燃料是柴油，其特点是黏度比汽油大且不易蒸发，但柴油的自燃温度比汽油低。因此，进气行程吸入气缸的为纯空气，压缩行程接近上止点时，柴油要经喷油泵把燃油压力提高到10MPa以上，然后经喷油器以油雾形式直接喷入气缸，与高温空气混合后自燃，经过做功行程后，废气被排出气缸，完成一个工作循环（图2-4）。

在四冲程发动机一个工作循环的四个活塞行程中，只有一个行程是做功的，其余三个行程则是做功的辅助行程。因此，单缸发动机曲轴每转两周只有半周是由于膨胀气体的作用使曲轴旋转，其余一周半则依靠飞轮惯性维持转动。显然，在做功行程中，曲轴的转速比其他三个行程的转速要高，因此曲轴转速是不均匀的，发动机的运转也不平稳。为了解决这个问题，飞轮必须做成具有更大的转动惯量，而这样做将使整个发动机质量和尺寸增加。单缸发动机工作振动大，采用多缸发动机可以弥补上述缺点。因此，现代汽车基本不用单缸发动机，用得最多的是4缸、6缸及8缸发动机。

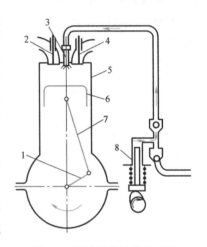

图 2-4 四冲程柴油机示意图
1—曲柄 2—进气门 3—喷油器
4—排气门 5—气缸 6—活塞
7—连杆 8—喷油泵

多缸四冲程发动机的每一个气缸，所有的工作过程是相同的，并按上述次序进行，但所有气缸的做功行程并不同时发生。例如，4缸发动机曲轴每转180°便有一个气缸做功；8缸发动机曲轴每转90°便有一个做功行程。气缸数越多，发动机的工作越平稳。但发动机气缸数增多，将使其结构复杂，尺寸及质量增加。

四、发动机编号规则

为了便于内燃机的生产、管理和使用，GB/T 725—2008《内燃机产品名称和型号编制规则》对内燃机的名称和型号的编制做了统一规定（图2-5）。

（一）内燃机的名称和型号

内燃机型号由阿拉伯数字、汉语拼音字母或国际通用的英文缩略字母组成。内燃机型号依次包括下列四部分：

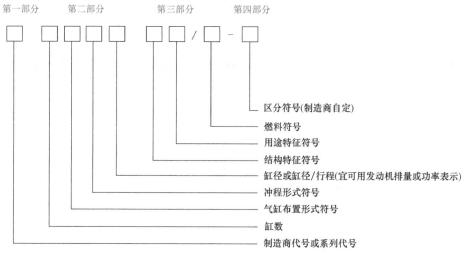

符号	气缸布置形式
无符号	多缸直列及单缸
V	V型
P	卧式
H	H型
X	X型

符号	结构特征
无符号	冷却液冷却
F	风冷
N	凝气冷却
S	十字头式
Z	增压
ZL	增压中冷
DZ	可倒转

符号	用途
无符号	通用型及固定动力(或制造商自定)
T	拖拉机
M	摩托车
G	工程机械
Q	汽车
J	铁路机车
D	发电机组
C	船用主机、右机基本型
CZ	船用主机、左机基本型
Y	农用三轮车(或其他农用车)
L	林业机械

符号	冲程形式
无符号	四冲程
E	二冲程

图 2-5　发动机型号

（1）**第一部分**　由制造商代号或系列符号组成。本部分代号由制造商根据需要选择相应 1~3 位字母表示。

（2）**第二部分**　由气缸数、气缸布置形式符号、冲程形式符号、缸径符号组成。

（3）**第三部分**　由结构特征符号、用途特征符号组成。

（4）**第四部分**　区分符号。同系列产品需要区分时，允许制造商选用适当符号表示。第三部分与第四部分可用 "-" 分隔。

（二）型号编制示例

1. 柴油机型号

G12V190ZLD：12 缸、V 型、四冲程、缸径 190mm、冷却液冷却、增压中冷、发电用，G 为系列代号。

YZ6102QP：六缸直列、四冲程、缸径 102mm、冷却液冷却、车用，YZ 为扬州柴油机厂代号。

JC12B26/32ZLC：12 缸、V 型、四冲程、缸径 260mm、行程 32mm、冷却液冷却、增

压中冷、船用主机、右机基本型，JC 为济南柴油机股份有限公司代号。

2. 汽油机型号

IE65F/P：单缸、二次程、缸径 65mm、风冷、通用型。

292Q/P-A：四缸、直列、四冲程、缸径 92mm、冷却液冷却、汽车用，A 为区分符号。

第二节　曲柄连杆机构

曲柄连杆机构的功用，是把燃料燃烧产生的高温高压气体作用在活塞顶上的力转变为曲轴的转矩，以向工作部件输出机械能。曲柄连杆机构的主要零件可以分成三组：机体组、活塞连杆组和曲轴飞轮组。

一、机体组

机体组由气缸盖 2、气缸垫 3、气缸体 4 和油底壳 5 等组成，如图 2-6 所示。

1. 气缸体

水冷式发动机的气缸体和曲轴箱常铸成一体，称为气缸体-曲轴箱，也可称为气缸体。气缸体内为活塞的往复运动作导向的圆柱形空腔，称为气缸；下半部为支承曲轴的曲轴箱，其内腔为曲轴运动的空间。作为发动机各个机构和系统的装配基体，气缸体本身应具有足够的刚度和强度。其具体结构型式分为三种，如图 2-7 所示。

发动机的曲轴轴线与气缸体下表面在同一平面内的为一般式气缸体（图 2-7a），这种气缸体便于机械加工。有的发动机将气缸体下表面移至曲轴轴线以下（图 2-7b），称为龙门式气缸体。采用这种气缸体的发动机较多，如捷达轿车、富康轿车、桑塔纳轿车的发动机。一些负荷较大的柴油机采用图 2-7c 所示的隧道式气缸体，其结构刚度比龙门式的更高。

为了保证气缸表面能在高温下正常工作，必须对气缸和气缸盖随时进行冷却。冷却方式有两种，分别是用冷却液冷却和用空气冷却（风冷）。目前汽车发动机上采用较多的是冷却液冷却。冷却液冷

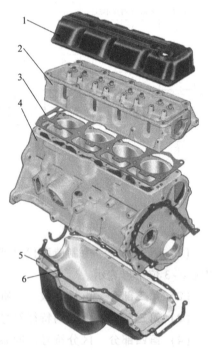

图 2-6　机体组

1—气门室罩　2—气缸盖　3—气缸垫
4—气缸体　5—油底壳　6—油底壳油封

却发动机的气缸体和气缸盖中都加工有冷却水套（图 2-7），并且气缸体和气缸盖的冷却水套相通，冷却液在水套内不断循环，带走部分热量，从而起到冷却作用。风冷发动机的气缸和气缸盖周围外表面铸有许多散热片，以增加散热面积，保证散热良好。

对于多缸发动机，气缸的排列形式决定了发动机的外型尺寸和结构特点，对发动机机

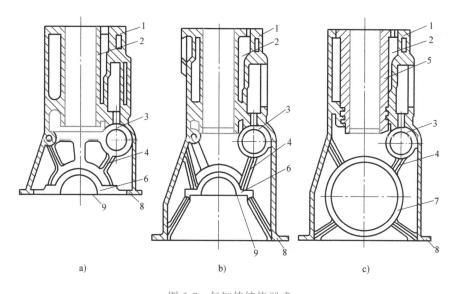

图 2-7　气缸体结构型式

a）一般式　b）龙门式　c）隧道式

1—气缸体　2—水套　3—凸轮轴孔座　4—加强肋　5—湿缸套　6—主轴承座
7—主轴承座孔　8—安装油底壳的加工面　9—安装主轴承盖的加工面

体的刚度和强度也有影响，并关系到汽车的总体布置。按照气缸排列方式的不同，气缸体还可以分成单列式、V 型和对置式三种，如图 2-8 所示。

单列式（直列式）气缸体如图 2-8a 所示，发动机的各个气缸排成一列，一般是垂直布置的。单列式气缸体结构简单，加工容易，但发动机长度和高度较大。一般 6 缸以下发动机多采用单列式，如大众宝来、雪铁龙世嘉、别克凯越所使用的发动机。

V 型气缸体如图 2-8b 所示，气缸排成两列，左右两列气缸中心线的夹角 $\gamma < 180°$。V 型气缸体与单列式气缸体相比，缩短了机体长度和高度，增加了气缸体的刚度，减小了发动机的质量，但加大了发动机的宽度，且形状较复杂，加工困难。这种形式的气缸体一般用于 6 缸以上的发动机。

对置式气缸体如图 2-8c 所示，气缸排成两列，左右两列气缸在同一水平面上，即左右两列气缸中心线的夹角 $\gamma = 180°$。它的特点是高度小，在某些情况下，使得汽车（特别是轿车和大型客车）的总体布置更方便。

2. 气缸盖与气缸垫

气缸盖（图 2-6）的主要功用是密封气缸上部，并与活塞顶部和气缸壁一起形成燃烧室。气缸盖内部也有冷却水套，其端面上的冷却水孔与气缸体的冷却水孔相通，以便利用循环水来冷却燃烧室等高温部分。发动机的气缸盖上有进、排气门座及气门导管孔和进、排气通道等。汽油机气缸盖还设有火花塞座孔，而柴油机则设有安装喷油器的座孔。

汽油机的燃烧室由活塞顶部及气缸盖上相应的凹部空间组成。燃烧室形状对发动机的工作影响很大，因则对燃烧室有两点基本要求：一是结构尽可能紧凑，表面积要小，以减少热量损失及缩短火焰行程；二是使混合气在压缩终了时具有一定的涡流运动，以提高混合气燃烧速度，保证混合气得到及时和充分的燃烧。

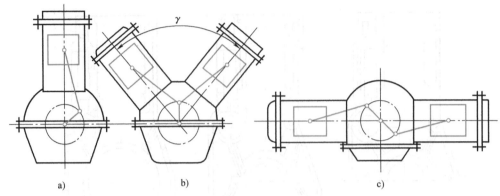

图 2-8 多缸发动机气缸体排列形式

a) 单列式 b) V 型 c) 对置式

汽油机常用燃烧室的形状有楔形、盆形及半球形，如图 2-9 所示。

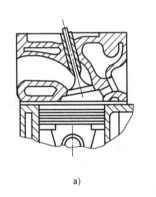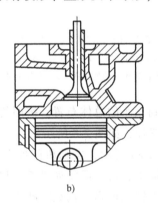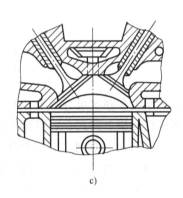

a)   b)   c)

图 2-9 汽油机的燃烧室形状

a) 楔形 b) 盆形 c) 半球形

楔形燃烧室（图 2-9a）结构较简单、紧凑，在压缩终了时能形成挤气涡流，但存在较大的激冷面积，对 HC 排放不利。盆形燃烧室（图 2-9b）结构较简单，但不够紧凑，切诺基汽车发动机采用这种形式的燃烧室。半球形燃烧室（图 2-9c）结构较前两种紧凑，但因进气门和排气门分别置于气缸盖两侧，故使配气机构比较复杂。由于其散热面积小，有利于促进燃料的完全燃烧和减少排气中的有害气体，现代发动机上用得较多。

气缸垫（图 2-6）安装在气缸盖与气缸体之间，其作用是保证气缸盖与气缸体接触面的密封，防止漏气、漏水和漏油，轿车气缸垫多采用冷轧钢片制成。有的发动机还采用中心用编织的钢丝网或有孔钢片为骨架，两面用石棉及橡胶黏结剂压成的气缸垫。

3. 油底壳

油底壳（图 2-6）的主要功用是储存润滑机油并封闭曲轴箱。油底壳受力很小，一般采用薄钢板冲压而成，其形状决定于发动机的总体布置和机油的容量。油底壳下部装有放油塞，有的放油塞是磁性的，能吸集机油中的金属屑，以减小发动机运动零件的磨损。

二、活塞连杆组

活塞连杆组由活塞 5、活塞环、活塞销 9 及连杆 6 等组成，如图 2-10 所示。

1. 活塞

活塞的主要作用是承受气缸中的气体压力，并将此力通过活塞销传给连杆，以推动曲轴旋转。活塞顶部还与气缸盖、气缸壁共同组成燃烧室。

活塞在高温、高压和受化学腐蚀的条件下高速运动。为保证其可靠工作，要求活塞质量小、热膨胀量小、导热性好、耐磨、耐腐蚀且与气缸壁间有合适的间隙。活塞材料目前广泛采用的是铝合金。

活塞的基本构造可分为顶部、头部和裙部三部分，如图 2-11 所示。

汽油机活塞顶部多采用平顶，柴油机的活塞顶部常常做成各式各样的凹坑。活塞头部一般有 2~3 道环槽，上部 1~2 道用以安装气环，下面一道用以安装油环。在油环槽底部沿圆周方向钻有许多径向回油孔。

活塞裙部的作用是为活塞在气缸内的运动导向且承受侧向力。由于活塞裙部的厚度不均匀，活塞销座孔部分的金属厚，受热膨胀量大，沿活塞销座轴线方向的变形量大于其他方向；另外，裙部受气体侧压力的作用，导致沿活塞销座轴向变形量较垂直活塞销方向大。在加工时预先把活塞裙部做成了椭圆形状，沿销座方向为短轴，与销座垂直方向为长轴，这样保证活塞在工作时趋近正圆。

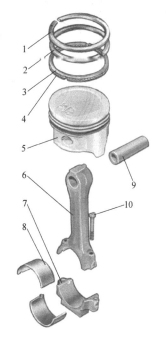

图 2-10 活塞连杆组

1—第一道气环 2—第二道气环
3—油环衬簧 4—油环 5—活
塞 6—连杆 7—连杆盖
8—连杆轴瓦 9—活塞销
10—连杆螺栓

活塞沿高度方向的温度不均匀，上部高、下部低，膨胀量也相应地是上部大、下部小。为了使工作时活塞上下直径趋于相等，即为圆柱形，就必须预先把活塞制成上小下大的阶梯形、锥形或上小中大的桶形。目前最好的形状是桶形，它可以保持活塞在任何状态下都能得到良好的润滑。

2. 活塞环

活塞环是具有弹性的开口环，装在活塞头部的环槽中，可分为气环和油环。

气环的作用是保证活塞与气缸壁间的密封，防止气缸中的高温、高压燃气大量漏入曲轴箱，同时还将活塞顶部的大部分热量传导到气缸壁，再由冷却液或空气带走。气环按断面形状不同，又分为矩形环、扭曲环和梯形环等，如图 2-12 所示。

油环用来刮除气缸壁上多余的机油，并在气缸壁面涂上一层均匀的机油膜，这样既可以防止机油窜入气缸燃烧，又可以减小活塞、活塞环与气缸的磨损和摩擦阻力。

根据结构不同，油环分为槽孔式油环和钢带组合油环。普通油环的结构如图 2-13a 所示，一般是用合金铸铁制造的。其外圆面的中间切有一道凹槽，在凹槽底部加工出很多排油小孔或狭缝。组合式油环如图 2-13b 所示，它由上、下刮片和轨形撑簧组合而成。撑簧

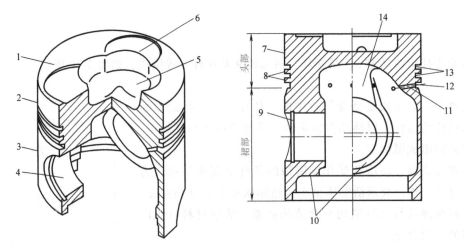

图 2-11　活塞结构

1—活塞顶部　2—活塞头部　3—活塞裙部　4—活塞销孔　5—燃烧室凹坑　6—气门凹坑
7—活塞顶岸　8—活塞环岸　9—挡圈槽　10—活塞销座　11—回油孔
12—油环槽　13—气环槽　14—加强肋

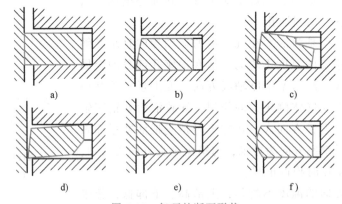

图 2-12　气环的断面形状

a) 矩形环　b) 锥面环　c) 正扭曲内切环　d) 反扭曲锥面环　e) 梯形环　f) 桶面环

既使刮片与气缸壁贴紧，又使刮片与环槽侧面贴紧。其优点是接触压力大，既可增强刮油能力，又能防止上窜机油。另外，两片刮片能单独动作，因此对气缸失圆和活塞变形的适应能力强。但钢带组合油环需用优质钢制造，成本较高。

　　3. 活塞销

　　活塞销的作用是连接活塞和连杆小头，将活塞承受的气体作用力传给连杆。活塞销通常做成空心圆柱体。活塞销与活塞销孔及连杆小头衬套孔的连接配合有两种方式，即全浮式和半浮式，如图 2-14 所示。

　　全浮式（图 2-14a）连接的特点是，当发动机工作时，活塞销、连杆小头和活塞销孔可相对运动，这样活塞销能在连杆衬套和活塞销孔中自由转动，降低了相对滑动速度，减小了磨损且磨损均匀。为了防止全浮式活塞销轴向窜动刮伤气缸壁，在活塞销两端装有挡

圈，进行轴向定位。另外，在连杆小头孔内以一定
的过盈压入减磨青铜衬套或钢背加青铜镀层的双金
属衬套，以减小其磨损。在小头和衬套上加工有集
油孔或集油槽，用来收集飞溅上来的机油以润滑活
塞销和连杆衬套。有的发动机在连杆杆身上加工有
纵向油道（图2-14b），机油经此油道到达连杆小
头，用来润滑活塞销和衬套并冷却活塞。

　　半浮式连接的特点是，活塞销中部与连杆小头
采用紧固螺栓连接，活塞销只能在两端销孔内做自
由摆动，而和连杆小头没有相对运动。活塞销不会
做轴向窜动，不需要挡圈。在高速汽油机中越来越
多地采用另一种半浮式连接方式（图2-14c），这
种方式首先将连杆小头加热到300℃左右，再将活
塞销压入小头孔中，不用螺栓紧固，从而避免了因
过度拧紧螺栓而使活塞销变形。这种半浮式连接方
式可以降低发动机噪声并消除活塞销挡圈可能引起
的事故。

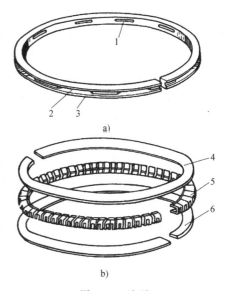

图 2-13　油环

1—回油孔　2—上刮油唇　3—下刮油唇
4—上刮片　5—撑簧　6—下刮片

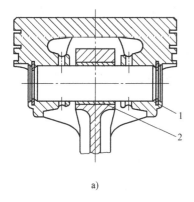 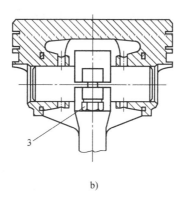 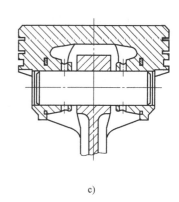

a)　　　　　　　　　　　b)　　　　　　　　　　　c)

图 2-14　活塞销的连接方式

a) 全浮式　b)、c) 半浮式

1—活塞销挡圈　2—连杆衬套　3—小头紧固螺栓

　　4. 连杆

　　连杆的作用是连接活塞与曲轴，并把活塞承受的气体压力传给曲轴，使活塞的往复运
动变成曲轴的旋转运动。

　　连杆（图2-15）由连杆小头、连杆杆身和连杆大头（包括连杆盖）三部分组成。连
杆小头与活塞销相连。对全浮式活塞销，由于工作时连杆小头孔与活塞销之间有相对运
动，常常在连杆小头孔中压入减磨的青铜衬套。为了润滑活塞销与衬套，在小头和衬套上
铣有油槽或钻有油孔以收集发动机运转时飞溅上来的机油。有的发动机连杆小头采用压力
润滑，在连杆杆身内钻有纵向的压力油通道。半浮式活塞销与连杆小头是紧固螺栓连接或

过盈配合，因而小头孔内不需要衬套，也不需要润滑。连杆大头和曲轴的连杆轴颈相连，通常做成剖分式的，被分开的部分称为连杆盖，用特制的螺栓加以紧固。连杆大头与盖中装有分开式轴瓦。轴瓦是用 1~3mm 厚的钢带作瓦背，其上浇有 0.3~0.7mm 厚的减磨合金。它具有保持油膜、减小摩擦阻力和易于磨合的作用。通常轴瓦内表面有浅槽，用以储油，保证可靠润滑。轴瓦上的凸键嵌入连杆盖的凹槽中，以防止轴瓦在工作时移动或转动。

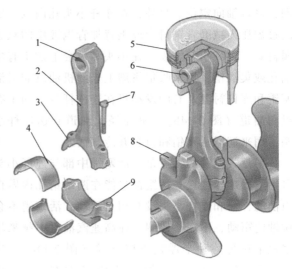

图 2-15　连杆

1—连杆小头　2—连杆杆身　3—连杆大头
4—连杆轴瓦　5—活塞　6—活塞销
7—连杆螺栓　8—曲轴　9—连杆盖

V 型发动机左右两侧对应两个气缸的连杆是装在曲轴的一个连杆轴颈上的，它有以下三种形式（图 2-16）：

（1）并列式　左右两列气缸的连杆一前一后装在同一连杆轴颈上。这种形式的优点是连杆可以通用，两列气缸的活塞连杆组运动规律相同。缺点是两列气缸的轴心沿曲轴的轴向要错开一段距离，因而曲轴总长度增加，刚度降低。

（2）主副式　一列气缸的连杆为主连杆，其连杆大头直接装在连杆轴颈上；另一列气缸的连杆为副连杆，其连杆大头与主连杆在头上的两个凸耳作铰链连接。这样布置不会增加曲轴的长度，但缺点是主、副连杆不能互换，且左右两列气缸的活塞连杆组的运动规律和受力都不相同。

（3）叉式　两列气缸对应的两个连杆中，一个连杆大头做成叉形，跨装在另一个连杆厚度较小的大头两端。其优点是两列活塞连杆组的运动规律相同，左右对应的气缸不需要错位。缺点是叉形连杆大头的结构和制造工艺比较复杂，而且大头的刚度也不高。

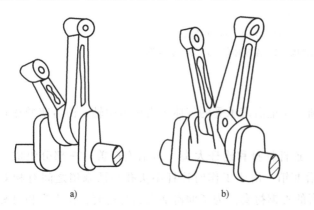

a)　　　　　　　　　b)　　　　　　　　　c)

图 2-16　V 型发动机连杆的布置形式

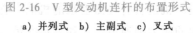
a）并列式　b）主副式　c）叉式

三、曲轴飞轮组

曲轴飞轮组主要由曲轴和飞轮以及其他不同功用的零件和附件组成，如图 2-17 所示。

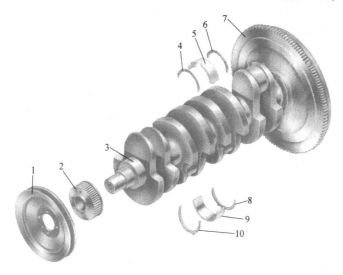

图 2-17　曲轴飞轮组

1—曲轴 V 带轮　2—正时齿形带轮　3—曲轴　4、6、8、10—止推片
5—主轴承上轴瓦　7—飞轮及齿圈总成　9—主轴承下轴瓦

1. 曲轴

曲轴的功用是把活塞连杆传来的力转变为转矩，用以驱动汽车的传动系统和发动机的配气机构以及其他辅助装置，如水泵、发电机和空调压缩机等。

曲轴一般由主轴颈 2、连杆轴颈 4、曲柄 3、平衡块、前端和后端等组成，如图 2-18 所示。

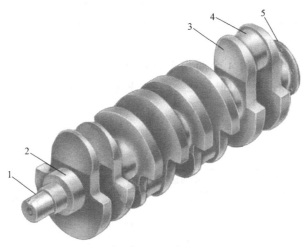

图 2-18　曲轴

1—前端轴　2—主轴颈　3—曲柄　4—连杆轴颈　5—后端凸缘

一个主轴颈、一个连杆轴颈和一个曲柄组成一个曲拐。直列式发动机曲轴的曲拐数目等于气缸数,V型发动机曲轴的曲拐数目等于气缸数的一半。

(1) 主轴颈 主轴颈是曲轴的支承部分,通过主轴承支承在曲轴箱的主轴承座中。主轴承的数目不仅与发动机的气缸数目有关,还取决于曲轴的支承方式。曲轴的支承方式一般有两种,即全支承曲轴和非全支承曲轴。全支承曲轴的主轴颈数目比气缸数目多一个,即每一个连杆轴颈两边都有一个主轴颈,如4缸发动机的全支承曲轴有5个主轴颈。这种支承,曲轴的强度和刚度都比较好,并且减轻了主轴承载荷,减小了磨损。柴油机和大部分汽油机都采用这种形式。非全支承曲轴的主轴颈数目比气缸数目少或与气缸数目相等。这种支承的主轴承载荷较大,但缩短了曲轴的总长度,使发动机的总体长度有所减小。有些承受载荷较小的汽油机,采用这种曲轴形式。

(2) 曲轴的连杆轴颈 曲轴的连杆轴颈是曲轴与连杆的连接部分,直列发动机的连杆轴颈数目与气缸数目相等,V型发动机的连杆轴颈数目等于气缸数目的一半。

(3) 曲柄 曲柄是主轴颈和连杆轴颈的连接部分,断面为椭圆形,为了平衡惯性力,曲柄处有平衡块。平衡块用来平衡发动机的离心力矩,有时还用来平衡一部分往复惯性力,从而使曲轴旋转平稳。

曲轴前端装有正时齿轮、驱动风扇和水泵的带轮以及起动爪等,为消减曲轴的扭转振动,有的发动机还装有扭转减振器。为了防止机油沿曲轴轴颈外漏,在曲轴前端装有一个甩油盘,在齿轮室盖上装有油封。曲轴的后端用来安装飞轮,在后轴颈与飞轮凸缘之间制成挡油凸缘与回油螺纹,以阻止机油向后窜漏。

为了润滑主轴承和连杆轴承,在曲轴的主轴颈和连杆轴颈上都钻有油孔并经斜油道连通。气缸体上的主油道和曲轴主轴颈上的油孔相通,工作时,具有一定压力的机油经主油道进入主轴承后通过曲轴内部的油道送到连杆轴颈工作面上进行润滑。

曲轴的形状和曲拐相对位置(即曲拐的布置)取决于气缸数目、气缸排列形式和发动机的点火顺序。在发动机完成一个工作循环的曲轴转角内,每个气缸都应发火做功一次,而且各缸发火的间隔时间(以曲轴转角表示,称为发火间隔角)应力求均匀。对缸数为 i 的四冲程发动机而言,发火间隔角为 720°。即曲轴每转 720°/i 时,就应有一缸做功,以保证发动机运转平稳。

四冲程直列4缸发动机的4个曲拐布置在同一平面内,其发火间隔角为 720°/4 = 180°。发火次序有两种可能,即 1—2—4—3 或 1—3—4—2。它的工作循环见表 2-1 和表 2-2。

表 2-1 4缸机工作循环
(发火次序:1—2—4—3)

曲轴转角/(°)	第一缸	第二缸	第三缸	第四缸
0~180	做功	压缩	排气	进气
180~360	排气	做功	进气	压缩
360~540	进气	排气	压缩	做功
540~720	压缩	进气	做功	排气

表 2-2 4缸机工作循环
(发火次序:1—3—4—2)

曲轴转角/(°)	第一缸	第二缸	第三缸	第四缸
0~180	做功	排气	压缩	进气
180~360	排气	进气	做功	压缩
360~540	进气	压缩	排气	做功
540~720	压缩	做功	进气	排气

四冲程直列 6 缸发动机的曲拐布置如图 2-19 所示，它的点火间隔角为 720°/6 = 120°。布置方案有两种，第一种发火次序是 1—5—3—6—2—4，这种方案应用得较普遍，国产的 6 缸机都用这种点火次序，其工作循环见表 2-3；另一种点火次序是 1—4—2—6—3—5。

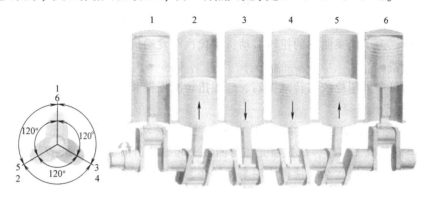

图 2-19　直列 6 缸发动机的曲拐布置

表 2-3　6 缸机工作循环

（发火次序：1—5—3—6—2—4）

曲轴转角/(°)		第一缸	第二缸	第三缸	第四缸	第五缸	第六缸
	60		排气	进气	做功	压缩	
0~180	120	做功					进气
	180			压缩	排气		
	240		进气			做功	
180~360	300	排气					压缩
	360			做功	进气		
	420		压缩			排气	
360~540	480	进气					做功
	540			排气	压缩		
	600		做功			进气	
540~720	660	压缩			做功		排气
	720		排气	进气		压缩	

2. 飞轮

飞轮的主要作用是储存做功行程的能量，用于克服进气、压缩和排气行程的阻力及其他阻力，使曲轴能均匀地旋转。飞轮外缘的齿圈与起动机的驱动齿轮啮合，供起动发动机用。离合器也装在飞轮上，利用飞轮后端面作为驱动件的摩擦面，对外传递动力。在飞轮轮缘上标有记号（刻线或销孔），以便于找压缩上止点（4 缸发动机为 1 缸或 4 缸压缩上止点，6 缸发动机为 1 缸或 6 缸压缩上止点）。当飞轮上的记号与外壳上的记号对正时，正好是压缩上止点。

飞轮与曲轴在制造时一起进行过动平衡试验，在拆装时为了不破坏它们之间的平衡关系，飞轮与曲轴之间有严格不变的相对位置，通常用定位销和不对称布置的螺栓来定位。

四、扭转减振器

当发动机工作时，曲轴在周期性变化的转矩作用下，各曲拐之间发生周期性相对扭转的现象称为扭转振动。当发动机曲轴旋转频率与曲轴扭转的自振频率相同或成整数倍时，就会发生共振。为了消减曲轴的扭转振动，现代汽车发动机多在扭转振幅最大的曲轴前端装置扭转减振器。

汽车发动机多采用橡胶扭转减振器、硅油扭转减振器和硅油-橡胶扭转减振器等。

1. 橡胶扭转减振器

减振器壳体与曲轴连接，减振器壳体与扭转振动惯性质量用硫化橡胶层黏结（图2-20a）。发动机工作时，减振器壳体与曲轴一起振动，由于惯性质量滞后于减振器壳体，两者之间产生相对运动，使橡胶层来回揉搓，振动能量被橡胶的内摩擦阻尼吸收，从而使曲轴的扭振得以消减。

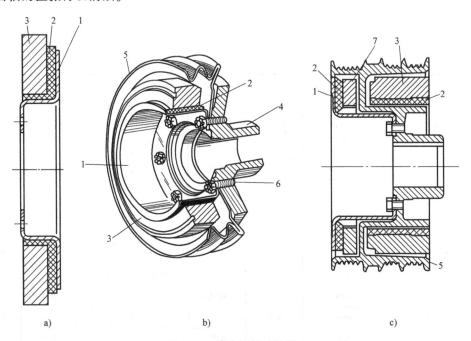

图 2-20　橡胶扭转减振器

a）橡胶扭转减振器（CA8V100）　b）带轮-橡胶扭转减振器　c）复合惯性质量减振器（尼桑 VH45DE）
1—减振器壳体　2—硫化橡胶层　3—扭转振动惯性质量　4—带轮毂　5—带轮　6—紧固螺栓
7—弯曲振动惯性质量

图 2-20b 所示为带轮与扭转减振器的组合件，类似的结构用于东风 EQ6100-1 和 YC6105QC 等型号的发动机上。

图 2-20c 所示为复合惯性质量减振器，由扭转振动惯性质量和弯曲振动惯性质量复合而成。这种减振器既能消减曲轴的扭转振动振幅，又能消减曲轴的弯曲振动振幅。

橡胶扭转减振器由于结构简单、工作可靠、制造容易，在汽车上广为应用。但其阻尼作用小，橡胶容易老化，故在大功率发动机上较少应用。

2. 硅油扭转减振器

由钢板冲压而成的减振器壳体与曲轴连接。侧盖与减振器壳体组成封闭腔，其中滑套着扭转振动惯性质量。惯性质量与封闭腔之间留有一定的间隙，里面充满高黏度硅油（图 2-21a）。

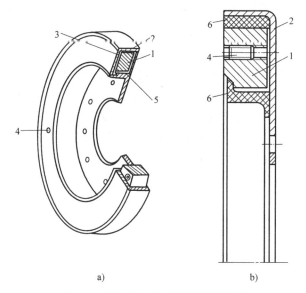

a)　　　　　　　　　　　　　b)

图 2-21　硅油及硅油-橡胶扭转减振器

a）硅油减振器（依维柯 8210.228）　b）硅油-橡胶减振器

1—扭转振动惯性质量　2—减振器壳体　3—侧盖　4—注油螺塞　5—衬套　6—橡胶环

3. 硅油-橡胶扭转减振器

硅油-橡胶扭转减振器中的橡胶环 6（图 2-21b）主要作为弹性体，并用来密封硅油和支承扭转振动惯性质量 1。在封闭腔内注满高黏度硅油。硅油-橡胶扭转减振器集中了硅油扭转减振器和橡胶扭转减振器二者的优点，即体积小、重量轻和减振性能稳定等。

第三节　配气机构

配气机构的功用是按照发动机每个气缸内所进行的工作循环和发火次序的要求，定时开启和关闭进、排气门，使新鲜可燃混合气（汽油机）或空气（柴油机）得以及时充分地进入气缸，废气得以及时彻底地从气缸排出。

新鲜可燃混合气或空气充入气缸的程度，用充气系数来表示。充气系数是指在进气过程中，实际进入气缸的新鲜气体质量与在一定进气状态下充满气缸工作容积的新鲜气体质量之比，一般为 0.80~0.90。

一、配气机构的布置

四冲程发动机采用气门式配气机构，它由气门组和气门传动组零件组成。配气机构可以从不同角度分类，按气门的布置形式，主要有气门顶置式和气门侧置式；按凸轮轴的布

汽车工程概论

置位置，可分为凸轮轴下置式、凸轮轴中置式和凸轮轴上置式；按曲轴和凸轮轴的传动方式，可分为齿轮传动式、链传动式和带传动式；按单个气缸的气门数目，有二气门式、四气门式和五气门式等。

1. 气门顶置式配气机构

现代汽车发动机均采用气门顶置式配气机构。气门顶置式配气机构的进、排气门均布置在气缸盖上，如图 2-22 所示。它主要由气门弹簧 6、弹簧座 5、摇臂 8、推杆 12、液压挺柱 3 和凸轮轴 4 等组成。其工作过程是：当气缸的工作循环需要气门打开进行换气时，曲轴通过正时链 1 驱动凸轮轴 4 旋转，使凸轮轴 4 上的凸轮通过液力挺柱 3、推杆 12 推动摇臂 8 摆转，摇臂的另一端便向下推动气门杆，使气门开启，同时使气门弹簧 6 进一步压缩。随着凸轮转动，气门升程逐渐加大，当凸轮升至桃尖时气门全开，凸轮继续转动，此时凸轮突起部分的顶点转过挺柱，对挺柱的推力逐渐减小，气门在其弹簧张力的作用下，开度逐渐减小，直至完全关闭，即完成一次进气或排气过程。在压缩和做功行程中，气门在弹簧张力作用下严密关闭，使气缸密闭。

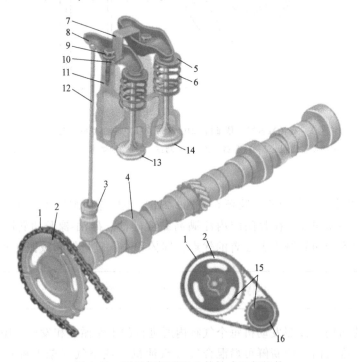

图 2-22 顶置气门下置凸轮轴式配气机构

1—正时链 2—凸轮轴传动链轮 3—液压挺柱 4—凸轮轴 5—弹簧座
6—气门弹簧 7—过桥 8—摇臂 9—螺钉 10—枢轴 11—气缸盖
12—推杆 13—排气门 14—进气门 15—正时标记 16—曲轴链轮

由于四冲程发动机每完成一个工作循环，曲轴转两圈，而各缸只进、排气一次，即凸轮轴只需转一圈，所以曲轴与凸轮轴的传动比为 2:1。

顶置气门布置方式的特点是：气门行程大，虽结构较为复杂，但它的燃烧室紧凑，有利于燃烧及散热，有利于提高压缩比，改善发动机的动力性。

气门顶置式配气机构凸轮轴的布置形式可分为下置、中置和上置三种。

(1) 下置凸轮轴式配气机构 下置凸轮轴式配气机构的凸轮轴布置在曲轴箱内，如图 2-22 所示。这种配气机构应用得最为广泛，其特点是气门与凸轮轴相距较远，因此气门通过挺柱、推杆、摇臂传递运动和力，因传动环节多、路线长，在高速运动时，整个系统会产生弹性变形，影响气门运动规律和开启、关闭的准确性，所以它不适应高速车用发动机。但因曲轴与凸轮轴距离较近，可以简化二者之间的传动装置，有利于整机的布置。

(2) 中置凸轮轴式配气机构 当发动机转速较高时，为了减小气门传动机构的往复运动质量，可将凸轮轴位置移到气缸体的上部，由凸轮轴经过挺柱直接驱动摇臂，从而省去推杆。

(3) 上置凸轮轴式配气机构 凸轮轴布置在气缸盖上。在这种结构中，气门开启的结构方法有两种：一般是利用摇臂驱动（图 2-23），另一种是通过凸轮轴直接驱动（图 2-24）。摇臂驱动式必须在凸轮与气门杆之间布置有摇臂，通过选择摇臂两段的长度比来改变气门升程的大小。气门升程较大的发动机采用这种驱动方式，其结构优点是气门间隙的调整方便，但是与直接驱动方式相比，摇臂驱动的机构比较复杂，使气缸盖总成结构不紧凑，尺寸较大，另外，在发动机转速过高时，摇臂还容易产生挠曲变形。凸轮轴直接驱动式不使用摇臂之类的中间机构，由凸轮轴直接驱动气门。由于不用摇臂，减少了零件数量，而且气缸盖上的布置空间比较宽敞，有利于减小气门的夹角布置；没有摇臂传动，也减小了一部分气门机构的摩擦损失。采用双凸轮轴结构有利于布置更多的气门，气门数多，能提高发动机的进、排气效率，可以进一步提高压缩比，提高发动机的转速。这种双凸轮轴多气门的配气机构，是高速现代汽车发动机配气机构的主要形式。

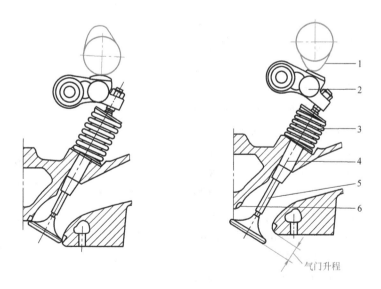

图 2-23 上置凸轮轴摇臂驱动式配气机构

1—凸轮 2—摇臂 3—气门弹簧 4—气门导管

5—气门 6—气门座

2. 气门间隙

发动机工作时，气门因温度的升高而膨胀。如果气门及其传动件之间在冷却时无间隙或间隙过小，则在热态下，气门及其传动件的受热膨胀势必引起气门关闭不严，造成发动机在压缩和做功行程中的漏气，从而使功率下降，严重时甚至不易起动。为了消除这种现象，通常在发动机冷态装配时，在气门与其传动机构中留有一定的间隙，以补偿气门受热后的膨胀量，这一间隙称为气门间隙。有的发动机采用液力挺柱，挺柱的长度能自动变化，随时补偿气门的热膨胀量，故不需要预留气门间隙。

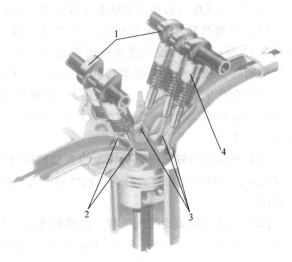

图 2-24　上置凸轮轴直接驱动式配气机构
1—凸轮　2—排气门　3—进气门　4—液压挺柱

二、配气定时

配气定时就是进、排气门的实际开闭时刻，通常用相对于上、下止点曲拐位置的曲轴转角的环形图来表示，即配气定时图（图2-25）。

理论上四冲程发动机的进气门应是在活塞位于上止点时开启、到下止点时关闭，排气门应是在活塞位于下止点时开启、到上止点时关闭，进气时间和排气时间各占180°曲轴转角。但实际上发动机的转速都很高，为了保证发动机气缸排气彻底、进气充分，要求气门具有尽可能大的通过能力，因此发动机的进、排气门实际开启和关闭并不恰好在活塞的上、下止点，而是适当地提前或滞后。进气门提前开启角为 α，延迟关闭角为 β，进气相位为（$180°+\alpha+\beta$）曲轴转角，α 一般为 $0 \sim 30°$，β 一般为 $30° \sim 80°$。排气门提前开启角为 γ，延迟关闭角为 δ，排气相位为（$180°+\gamma+\delta$）曲轴转角，γ 一般为 $40° \sim 80°$，δ 一般为 $0 \sim 30°$。

进气门提前开启的目的，是为了保证新鲜气体或可燃混合气能顺利、充足地充入气缸；而进气门晚关是为了在压缩行程开始时，利用气缸内的压力暂低于大气或环境压力，靠进气

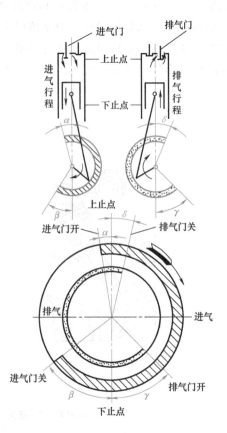

图 2-25　配气定时图

气流的惯性使新鲜气体或可燃混合气仍可能继续进入气缸。

排气门早开的原因是：当活塞做功行程接近下止点时，可燃混合气的燃烧膨胀已基本结束，但气缸内的气体压力仍然较高，利用此压力可使气缸内的废气迅速地自由排出；排气门迟关是由于活塞到达上止点时，气缸内的压力仍高于大气压，利用排气流的惯性可使废气继续排出。

由于进气门早开和排气门晚关，就会有一段时间进、排气门同时开启。进气门和排气门同时开启的那一段时间或曲轴转角，称为气门重叠时间或重叠角，即进气门早开角与排气门晚关角之和（$\alpha+\delta$）。

因为气门的重叠角较小，且新鲜气体和废气流的惯性要保持原来的流动方向，所以只要气门重叠角取得合适，就不会产生废气倒流进气管和新鲜气体随废气排出的问题。发动机的结构不同、转速不同，配气定时也就不同，最佳配气定时是根据发动机性能指标的要求，由试验确定的。

三、配气机构的主要零件和组件

1. 气门组

气门组包括气门 6、气门导管 4、气门座 5 及气门弹簧 2 等零件，如图 2-26 所示。其主要功用是维持气门的关闭。

（1）气门 气门用来控制进、排气道的开闭。为了改善充气情况，多数发动机的进气门头部直径比排气门人。气门杆部是圆柱形的，气门杆尾部开有环形凹槽，通过锁片，安装固定弹簧座。其采用耐热、耐腐蚀、高强度、高硬度的合金钢制成。

（2）气门座 气门座可在气缸盖上直接镗出。它与气门头部共同对气缸起密封作用，并接受气门传来的热量。气门座在高温下工作，磨损严重，故有不少发动机的气门座用较好的材料（合金铸铁、奥氏体钢等）单独制作，然后镶嵌到气缸盖上。

（3）气门导管 气门导管主要起导向作用，保证气门做直线往复运动，使气门与气门座能正确贴合。此外，气门导管还在气门杆与气缸盖之间起导热作用。

（4）气门弹簧 气门弹簧的功用是克服在气门关闭过程中气门及传动件的惯性力，防止各传动件之间因惯性力的作用而产生间隙，保证气门及时落座并紧密贴合，防止气门发生跳动，破坏其密封性。

2. 气门传动组

气门传动组主要包括凸轮轴、定时齿轮、挺柱，此外还有推杆、摇臂和摇臂轴等。气门传动组的作用是使进、排气门能按配气定时规定的时刻开闭，且保证有足够的开度。

（1）凸轮轴 凸轮轴由进（排）气凸轮、凸轮轴颈、轴

图 2-26　气门组
1—气门弹簧座　2—气门弹簧
3—气门油封　4—气门导管
5—气门座　6—气门

向定位凸肩及凸轮轴位置传感器等组成。随着进排气门数量的增加，汽车发动机多采用双上置式凸轮轴结构。四气门直列四缸发动机双上置式凸轮轴，如图 2-27 所示。凸轮轴一般采用多轴颈支承，以减少其变形。轴颈支承在浇有巴氏合金的滑动轴承上，而滑动轴承镶入气缸体中。同一气缸的进、排气凸轮的相对角位置与配气定时相适应。发动机各个气缸的进气（或排气）凸轮的相对角位置应符合发动机各气缸的发火顺序。4 缸四冲程发动机各相邻做功气缸的进（或排）气凸轮彼此间的夹角为 90°（图 2-28a）。6 缸四冲程发动机各相邻做功气缸的进（或排）气凸轮间的夹角为 60°（图 2-28b）。

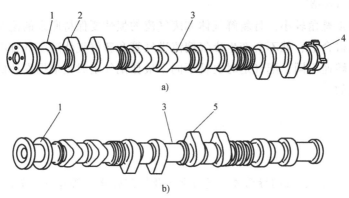

图 2-27　四气门直列四缸发动机双上置式凸轮轴

a）进气凸轮轴　b）排气凸轮轴

1—轴向定位凸肩　2—进气凸轮　3—凸轮轴轴颈　4—凸轮轴位置传感器　5—排气凸轮

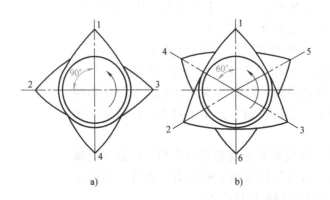

图 2-28　凸轮的相对角位置

　　凸轮轴通常由曲轴通过一对定时齿轮驱动。小齿轮和大齿轮分别用键装在曲轴和凸轮轴的前端，其传动比为 2∶1。在装配曲轴和凸轮轴时，必须将正时记号对准，以保证正确的配气定时和发火时刻。为防止凸轮轴前后窜动，凸轮轴设有轴向定位装置。

　　（2）挺柱　挺柱的功用是将凸轮的推力传给推杆（或气门杆），并承受凸轮轴旋转时所施加的侧向力。挺柱在其顶部装有调节螺钉（图 2-29a），用来调节气门间隙。气门顶置式配气机构的挺柱一般制成筒式（图 2-29b），以减轻重量。图 2-29c 所示为滚轮式挺柱，其优点是可以减小摩擦所造成的对挺柱的侧向力。这种挺柱结构复杂，质量较大，一般多用于大缸径柴油机上。

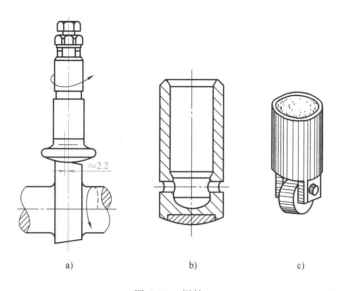

a)　　　　　　　b)　　　　　　　c)

图 2-29　挺柱

a）菌式　b）筒式　c）滚轮式

目前在轿车上广泛采用液力挺柱，消除了配气机构中的间隙，减小了各零件的冲击载荷和噪声，同时凸轮轮廓可设计得陡一些，使气门开启和关闭更快，以减小进、排气阻力，改善发动机的换气，提高发动机的性能，特别是高速性能。

液力挺柱的工作原理如图 2-30 所示。当凸轮转动、挺柱体 9 和柱塞 11 向下移动时，高压油腔 1 中的机油被压缩，油压升高，加上补偿弹簧 13 的作用，使球阀 5 紧压在柱塞的下端阀座上，这时高压油腔 1 与低压油腔 6 被分隔开。由于液体具有不可压缩性，整个挺柱如同一个刚体一样下移，推开气门并保证了气门应到达的升程。此时，挺柱环形油槽已离开了进油的位置，停止进油。当挺柱到达下止点后开始上行时，在气门弹簧上顶和凸轮下压的作用下，高压油腔 1 陆续封闭，球阀 5 也不会打开，液力挺柱仍可认为是一个刚性挺柱，直至上升到凸轮处于基圆，使气门关闭时为止。此时，缸盖主油道中的压力油经量油孔 3、挺柱环形油槽进入挺柱的低压油腔 6，同时，高压油腔 1 内的油压下降，补偿弹簧 13 推动柱塞 11 上行。从低压油腔 6 来的压力油推开球阀 5 而进入高压油腔 1，使两腔连通充满机油。这时，挺柱顶面仍和凸轮紧贴。在气门受热膨胀时，柱塞 11 和液压缸 12 做轴向相对运动，

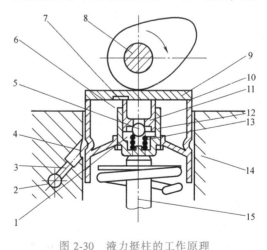

图 2-30　液力挺柱的工作原理

1—高压油腔　2—缸盖油道　3—量油孔　4—斜油孔
5—球阀　6—低压油腔　7—键形槽　8—凸轮轴
9—挺柱体　10—柱塞焊缝　11—柱塞　12—液压缸
13—补偿弹簧　14—缸盖　15—气门杆

高压油腔 1 中的油液可经过液压缸与柱塞间的缝隙挤入低压油腔 6。因此，使用液力挺柱时，可以不预留气门间隙。液力挺柱结构复杂，加工精度要求高，而且磨损后无法调整只能更换。

（3）**推杆** 推杆的作用是将凸轮轴经过挺柱传来的推力传给摇臂。推杆一般用空心钢管制成，杆的两端焊接或嵌压不同形状的端头。

（4）**摇臂** 摇臂的作用是将推杆传来的推力改变方向传给气门。它是一个中间具有圆孔的不等长双臂杠杆。长臂的端部具有圆弧形的工作面与气门尾端接触；短臂的端部则有螺孔，用来安装调整螺钉及锁紧螺母，以便调整气门间隙。

第四节　汽油机燃油供给系统

一、汽油机燃油供给系统的组成

发动机工作时，需要定量的空气和燃料进入气缸进行燃烧。汽油机燃油供给系统的作用就是将空气与雾化后的汽油充分混合后，形成可燃混合气，提供给发动机，并对可燃混合气的供给量及其浓度进行有效的控制，使发动机在各种工况下都能够连续、稳定地运转。

汽油机燃油供给系统主要由油箱 1、燃油泵 2、燃油滤清器 3、喷油分配管 6、燃油压力调节器 7 和喷油器 5 等组成，如图 2-31 所示。

二、可燃混合气的形成

可燃混合气的形成过程就是汽油雾化、蒸发以及与空气配比和混合的过程。汽车发动机的可燃混合气形成时间只有 $0.01 \sim 0.02s$。要在短时间内形成均匀的可燃混合气，汽油必须充分雾化和蒸发。雾化就是将汽油分散成细小的油滴或油雾，大大增加汽油的蒸发表面积，提高汽油的蒸发速度。混合气中汽油与空气的比例应符合发动机运转工况的需要。

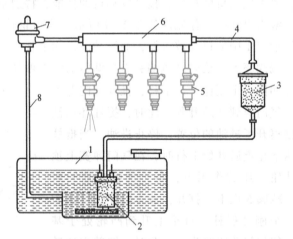

图 2-31　汽油机燃油供给系统的组成

1—油箱　2—燃油泵　3—燃油滤清器　4—输油管　5—喷油器
6—喷油分配管　7—燃油压力调节器　8—回油管

如图 2-32 所示，对于电控燃油喷射系统而言，通过进气管绝对压力传感器或空气流量计间接或直接测定进气量，根据当前工况的目标空燃比确定喷油量，并控制喷油器开启时间实现燃油喷射，燃油以一定压力和喷射角喷入进气道（或气缸内）进行雾化、蒸发，并与通过节气门进入的空气进行混合，形成可燃混合气，并在进气门打开时进入气缸。

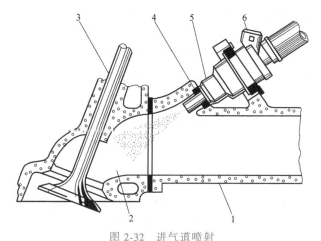

图 2-32　进气道喷射

1—进气歧管　2—进气道　3—进气门　4—密封圈　5—喷油器　6—接线柱

三、汽油机在各种工况下对可燃混合气的要求

1. 可燃混合气成分的表示方法

可燃混合气成分的表示方法有两种，分别是过量空气系数和空燃比。

（1）过量空气系数　燃烧 1kg 燃油实际供给的空气质量与完全燃烧 1kg 燃油的化学计量空气质量之比称为过量空气系数，常用符号 ϕ_a 表示，即

$$\phi_a = \frac{燃烧 1kg 燃油实际供给的空气质量}{完全燃烧 1kg 燃油的化学计量空气质量} \tag{2-4}$$

由上面的定义表达式可知：无论使用何种燃料，凡过量空气系数 $\phi_a = 1$ 的可燃混合气即为理论混合气；$\phi_a < 1$ 的为浓混合气；$\phi_a > 1$ 的则为稀混合气。

（2）空燃比　可燃混合气中空气与燃料的质量比称为空燃比，记作 α。理论上，1kg 汽油完全燃烧需要空气 14.8kg，故对于汽油机而言，空燃比为 14.8 的可燃混合气可称为理论混合气；若可燃混合气的空燃比小于 14.8，则意味着其中汽油含量有余（即空气含量不足），可称为浓混合气；空燃比大于 14.8 的可燃混合气则可称为稀混合气。应当指出，对于不同的燃料，其理论空燃比数值是不同的。

$$\alpha = \frac{空气质量}{燃油质量} \tag{2-5}$$

过量空气系数和空燃比在数值上的对应关系见表 2-4。

表 2-4　ϕ_a 与 α 数值对应关系

ϕ_a	0.6	0.7	0.8	0.9	1.0	1.1	1.2	1.3	1.4
α	8.9	10.4	11.8	13.3	14.8	16.3	17.8	19.2	20.7

当 $\phi_a = 1.05 \sim 1.15$ 时，可燃混合气完全燃烧，燃油消耗率最低，这种混合气为经济混合气，其混合比为经济混合比。当 $\phi_a = 0.85 \sim 0.95$ 时，混合气燃烧速度最快，热损失最小，发动机的有效功率最大，这种混合气为功率混合气，其混合比为功率混合比。

一般情况下，当 $\phi_a = 0.4 \sim 0.5$ 或 $\phi_a = 1.3 \sim 1.4$ 时，火焰便不能传播，即混合气过浓或过稀都不能着火燃烧。通常称前者为火焰传播上限，称后者为火焰传播下限。

因此，可燃混合气成分直接影响发动机的性能及发动机能否正常运转，而且使用同一种成分的混合气不可能同时获得最大功率和最低燃油消耗率。

2. 发动机运转工况对可燃混合气成分的要求

随着汽车行驶速度和牵引功率的不断变化，汽车发动机的转速和负荷也在很大范围内频繁变动。为适应发动机工况的这种变化，可燃混合气成分应随发动机转速和负荷进行相应的调整。

对于一般的汽车发动机来说，各种运转工况对混合气成分的要求如下：

(1) 冷起动 冷起动时，因温度低，汽油不容易蒸发汽化，雾化不良，致使进入气缸的混合气中汽油蒸气太少，混合气过稀，不能着火燃烧。为使发动机能够顺利起动，要求供给 $\phi_a = 0.2 \sim 0.6$ 的浓混合气，以使进入气缸的混合气在火焰传播界限之内。

(2) 怠速 怠速是指发动机对外无功率输出的工况。可燃混合气燃烧后对活塞所做的功全部用来克服发动机内部的阻力，使发动机以低转速稳定运转，汽油机的怠速转速为 $700 \sim 900 \mathrm{r/min}$。在怠速工况，节气门接近关闭，吸入气缸内的混合气数量很少。在这种情况下气缸内的残余废气量相对增多，混合气被废气严重稀释，使燃烧速度减慢甚至熄火。要求供给 $\phi_a = 0.6 \sim 0.8$ 的浓混合气，以补偿废气的稀释作用。

(3) 小负荷 小负荷工况时，节气门开度在25%以内。随着进入气缸内的混合气数量的增多，汽油雾化和蒸发的条件有所改善，残余废气对混合气的稀释作用相对减弱。因此应该供给 $\phi_a = 0.7 \sim 0.9$ 的混合气，以保证汽油机小负荷工况的稳定性。

(4) 中等负荷 从小负荷到中等负荷，随着负荷的增加，节气门逐渐开大，中等负荷工况节气门的开度在25%~85%范围内，混合气应逐渐变稀。汽车发动机大部分时间在中等负荷下工作，因此应供给 $\phi_a = 1.05 \sim 1.15$ 的经济混合气，以保证发动机有较好的燃油经济性。

(5) 大负荷和全负荷 从中等负荷转入大负荷时，混合气由经济混合比加浓到功率混合比。发动机在大负荷或全负荷工作时，节气门接近或达到全开状态。这时需要发动机发出最大功率以克服较大的外界阻力或加速行驶，为此应供给 $\phi_a = 0.85 \sim 0.95$ 的功率混合气。

(6) 加速 汽车行驶过程中，有时需要在短时间内迅速提高车速，驾驶人需猛踩加速踏板，使节气门突然开大，以期迅速增加发动机功率。由于汽油的密度比空气密度大得多，汽油的流动惯性远大于空气的流动惯性，使汽油流量的增加比空气流量的增加滞后一段时间。另外，节气门开大，进气歧管的压力增加，不利于汽油的蒸发汽化。因此，在节气门突然开大时，将会出现混合气瞬时变稀的现象。这不仅不能使发动机功率增加、汽车加速，反而有可能造成发动机熄火。为了避免发生此种现象，保证汽车有良好的加速性能，在节气门突然开大、空气流量迅速增加的同时，额外供给一定数量的汽油，使变稀的混合气重新加浓。

四、汽油喷射系统的分类

汽油喷射系统是在恒定的压力下，利用喷油器将一定数量的汽油直接喷入气缸或进气

道内的汽油机燃油供给装置。

车用汽油喷射系统有多种类型，可按不同方法进行分类。

（1）按汽油喷射系统的控制方法分类　按控制方法不同，汽油喷射系统可分为机械控制式、电子控制式及机电混合控制式三种。其中电子控制式汽油喷射系统（简称电控汽油喷射系统）得到了迅速的发展，应用广泛。

（2）按喷射部位的不同分类　按喷射部位不同，汽油喷射系统可分为缸外喷射和缸内喷射两种。缸外喷射系统是将喷油器安装在进气管或进气道上，以 0.20~0.35MPa 的喷射压力将汽油喷入进气管或进气道内，分别称为进气管喷射（单点喷射）（图 2-33）和进气道喷射（多点喷射）（图 2-34）。目前汽油机电控系统广泛采用进气道喷射。缸内喷射是通过安装在气缸盖上的喷油器，将汽油直接喷入气缸内。这种喷射系统需要较高的喷射压力，为 3~5MPa，其喷油器的结构和布置都比较复杂。

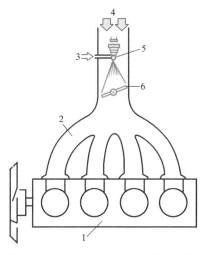

图 2-33　单点喷射（SPI）系统示意图
1—发动机　2—进气歧管　3—汽油入口
4—空气入口　5—喷油器　6—节气门

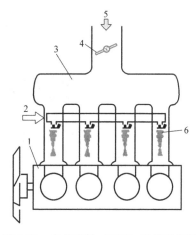

图 2-34　多点喷射（MPI）系统示意图
1—发动机　2—汽油入口　3—进气管
4—节气门　5—空气入口　6—喷油器

（3）按喷射的连续性分类　按喷射连续性，可将汽油喷射系统分为连续喷射式和间歇喷射式两种。连续喷射是指在发动机工作期间，喷油器连续不断地向进气道内喷油，且大部分汽油是在进气门关闭时喷射的。这种喷射方式大多用于机械控制式或机电混合控制式汽油喷射系统。间歇式喷射是指在发动机工作期间，汽油被间歇地喷入进气道内。电控汽油喷射系统都采用间歇喷射方式。

五、电控汽油喷射系统的基本组成及功能

虽然电控汽油喷射系统品种繁多，但它们都具有相同的控制原则，即以电控单元（ECU）为控制核心，以空气流量或空气压力和发动机转速为控制基础，以喷油器、怠速空气调整器等为控制对象，保证获得与发动机各种工况相匹配的最佳混合气成分和点火时刻。相同的控制原则决定了各类电控汽油喷射系统具有相同的组成和类似的结构。

1. 气道喷射系统的组成与工作原理

电控汽油喷射系统大致可分为燃油供给系统、进气系统和电子控制系统三个部分。图 2-35 所示为桑塔纳轿车的电控汽油喷射系统。

(1) 燃油供给系统　燃油供给系统的功能是向气缸内供给燃烧时所需要的汽油量，它主要由电动汽油泵、燃油滤清器、燃油压力脉动减振器、喷油器、燃油压力调节器及供油总管等组成（图 2-35）。

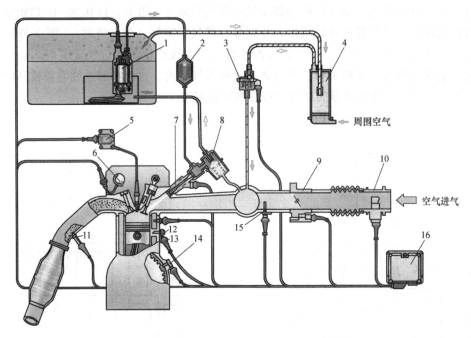

图 2-35　气道喷射电控汽油喷射系统

1—电动燃油泵　2—燃油滤清器　3—活性炭罐电磁阀　4—活性炭罐　5—带输出驱动级的点火线圈组件
6—相位传感器　7—喷油器　8—燃油压力调节器　9—节气门控制部件　10—空气质量计　11—氧传感器
12—冷却液温度传感器　13—爆燃传感器　14—发动机转速传感器　15—进气温度传感器　16—电控单元

燃油由电动燃油泵从油箱中泵出，经过燃油滤清器除去杂质及水分后，再送至燃油压力脉动减振器以减少其脉动。这样具有一定压力的燃油流至供油总管，再经各供油歧管送至各缸喷油器。喷油器根据电控单元的喷油指令，开启喷油器，将适量的汽油喷入进气门前，待进气行程时，再将混合气吸入气缸中。装在供油总管上的燃油压力调节器用于调节燃油系统的油压，目的在于保持喷油器内与进气歧管内的压力差。

此外，为改善发动机低温起动性能，有些车在进气总管上还安装了一个冷起动喷油器，冷起动喷油器的喷油时间由温度时间开关或电控单元控制。

1）电动燃油泵。发动机多采用叶片式电动燃油泵，其结构如图 2-36 所示。叶轮是圆周开有小槽的圆形平板。叶轮旋转时，小槽内的汽油随同叶轮一同高速旋转。在离心力的作用下，出口处 A 油压增高，而在进口处产生真空，从而使汽油从进口 B 吸入，从出口排出。叶片式电动燃油泵运转噪声小，油压脉动小，泵油压力高，叶片磨损小，使用寿命长。

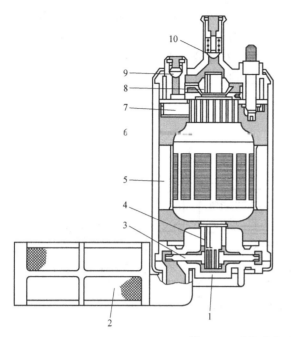

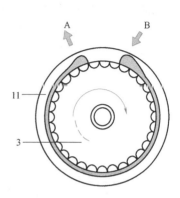

图 2-36　叶片式电动燃油泵

1—橡胶缓冲垫　2—滤网　3—叶轮及叶片　4，8—轴承　5—永久磁铁
6—电枢　7—电刷　9—限压阀　10—止回阀　11—泵体

2) 燃油压力调节器。如图 2-37 所示，由金属壳体组成的内腔，被膜片 7 分成上下两室。上室内具有预紧力的大弹簧 9 压在膜片上，下室通燃油。当油压超过预调的压力时，将克服弹簧压力，使膜片向上移动。由膜片操纵的阀球 2 可将回油孔打开，使超压的燃油流回油箱，以保持一定的燃油压力。在上室内有一根通气管与发动机节气门后的进气管相连，这样可使燃油系统的压力取决于进气管内的压力，使通过喷油器的压降在各个不同的节气门位置下，也是相同的。

3) 喷油器。电控汽油喷射系统采用电磁式喷油器，其结构如图 2-38 所示。它主要由轴针 1、针阀 2、衔铁 3、弹簧 4、电磁线圈 5、壳体 7 和燃油滤网 8 等构成。发动机工作时，电控单元的喷油控制信号将喷油器的电磁线圈 5 与电源回路接通，电磁线圈一有电流通过便产生磁作用力，将衔铁与针阀吸起，使燃油通过精确设计的轴针头部环形间隙，在喷油器头部

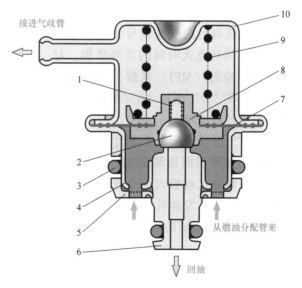

接进气歧管

从燃油分配管来

回油

图 2-37　燃油压力调节器

1—小弹簧　2—阀球　3—O 形密封圈　4—壳体　5—下盖
6—回油管嘴　7—膜片　8—阀座　9—大弹簧　10—上盖

前端将燃油喷散。喷油器的燃油喷射量取决于针阀升程（约为 0.1mm）、喷口面积以及喷射环境压力与燃油压力差等因素，这些因素一旦确定，则喷油量就由针阀的开启时间，即电磁线圈的通电时间来决定。喷油器阀体的上端有橡胶 O 形密封圈起支承与密封作用，同时还可以起绝热作用，防止喷油器内产生燃油蒸气泡，以保持良好的热起动性能。此外，安装橡胶密封圈还能使喷油器免受高频的振动。

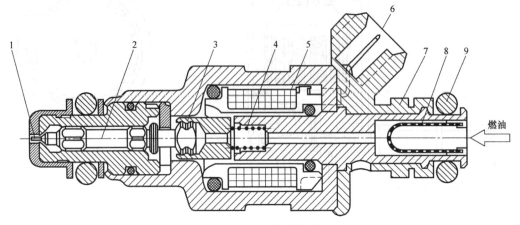

图 2-38 喷油器的结构

1—轴针 2—针阀 3—衔铁 4—弹簧 5—电磁线圈 6—电接头 7—壳体 8—燃油滤网 9—O 形密封圈

（2）**进气系统** 进气系统的功能是测量和控制形成可燃混合气的空气量。如图 2-39 所示，空气经空气滤清器 1 过滤后，用空气流量计 2 进行测量，然后通过节气门体 3 到达进气总管 5，再分配给各缸进气歧管 4。在进气管内，由喷油器中喷出的汽油与空气混合后被吸入气缸内进行燃烧。

空气流量计（AFM）又称为空气流量传感器，它获得的进气量信号是电控单元计算喷油时间和点火时间的主要依据。对于多点燃油喷射（MPI）系统，检测进气量的方法，在"D"型和"L"型两种燃油喷射系统中各不相同。

在"D"型燃油喷射系统中，发动机进气量的测量采用间接测量法，即利用压力传感器检测进气歧管内的空气压力（真空度）来测量吸入发动机气缸内的进气量。"D"型燃油喷射系统的测量精度不高，但成本较低。

在"L"型燃油喷射系统中，进气量的测量采用直接测量法，即利用空气流量

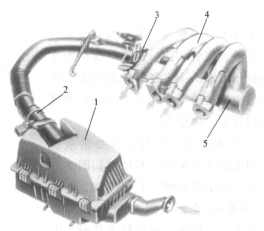

图 2-39 进气系统

1—空气滤清器 2—空气流量计 3—节气门体
4—进气歧管 5—进气总管

计，直接测量进气歧管内被吸入发动机气缸内的空气量。这种检测进气量方法的精度较高，控制效果优于"D"型燃油喷射系统，但成本较高。

目前，现代汽车燃油喷射系统所采用的空气流量计有体积流量型和质量流量型两种。其中，常用的体积流量型空气流量计有叶片式和卡门涡流式等；质量流量型空气流量计有热线式和热膜式等。

图 2-40 所示为热膜式空气流量计，它由感知空气流量的白金热线（热膜元件是将热线用厚膜工艺镀在一块陶瓷基片上构成的）、进气温度补偿电阻（冷线）、控制热线电流并产生输出信号的控制线路板以及空气流量计的壳体组成。这种空气流量计能在很短的时间内反映出空气流量的变化，其响应速度很快，测量精度高，无运动部件，进气阻力小，不会磨损，测量范围大。

（3）电子控制系统 电子控制系统的功能是根据发动机的工况和车辆的运行状况确定最佳喷油量。供给发动机的汽油量，由喷油器的喷油持续时间来控制，喷油持续的时间由电控单元通过来自进气歧管空气流量计（或压力传感器）的信号来计算进气量，根据进气量和转速计算得出基本值，然后进行温度、海拔高度、节气门开度等各种工作参数的修正，得到发动机在某一工况下运行的最佳喷油时间，精确地控制喷油量。

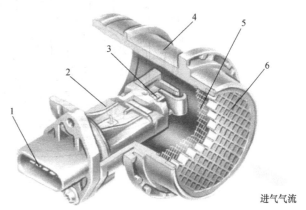

进气气流

图 2-40 热膜式空气流量计
1—插头 2—混合电路盒 3—热膜元件
4—壳体 5—滤网 6—导流格栅

图 2-41 所示为控制系统主要部件的安装位置。检测发动机工况的传感器，有发动机冷却液温度传感器、进气温度传感器、空气流量计、发动机转速和曲轴位置传感器以及节气门位置传感器等。另外，还有检测车辆运行状况的传感器，如车速传感器、空调开关、空档起动开关等。除此之外，还有电源开关继电器、温度时间开关及控制供给喷油器电流的电阻器等。

常用的节气门位置传感器有开关触点式和线性可变电阻式。线性输出型节气门位置传感器（图 2-42）是一个线性电位计，由节气门轴带动电位计的滑动触点。当节气门开度不同时，电位计输出的电压也不同，从而将节气门由全闭到全开的各种开度转换为大小不等的电压信号传输给电控单元，使其精确地判定发动机的运行工况。

为了严格满足汽车排放法规的要求，在很多轿车发动机的电控汽油喷射系统中，还设有一个闭环混合气成分调节系统。在发动机排气管上安置一个氧传感器，其功能是通过检测排放气体中氧气的含量、混合气的浓稀，并将检测结果转变为电压或电阻信号，反馈给电控单元，电控单元根据氧传感器信号，不断修整喷油时间与喷油量，使混合气浓度保持在理想范围内，实现空燃比反馈控制（即闭环控制）。使用氧传感器对混合气的空燃比进行控制后，在发动机运行工况下能精确地控制混合气的成分在过量空气系数接近 1 的水平，并配合使用三元催化转化器后处理装置，大幅降低了有害气体的排放量。

目前应用广泛的氧传感器为氧化锆型（ZrO_2），如图 2-43 所示。氧化锆（ZrO_2）是

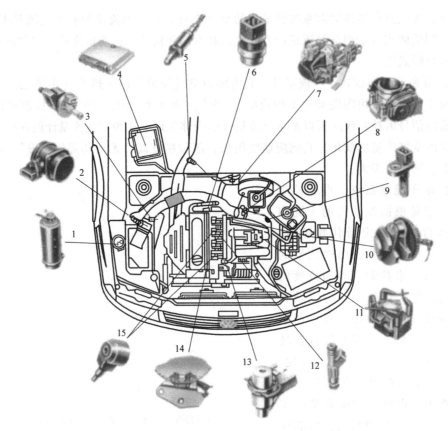

图 2-41 控制系统主要部件的安装位置

1—活性炭罐 2—空气流量计 3—活性炭罐电磁阀 4—电控单元 5—氧传感器 6—冷却液温度传感器
7—传感器插头支架 8—节气门控制部件 9—进气温度传感器 10—发动机转速传感器 11—点火线圈组件
12—喷油器 13—燃油压力调节器 14—相位传感器 15—爆燃传感器

一种具有氧离子传导性的固体电介质，能在氧浓度差的作用下产生电动势。氧化锆陶瓷体（锆管）的两侧表面上有透气的多孔薄铂层作电极，锆管的内侧电极与大气相通，外侧与排出的气体相接触。废气通过氧化锆时，若温度超过 300℃ 能使氧离子化，在传感器的排气侧与大气侧氧的分压力不同时，氧离子就从氧的分压高的大气侧向分压低的排气侧流动，从而在两个电极之间形成电动势。这个电动势的大小就作为混合气浓或稀的一个度量值。这个反馈信号输入电控单元以后，电控单元又依此信号重新指令喷油器，使混合气得到正确的调节。为使氧传感器可以迅速加热到工作温度而投入工作，目前大部分汽车使用带加热的氧传感器，即采用加热元件对锆管进行加热，加热元件采用热敏电阻，在其上绕有钨丝并引出两个电极与汽车电源

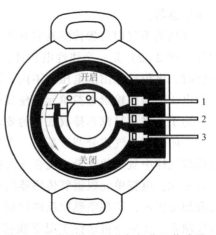

图 2-42 线性输出型节气门位置传感器

1—基准电压 2—输出电压 3—搭铁

相通。

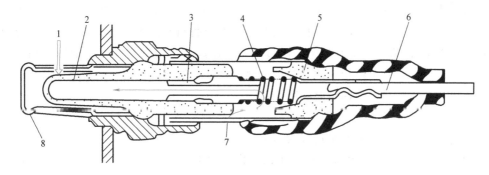

图 2-43 氧化锆氧传感器

1—排气 2—锆管 3—电极 4—弹簧 5—绝缘座 6—引出电极 7—大气 8—钢质护管

2. 缸内直喷系统的组成

缸内直喷（GDI）是直接将燃油喷入气缸内与空气混合的技术。喷射压力的提高，使燃油雾化更加充分，可精准地按比例控制喷油量。汽油和空气在整个气缸内充分、均匀地混合，从而使燃油充分燃烧，提高能量转化效率，降低油耗。

（1）缸内直喷系统的组成 缸内直喷系统由低压油路、高压油路、进气系统和排气系统组成（图 2-44）。

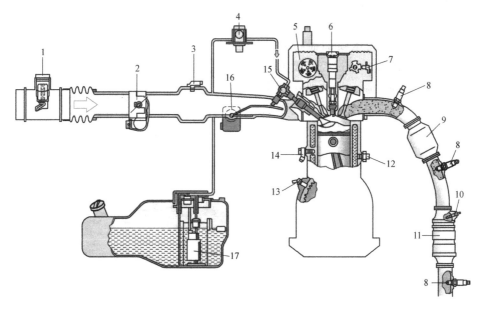

图 2-44 缸内直喷燃油供给系统

1—热膜式空气流量计 2—电子节气门 3—进气管压力传感器 4—高压燃油电磁阀 5—可变气门正时 VVT
6—火花塞 7—凸轮相位传感器 8—氧传感器 9—前催化器 10—排气温度传感器 11—NO$_x$ 存储器
12—冷却液温度传感器 13—曲轴转速传感器 14—爆燃传感器 15—喷油器 16—滚流阀 17—低压燃油泵

1）低压油路。低压油路由电动燃油泵及压力调节器组成，通过低压油路将燃油供给高压泵。

2）高压油路。高压油路由高压泵、燃油分配器（油轨）、压力传感器、压力控制阀和喷油器组成。燃油分配器（油轨）与喷油器、压力控制阀、高压泵相连。压力传感器测量油轨压力，实现对轨压的闭环精确控制。压力控制阀的任务是在发动机全部工况范围内，根据其 MAP 图来调整油轨压力。经过压力控制阀后多余的燃油并不返回油箱，而是回到高压泵进口，可避免油箱中的燃油被加热以及油箱的活性炭罐清洁系统过载。通过喷油器的开启和关闭来控制喷油定时和喷油量。

3）进气系统。通过控制电子节气门的开度控制进气量，通过空气流量计测量进气量，通过进气管压力传感器测量进气管压力。

4）排气系统。由于 GDI 发动机既可以工作在理论空燃比，也可以进行稀燃，在三元催化器的前后各安装一个宽频氧传感器，根据前级氧传感器信号调整喷油量进行空燃比的闭环控制，通过后级氧传感器信号判断三元催化器是否失效。由于稀燃时产生大量的 NO_x，普通的三元催化转化器对 NO_x 的转换效率低，因此要采用 NO_x 吸藏型催化转化器。

（2）主要零部件

1）高压燃油泵。凸轮活塞式高压燃油泵（图 2-45）由凸轮轴驱动。电动燃油泵给高压泵供油，高压泵活塞在凸轮作用下对燃油进行加压。燃油压力通过安装在燃油泵上的压力调节器调节，压力缓冲器可吸收系统内的压力波动。

2）高压喷油器。高压喷油器将高压燃油喷入气缸形成细雾，通过控制喷油持续时间实现喷油量的控制，燃油要在设定的喷油定时及时喷入，并准确地喷到燃烧室内相应区域。GDI 发动机使用的是高压旋涡式喷油阀，如图 2-46 所示。

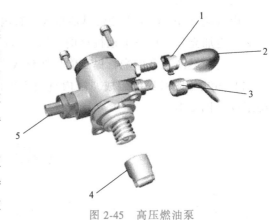

图 2-45　高压燃油泵

1—低压连接插头　2—回流软管　3—高压连接插头
4—圆柱挺柱　5—燃油压力调节阀

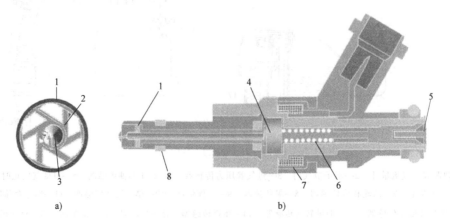

a）　　　　　　　　　　b）

图 2-46　高压漩涡式喷油器

a）燃油喷射方向　b）结构

1—涡流板　2—燃油流动方向　3—喷油器针阀　4—电枢　5—进油口　6—弹簧　7—线圈　8—密封圈

第五节　柴油机燃油供给系统

一、柴油机燃油供给系统的功用与组成

柴油机是热效率高的四冲程内燃机动力装置。热效率高是因为其压缩比高、膨胀比大，使得工质充分膨胀做功。柴油机采用在压缩终了的某一时刻向气缸内高温高压的空气中喷射燃料，由此进行混合并燃烧的方式。

柴油机以柴油为燃料。由于柴油黏性较大，其蒸发性和流动性都比汽油差，因此柴油机采用高压喷射强制雾化的方法在气缸内形成可燃混合气。即在接近压缩行程终了时，通过喷油器把柴油高压喷入到气缸内，使雾化了的柴油微小颗粒在炽热的空气中受热、蒸发、扩散，迅速与空气混合形成可燃混合气，最终自行着火燃烧。

汽车在行驶过程中负荷随时发生变化，因此作为车用柴油机其负荷随汽车的行驶条件应相应地变化。车用柴油机燃油供给系统的作用，就是根据负荷的变化在一定的喷射时刻，按一定的喷射压力和喷射方式，按各气缸的工作顺序，将一定量的清洁的燃油均匀地喷入各气缸。

为了保证各气缸工作均匀，要求燃油喷射系统向各缸喷射的燃油量、喷射定时以及雾化条件相同；同时喷注雾化质量及其特性与燃烧室结构相匹配。

柴油机燃油供给系统要求具备以下条件：

1）合适的喷油器，保证燃油的雾化质量，同时保证喷注和燃烧室空间合理匹配。

2）高压输油泵，保证向喷油器提供一定压力和一定量的燃油。

3）随负荷的变化可自动调节喷油量，喷射定时和喷射压力可调节的装置。

4）柴油滤清器，保证向燃油喷射系统提供清洁的燃料。

5）能储存一定数量的柴油，以保证汽车的最大续驶里程。

根据喷射系统的控制方式不同，柴油机燃油喷射系统分为机械式喷射系统、电控位置式喷射系统及电控时间式喷射系统三大类。

（1）**机械式喷射系统**　机械式喷射系统主要由喷油泵、高、低压油管、喷油器及调速器等组成。机械式喷射系统的主要控制对象是喷油泵，通过驾驶人控制加速踏板或调速器，控制喷油泵的油门拉杆位置，由此控制喷油量。喷射时刻则通过喷油泵的供油时刻间接控制，并通过离心式提前装置来调节发动机不同转速下的供油时刻。喷射压力取决于供油速率和喷油器弹簧力。柱塞式喷油泵柴油机燃油喷射系统示意图如图 2-47 所示。

（2）**电控位置式喷射系统**　电控位置式喷射系统是在机械式喷射系统的基础上，将机械式调速器和离心式供油提前装置改为由步进电动机或比例电磁阀控制的自动控制装置，由此实现对供油时刻和调速特性的自动化控制。

（3）**电控时间式喷射系统**　电控时间式喷射系统相对前两者喷射压力明显提高，同时控制方法也发生了根本性的变化，喷油量及喷油时刻的控制改为时间式控制方法，喷射压力提高到 80~220MPa。电控时间式喷射系统，根据其结构特点又分为高压共轨、泵喷嘴和单体泵三种，如图 2-48 所示。

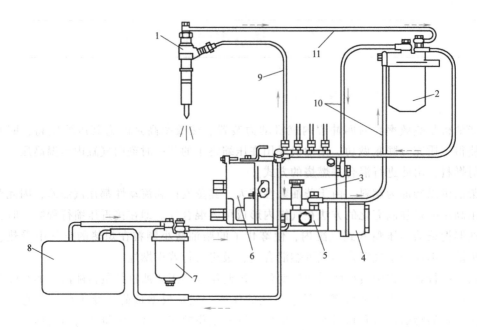

图 2-47　柱塞式喷油泵柴油机燃油喷射系统示意图

1—喷油器　2—燃油滤清器　3—柱塞式喷油泵　4—喷油提前器　5—输油泵　6—调速器　7—油水分离器
8—油箱　9—高压油管　10—低压油管　11—回油管

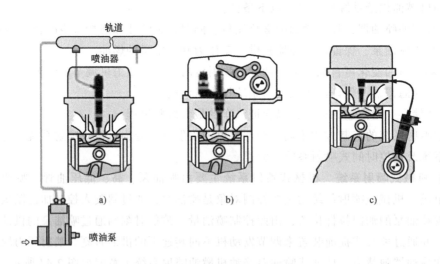

图 2-48　电控时间式喷射系统

a) 高压共轨　b) 泵喷嘴　c) 单体泵

　　1) 单体泵。各缸独立设置喷油泵，且在喷油器和喷油泵之间设有短的高压油管。虽然控制对象仍然是泵，但是控制方式则为通过设置在单体泵出口端的高频电磁阀的通电持续时间和通电时刻来控制喷油量和喷油时刻。

　　2) 泵喷嘴喷射系统。取消了传统的喷油泵和喷油器之间的高压油管，使喷油泵和喷油器在结构上实现一体化，且各缸独立设置。由于柱塞泵和喷油器之间空间很小，供油规

律直接反映在喷油规律上，而且喷射时刻和喷油量是通过在泵和喷嘴之间的油道上设置高频电磁阀的通电时刻和通电持续时间来控制的。

3）高压共轨喷射系统。在结构上虽然仍采用泵—管—喷嘴的形式，但喷油器采用电控式，喷油泵也独立控制，其功能只是控制共轨中的目标油压，而喷射定时和喷油量则直接通过喷油器的通电时刻和通电持续时间来控制。

单体泵、泵喷嘴和高压共轨是新一代喷射系统，根据这三种控制方式的特点，可将单体泵和泵喷嘴的控制方式定义为时间控制方式，而高压共轨喷射系统因可任意控制喷射压力，故又可定义为时间-压力控制方式。由于高压共轨喷射系统将喷射压力的产生和喷射过程彼此完全分开，通过对共轨管内的油压实现精确控制，使高压油管压力大小与发动机的转速基本无关。其最大限度地降低了柴油发动机的振动和噪声，同时将油程进一步降低，使排放更加清洁。

二、高压共轨喷射系统的组成及工作原理

高压共轨喷射系统，直接把高压燃油通过共轨送往各缸喷油器。博世 CR（Common Rail）型高压共轨燃油喷射系统主要由燃油箱 1、燃油滤清器 2、高压输油泵 3、电磁阀 4、轨压传感器 5、共轨 6、喷油器 7、其他传感器 8 以及电控单元（ECU）9 等组成，如图 2-49 所示。ECU 根据传感器送来的信息进行工况判定，确定对应该工况的目标控制量，如喷射时刻、喷射量和喷射压力等，然后对喷油器 7 和高压输油泵 3 分别进行独立控制。实际喷射时刻和喷射量是通过喷油器的通电时刻和通电脉宽来控制的，而目标喷射压力是

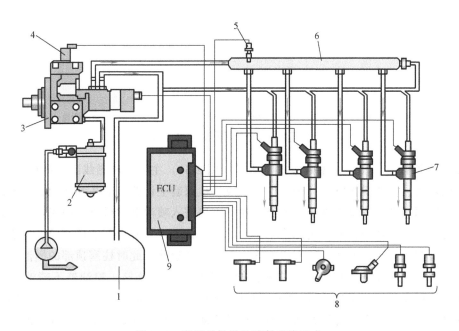

图 2-49　高压共轨燃油喷射系统组成

1—燃油箱　2—燃油滤清器　3—高压输油泵　4—电磁阀　5—轨压传感器　6—共轨
7—喷油器　8—其他传感器　9—电控单元（ECU）

通过轨压传感器 5 的信息反馈控制输油泵的电磁阀 4 来实现。

（1）**高压输油泵** 高压输油泵的主要作用是将低压燃油加压成高压燃油，并传送到共轨中保证其设定的共轨压力。图 2-50 所示的三缸径向"Y"形分布的柱塞式高压泵，由互相呈 120°夹角的 3 缸径向柱塞组成，3 个泵油柱塞由驱动轴上的凸轮驱动，主要部件包括泵体 1、泵端盖 2、柱塞泵组件 8、柱塞弹簧 7 及凸轮 6 等。柱塞弹簧保证柱塞底部经挺柱始终与三角形凸轮平面接触，三角形凸轮通过与凸轮轴一体的偏心轮驱动，随凸轮轴旋转一周，偏心凸轮使三个分别与三角形凸轮平面接触的柱塞在各自缸内工作一次。当柱塞向下运动时，进油阀开启，允许低压燃油进入泵腔；当柱塞到达下止点时，进油阀关闭，泵腔内的燃油在上行柱塞作用下压力升高，直至开启高压出油阀后进入共轨等待喷射。高压输油泵的供油量必须保证在任何工况下柴油机工作所需的喷油量。

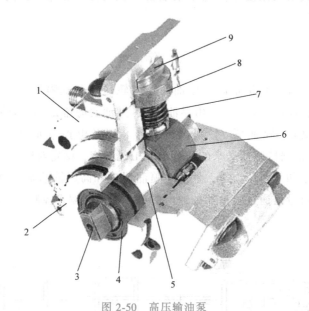

图 2-50　高压输油泵

1—泵体　2—泵端盖　3—驱动轴　4—油封　5—滑动轴承　6—三角形凸轮
7—柱塞弹簧　8—柱塞泵组件　9—电磁阀

（2）**喷油器** 二位二通电磁阀式喷油器（图 2-51）主要由电磁线圈、衔铁、出油孔、柱塞、柱塞套、柱塞弹簧以及针阀偶件等组成。柱塞套上设置进油孔和回油孔，回油孔通过电磁阀控制。来自共轨的高压燃油经喷油器入口进入喷油器体后分为两路：一路直接进入针阀的承压锥面环槽，另一路经柱塞套上的进油孔进入柱塞顶部的柱塞腔。电磁阀关闭时，回油阀在衔铁回位弹簧力的作用下落座，关闭回油孔，此时柱塞顶部的燃油压力与针阀承压锥面上的燃油压力相等，在柱塞弹簧的作用下针阀落座，喷油器不喷油。当 ECU 根据设定的程序和控制 MAP 图控制电磁阀接通时，在电磁阀磁场力的作用下衔铁被吸引，回油阀打开，柱塞腔内的高压燃油经回油孔迅速泄压，作用在针阀承压锥面上的推力大于柱塞腔顶部的压力和柱塞弹簧力之和，因而推动针阀迅速升起，喷油开始。喷射脉宽结束之后，柱塞腔迅速建立起与针阀承压锥面推力相当的油压，针阀在柱塞弹簧的作用下落座，喷射过程结束。

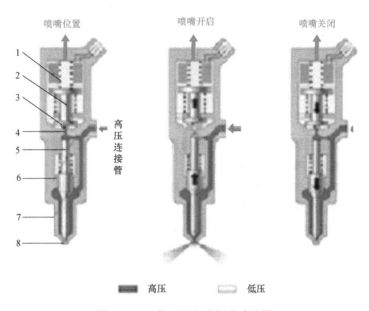

喷嘴位置　　　　喷嘴开启　　　　喷嘴关闭

1　2　3　4　5　6　7　8

高压连接管

■ 高压　　　　□ 低压

图 2-51　二位二通电磁阀式喷油器

1—线圈　2—衔铁　3—球阀　4—释放控制孔　5—充油控制孔　6—针阀杆　7—喷嘴针阀压力环　8—喷孔

第六节　进气及排气系统

一、进气及排气系统的功用与组成

发动机进、排气系统的作用是供给发动机新鲜空气，并将发动机燃烧后的废气排至大气。

进气系统的功用是尽可能多地和尽可能均匀地向各气缸供给空气与燃油的混合气或纯净的空气。一般进气系统主要由空气滤清器和进气歧管组成（图 2-52）。在燃油喷射式发动机

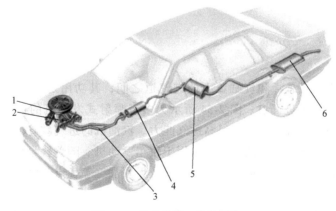

图 2-52　发动机进、排气系统

1—空气滤清器　2—进、排气歧管　3—排气管　4—前消声器　5—中间消声器　6—主消声器

中，进气系统还包括空气流量计或进气管压力传感器，以便对进入气缸的空气量进行计量。

排气系统的功用是以尽可能小的排气阻力和噪声，将气缸内的废气排到大气中。排气系统主要由排气歧管、排气管和排气消声器等组成（图 2-52），在汽油喷射式发动机中还包括三元催化转化器。

二、空气滤清器

空气滤清器的功用主要是滤除空气中的杂质或灰尘，让洁净的空气进入气缸。另外，空气滤清器也有消减进气噪声的作用。

空气滤清器一般由进气导流管、空气滤清器外壳和滤芯等组成（图 2-53）。现在广泛用于汽车发动机上的空气滤清器有油浴式、纸滤芯式和离心式等多种结构型式。油浴式空气滤清器用于在多尘条件下工作的发动机上，如越野车发动机。纸滤芯式空气滤清器有自重轻、成本低和滤清效果好等优点，广泛应用于汽车发动机上。离心式空气滤清器多用于大型货车上。

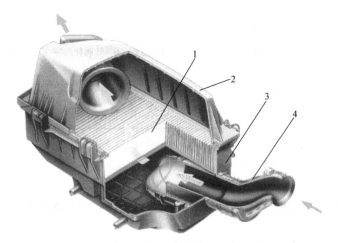

图 2-53　空气滤清器

1—纸质滤芯　2—上壳体　3—下壳体　4—带粗滤进气管组件

三、进气及排气歧管

1. 进气歧管

进气歧管位于进气总管和气缸盖上的进气道之间，其功用是将新鲜气体（空气或可燃混合气）分配到各缸进气道。图 2-54 所示为多点喷射式发动机的进气歧管。进气歧管内壁光滑可以减小进气流动阻力，提高进气能力。汽油机的进气歧管由合金铸铁制造，由于铝合金进气歧管自重轻、导热性好，多用于轿车发动机。随着轻量化要求的提升，复合塑料材料进气歧管由于其自重极轻、内壁光滑及无须加工等优点，将会得到广泛的应用。

2. 排气歧管

由于传统排气歧管由铸铁或球墨铸铁制造，其质量较大。而不锈钢排气歧管质量小、耐久性好，同时内壁光滑、排气阻力小，因此采用不锈钢排气歧管的汽车越来越多。为了

使各缸排气互不干扰且不出现排气倒流现象，并尽可能地利用惯性排气，应该将排气歧管做得尽可能长，而且各缸歧管应该相互独立、长度相等，如图 2-55 所示。

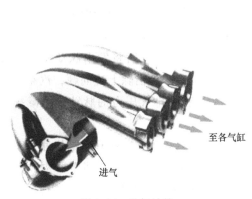

图 2-54　进气歧管

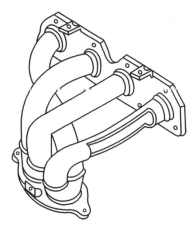

图 2-55　排气歧管

四、可变进气系统

可变进气系统是根据发动机转速变化自动改变进气歧管有效长度的系统。其不仅可以提高发动机的动力性，还由于它提高了发动机在中、低速运转时的进气速度而增强了气缸内的气流强度，从而改善了燃烧过程，使发动机中低速的燃油经济性有所提高。

图 2-56 所示为一种根据发动机转速的变化可自动改变进气歧管有效长度的系统。当发动机低速运转时，关闭转换阀 3，空气沿着弯曲而又细长的进气歧管流入气缸。细长的进气歧管提高了进气速度，增强了气流的惯性，使进气量增多，这种现象又称为惯性增压。当发动机高速运转时，转换阀 3 开启，空气经空气滤清器 1 和节气门 2 直接进入粗短的进气歧管，因粗短的进气歧管进气阻力小，也使进气量增多。

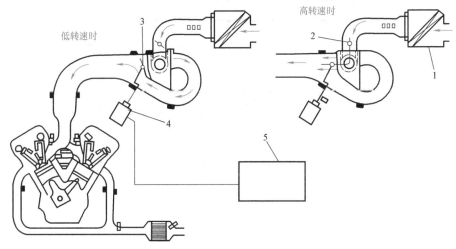

图 2-56　可变长度进气歧管

1—空气滤清器　2—节气门　3—转换阀　4—转换阀控制机构　5—发动机电子控制装置

五、消声器

消声器的作用是减小排气噪声和消除废气中的火焰及火星，使废气安全地排入大气。

发动机的废气在排气歧管中流动时，因排气门的开闭与活塞往复运动的影响，使气流呈脉动形式。当排气门刚打开时，气体压力为 0.4MPa，具有一定的能量，且废气的温度超过 1000℃。如果让废气直接排入大气，废气高速流出喷入大气时将发出脉动噪声和强烈的喷气噪声，同时高温气体排入大气也会对环境造成危害。为消除上述问题，汽车上必须装用消声器。其基本原理是通过逐渐降低排气压力和衰减排气压力的脉动来消减排气噪声。

消声器的基本结构有吸收式、干涉式、扩张式和共振式 4 种。这些基本结构通过不同组合形式构成消声器。红旗 CA7220 型轿车的排气消声器由前、中、后三消声器构成（图2-57）。前消声器为扩张式，壳体由内、外壳和纤维夹层构成，纤维夹层为石棉陶瓷纤维，主要起隔热作用。扩张式消声器主要用来降低中、低频噪声（图 2-57a）。中消声器是吸收式和共振式的组合（图 2-57b）。后消声器是吸收式、扩张式和共振式的多种组合（图2-57c）。排气在后消声器内循环流动，既能降低噪声，又可降低排气温度。为了提高消声器的消声效果，消声器的壳体也可做成双层结构，由此降低消声器表面辐射噪声。

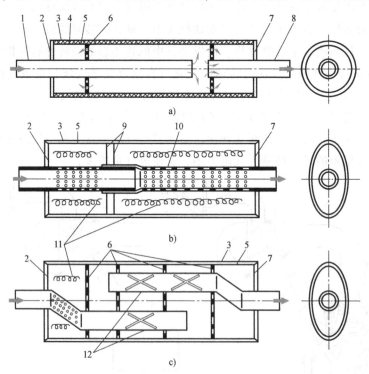

图 2-57　红旗轿车排气消声器结构示意图

a）前消声器　b）中消声器　c）后消声器

1—进气管　2—前端盖　3—外壳　4—纤维夹层　5—内壳　6—多孔隔板　7—后端盖
8—出气管　9—隔板　10—带管　11—吸声材料　12—带缝管

六、排气净化装置

汽车发动机排放的污染物主要有一氧化碳（CO）、碳氢化合物（HC）、氮氧化合物（NO_x）和微粒。微粒主要是指柴油机排气中的炭烟，而汽油机的排气微粒很少。安装在发动机外部的排气净化装置，主要包括二次空气喷射系统、催化转化器、柴油机微粒过滤器、排气再循环系统、曲轴箱通风及汽油蒸发控制系统等。

1. 催化转化器

催化转化器是利用催化剂的作用将排气中的 CO、HC 和 NO_x 转换为对人体无害的气体的一种排气净化装置，也称为催化净化转化器。目前汽油机采用的主要是三元催化转化器。其基本结构如图 2-58 所示。

因三元催化转化器在工作过程中要放出大量的热，转化器本体的温度较高，所以转化器壳体一般用不锈钢板冲压成形，再经焊制而成。内装的陶瓷蜂窝催化体上覆有涂层，涂层中含有催化剂，即活性成分贵金属铂（Pt）、铑（Rh）、钯（Pd），它们可实现废气中 CO、HC 的氧化以及 NO_x 的还原，从而降低废气中的有害物质。另外还必须安装氧传感器，对供油实现自动调节。轿车上已普遍采用闭环电控燃油喷射加装三元催化转化器，作为主要的排放控制手段。

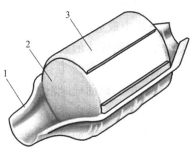

图 2-58 三元催化转化器

1—壳体 2—陶瓷催化反应体 3 隔热软垫

2. 低温 HC 排放净化装置

当发动机排气温度较低（<350℃）时，三效催化转化装置不能正常工作，此时 HC 排放较多。发动机刚起动后的冷态下 HC 排放的控制方法主要有以下 4 种：

1）直接催化法。将催化转化装置直接安装在排气管之后，加快催化剂的升温速度。HC 净化早期开始，对降低冷态下的 HC 排放很有效。由于催化装置安装在离发动机排气管尽可能接近的位置，受高温的影响，促使催化剂热劣化。

2）利用电加热催化转化法。通过外部电力提前加热催化转化装置，以降低发动机冷态下 HC 的排放量。采用外部供电方式，有蓄电池供电和交流发电机供电两种。电加热催化转化装置的主要缺点是耗电量大，耐久可靠性较差。

3）二次燃烧装置。先将燃料的一部分或过浓混合气送到催化转化装置入口处，再通过燃烧器点火燃烧，以提高催化转化装置的工作温度。

4）HC 捕捉器。它主要采用沸石或活性炭作为吸附剂，其特点是不需要外部能量，也能将低温排出的 HC 吸附。HC 捕捉器在低温时吸附的 HC 在吸附剂温度上升时会被释放出来，因而常与三元催化转化装置同时使用。

3. 二次空气喷射系统

很多汽车发动机都装有二次空气喷射系统。虽然二次空气喷射系统有各种各样的结构，但其功用却基本相同，即利用空气泵将新鲜空气经空气喷管喷入排气道或催化转化器，使排气中的 CO 和 HC 进一步氧化或燃烧变成二氧化碳（CO_2）和水（H_2O）。

4. 稀薄燃烧的 NO_x 催化转化装置

为适应不断严格的节能与排放法规的要求，稀薄燃烧技术得到日益广泛的应用。由于这种燃烧方式的空燃比大于理论空燃比，所以三元催化转化装置不再适用。为此专门开发出适用于稀薄混合气燃烧的 NO_x 催化转化装置。这种催化转化装置，主要有 NO_x 直接分解型和 NO_x 吸附还原型两种。

5. 强制式曲轴箱通风系统

强制式曲轴箱通风系统又称为 PCV 系统。在发动机工作时，会有部分可燃混合气和燃烧产物经活塞环由气缸窜入曲轴箱内。当发动机在低温下运行时，还可能有液态燃油漏入曲轴箱。这些物质如不及时清除，将加速机油变质并使机件受到腐蚀或锈蚀。又因为窜入曲轴箱内的气体含有 HC 及其他污染物，所以不准把这种气体排放到大气中。现代汽车发动机所采用的强制式曲轴箱通风系统，就是防止曲轴箱气体排放到大气中的净化装置。在 PCV 系统中最重要的控制元件是 PCV 阀，其功用是根据发动机工况的变化自动调节进入气缸的曲轴箱气体的数量。

6. 燃油蒸发量回收装置

燃油箱中的燃油随时都在蒸发汽化，若不加以控制或回收，则当发动机停机时，燃油蒸气将逸入大气，造成环境污染。燃油蒸发量回收装置的功用便是将这些燃油蒸气收集和储存在炭罐内，在发动机工作时再将其送入气缸烧掉。

7. 柴油机微粒过滤器

微粒是柴油机排放的突出问题。对车用柴油机排气微粒的处理，主要采用过滤法。微粒过滤器（图 2-59）的滤芯由多孔陶瓷制造，有较高的过滤效率。排气穿过多孔陶瓷滤芯进入排气管，而微粒则滞留在滤芯上。过滤器工作一段时间后，需及时清除存积在滤芯上的微粒，以恢复过滤器的工作能力和减小排气阻力。为此，在过滤器入口处设置一个燃烧器，通过喷油器向燃烧器内喷入少量燃油，并供入二次空气，利用火花塞或电热塞将其点燃，将滞留在滤芯上的微粒烧掉。

8. 排气再循环（EGR）系统

排气再循环是指把发动机排出的部分废气回送到进气管，并与新鲜混合气一起再次进入气缸燃烧。由于废气中含有大量的 CO_2，而 CO_2 不能燃烧却吸收大量的热，使气缸中混合气的燃烧温度降低，从而减少了 NO_x 的生成量。排气再循环是净化排气中 NO_x 的主要方法。在新鲜的混合气中掺入废气后，混合气的热值降低，致使发动机的有效功率下降。为了做到既能减少 NO_x 的排放，又能保持发动机的动力性，必须根据发动机运转的工况对再循环的废气量加以控制。NO_x 的生成量随发动机负荷的增大而增多，因此，再循环的废气量也应相应增加。在暖机期间或急速时，NO_x 的生成量不多，为了保持发动机运转的稳定性，不进行排气再循环。在全负荷或高转速下工作时，为了使发动机有足够的动力性，也不进

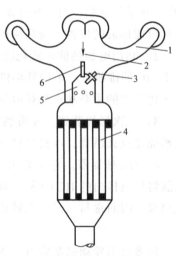

图 2-59　柴油机微粒过滤器

1—排气歧管　2—燃油　3—电热塞
4—滤芯　5—燃烧器　6—喷油器

行排气再循环。

第七节　汽车发动机增压

　　所谓增压就是利用专用的装置（增压器）将空气预先压缩然后再供入气缸，以期提高空气密度、增加进气量的一项技术。由于进气量增加，可相应地增加循环供油量，从而可以增加发动机功率。同时，增压还可以改善燃油经济性。在小型汽车发动机上采用涡轮增压或机械增压，当汽车以正常的经济车速行驶时，不仅可以获得相当好的燃油经济性，而且由于发动机功率增加，还可以得到驾驶人所期望的良好的加速性。

　　增压有机械增压、涡轮增压和复合增压三种基本类型。实现空气增压的装置称为增压器。

一、机械增压

　　机械增压是利用曲轴带动一套机械传动装置来带动增压器。机械增压器 3 由发动机曲轴 1 经齿轮增速器 2 驱动（图 2-60a），或由曲轴齿形传动带轮经齿形传动带 6 及电磁离合器 9 驱动（图 2-60b）。机械增压能有效提高发动机功率，与涡轮增压相比，其低速增压效果更好。另外，机械增压器与发动机容易匹配，结构也比较紧凑。但是，由于驱动增压器需消耗发动机功率，燃油消耗率比非增压发动机略高。

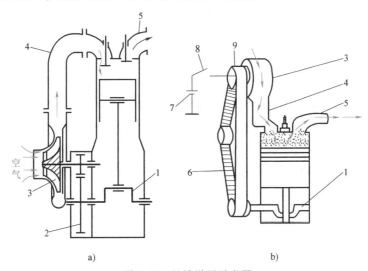

图 2-60　机械增压示意图

1—发动机曲轴　2—齿轮增速器　3—机械增压器　4—进气管　5—排气管　6—齿形传动带

7—蓄电池　8—开关　9—电磁离合器

二、涡轮增压

　　涡轮增压是利用排气过程中所排出废气的剩余能量来带动增压器。增压器由涡轮机 2 和压气机 3 构成，如图 2-61 所示。将发动机排出的废气引入涡轮机，利用废气所包含的

能量推动涡轮机叶轮旋转，并带动与其同轴安装的压
气机叶轮工作，新鲜空气在压气机内增压后进入气缸。
涡轮增压也称为排气涡轮增压，涡轮增压器与发动机
没有机械的联系。涡轮增压的优点是经济性比机械增
压和非增压发动机都好，并可大幅度地降低有害气体
的排放和噪声水平。目前车用发动机的增压大都采用
这种类型。涡轮增压的缺点是低速时转矩增加不多，
而且在发动机工况发生变化时，瞬态响应差，致使汽
车加速性，特别是低速加速性较差。

三、复合增压

将机械增压与涡轮增压适当结合，可以构成多种
形式的复合增压系统，如串联复合增压和并联复合增
压。在串联复合增压系统中，空气先经涡轮增压器提
高压力后，进入中间冷却器降温，再经机械增压器增
压。这种增压方式主要用于高增压发动机上。并联复
合增压则是由机械增压器和涡轮增压器同时向发动机
供给增压空气。在低转速范围主要靠机械增压，而在
高转速范围主要靠涡轮增压。这种增压系统使发动机
低速转矩特性得到改善。

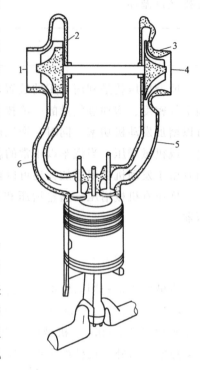

图 2-61　涡轮增压示意图

1—排气口　2—涡轮机　3—压气机
4—进气口　5—进气管　6—排气管

四、涡轮增压系统的组成及工作原理

涡轮增压系统由涡轮增压器 6、中冷器 2、进气管及排气管等组成，如图 2-62 所示。
废气流动路线：排气管→涡轮增压器→排气消声器→大气。高速流动的废气使涡轮机高速
旋转，通过中间轴带动压气机旋转。新鲜空气流动路线：大气→空气滤清器→压气机→中
冷器→进气管→气缸。新鲜空气经过压气机后以高于大气压的气压进入气缸，提高了进气

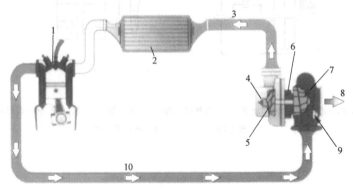

图 2-62　涡轮增压系统示意图

1—发动机气缸　2—中冷器　3—压缩空气流　4—压气机　5—压气机叶轮　6—涡轮增压器
7—涡轮叶轮　8—废气流出口　9—放气阀　10—废气流出口

效率。为了进一步提高增压效果,在压气机出口处设置中冷器,以降低增压后进入气缸的进气温度,由此进一步改善经济性,并有效降低 NO_x 排放。

第八节 发动机冷却系统

一、冷却系统的功用及组成

冷却系统的功用是使发动机在所有工况下都保持在适当的温度范围内。冷却系统既要防止发动机过热,也要防止冬季发动机过冷。在发动机起动之后,冷却系统还要保证发动机迅速升温,尽快达到正常的工作温度。

目前汽车发动机采用的冷却系统是强制循环水冷系统,即利用水泵提高冷却液的压力,强制冷却液在发动机中循环流动。该系统由水泵 10、散热器 1、冷却风扇 11、节温器 9、膨胀水箱 3、发动机机体和气缸盖中的水套以及其他附属装置等组成,如图 2-63 所示。

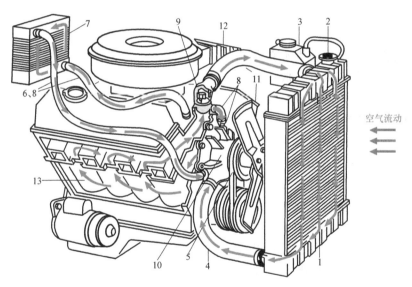

图 2-63 汽车发动机水冷系统组成

1—散热器 2—散热器盖 3—膨胀水箱 4—散热器出水软管 5—风扇传动带 6—暖风机出水软管 7—暖风机芯
8—暖风机进水软管 9—节温器 10—水泵 11—冷却风扇 12—散热器进水软管 13—冷却水套

散热器一般置于车辆前端横梁上,风扇放在散热器后面,这样可以利用车辆行驶时的迎风气流对散热器进行冷却。与风扇同轴的水泵,将散热器内的冷却液加压后通过气缸体进水孔压送到气缸体水套和气缸盖水套内,冷却液在吸收了机体的大量热量后经气缸盖出水孔流回散热器。由于有风扇的强力抽吸,空气流由前向后高速通过散热器,因此,受热后的冷却液在流过散热器芯的过程中,热量不断地散发到大气中去。冷却后的液体流到散热器的底部,又被水泵抽出,再次压送到发动机的水套中。如此不断循环,把热量不断地送到大气中,使发动机不断地得到冷却。

　　为了使发动机在不同的负荷和转速条件下保持适宜的温度，冷却系统中还设有冷却温度调节装置，如百叶窗、节温器、风扇离合器等。此外，为了使驾驶人随时掌握冷却系统的工作情况，在仪表板上还设有水温表或水温警告灯等指示装置。

　　大多数汽车装有暖风系统。暖风机是一个热交换器，也可称为第二散热器。在装有暖风机的水冷系统中，热的冷却液从气缸盖或机体水套经暖风机进水软管流入暖风机芯，然后经暖风机出水软管流回水泵。吹过暖风机芯的空气被冷却液加热之后，一部分送到风窗玻璃除霜器，另一部分送入驾驶室或车厢。

二、冷却系统的主要部件

1. 水泵

　　水泵的作用是强制冷却液循环流动，达到加速冷却发动机的目的。目前汽车发动机绝大多数使用的是离心式水泵（图 2-64），它主要是由固定的铸铁壳体 5 和装在轴上的旋转叶轮 6 组成。叶轮转动，产生离心力作用，使泵壳内的冷却液抛洒到泵壳四周，再从出水口被挤压到气缸体水套中。同时，叶轮的中心部分形成低压，冷却液便从进水管流入补充，形成循环流动。

2. 散热器

　　散热器的作用是将发动机水套内流出冷却液的热量传入大气。散热器由上、下贮水箱和散热芯组成。散热芯用导热性能良好的金属材料（如铝、铜等）制成。为增加通水部分金属的散热面积，将芯管做成椭圆形，且周围加上金属薄片。当高速气流经过芯管和金属薄片空隙时，就将表面的热量带走，从而起到散热作用。散热器加水盖带有空气-蒸汽阀，旨在提高冷却液的沸点，防止其沸腾。此外，当散热器内压力过低时，加水盖上的空气阀开启，让空气或冷却液从溢流箱流入。散热器放水阀用于放出冷却系统中的冷却液，以免寒冬季节散热器或缸体冻裂。

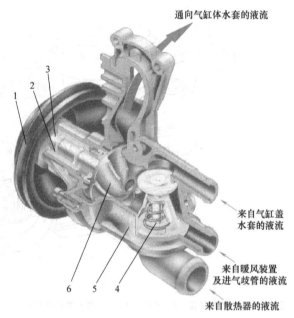

图 2-64　离心式水泵

1—水泵带轮　2—轴承　3—水泵轴
4—节温器　5—壳体　6—叶轮

3. 冷却风扇

　　载货汽车多采用硅油式风扇离合器控制风扇工作，轿车广泛采用电动风扇。

　　（1）硅油式风扇离合器　图 2-65 所示为硅油式风扇离合器的结构。它由主动板 4、从动板 3、双金属片感温器 12、前盖 1 和壳体 6 等组成。风扇安装在壳体上。从动板 3 与壳体 6 之间的空间为工作腔 8，从动板 3 与前盖 1 之间为贮油腔 11，硅油即贮于其中。从

动板 3 上有进油孔 9，由阀片 2 和双金属片感温器 12 控制。在从动板 3 的外缘有一个由球阀控制的回油孔 10。当冷却液温度较低时，通过散热器的气流温度不高，进油孔 9 被阀片 2 关闭，贮油腔内的硅油不能进入工作腔，此时离合器处于分离状态。当发动机出水温度达到 80~85℃ 时，离合器前端感温区的温度为 60~65℃，双金属感温阀门开启，贮油腔中的硅油进入工作腔，使离合器自动啮合，风扇开始工作。当发动机出水温度低于 70℃ 时，感温器阀片关闭，硅油借离心力作用返回贮油腔，使离合器脱开，风扇停转。

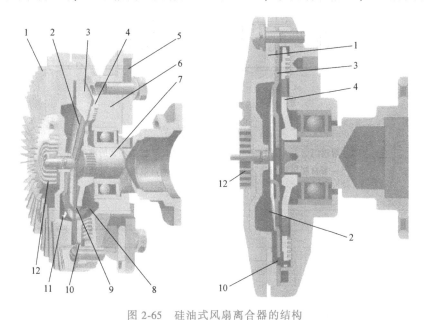

图 2-65　硅油式风扇离合器的结构

1—前盖　2—阀片　3—从动板　4—主动板　5—锁止块　6—壳体　7—主动轴　8—工作腔
9—进油孔　10—回油孔　11—贮油腔　12—双金属片感温器

目前多采用电控硅油离合器，其与传统硅油式离合器相比取消了双金属片感温阀门，由带有电磁线圈的电磁阀，根据发动机的外部条件（冷却液温度、进气温度、空调等）自动调整风扇的转速，使发动机工作在最佳温度。

（2）电动风扇　轿车发动机的水冷系统多采用电动风扇，尤其横置发动机前轮驱动的汽车更是如此。由于风扇由电动机驱动并由蓄电池供电，所以风扇转速与发动机转速无关。风扇转速可以由温控热敏电阻开关控制，也可以由电控系统中的 ECU 控制。在电控系统中，冷却液温度传感器向 ECU 传输与冷却液温度相关的信号。当冷却液温度达到规定值时，风扇进入工作。电动风扇的优点是结构简单，布置方便，不消耗发动机功率，燃油经济性得到改善。

4. 节温器

节温器有折叠式和蜡式两种类型，装在气缸盖出水管口部位。节温器的作用是控制流经散热器的水量。蜡式节温器的工作原理如图 2-66 所示。当发动机的温度升高时，节温器主阀门 3 自动打开，副阀门 1 关闭，冷却液通过散热器，即为大循环；当发动机温度低时，主阀门 3 关闭，让冷却液在水套和水泵之间进行循环，不流入散热器，使发动机温度很快上升，即为小循环。如此控制冷却液的流向，使发动机保持正常的工作温度。

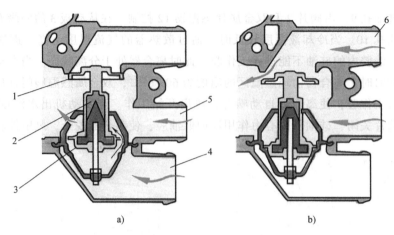

图 2-66　蜡式节温器的工作原理

a）高温时　b）低温时

1—副阀门　2—石蜡　3—主阀门　4—来自气缸盖水套的液流

5—来自暖风机与进气歧管的液流　6—来自散热器的液流

第九节　发动机润滑系统

一、润滑系统的功用

发动机工作时，所有产生相对运动的零件摩擦表面必然产生高温和磨损。润滑系统的功用是将清洁的润滑油（机油）以一定的压力送至各摩擦表面进行润滑，以保证发动机正常工作。机油不断地供给活塞和气缸、曲轴颈和轴瓦等相对运动零件的摩擦表面，除起润滑、减小摩擦力和磨损作用外，机油还有助于活塞和气缸壁的密封性。此外，机油把高温部件的热量带走，协助冷却，流动的机油冲洗摩擦表面的金属屑，延长使用寿命，并能降低零部件润滑表面的锈蚀。

由于发动机传动件的工作条件不尽相同，因此对负荷及相对运动速度不同的传动件也采用不同的润滑方式。

（1）**压力润滑**　压力润滑是以一定的压力把机油供入摩擦表面的润滑方式。这种方式主要用于主轴承、连杆轴承及凸轮轴承等负荷较大的摩擦表面的润滑。

（2）**飞溅润滑**　利用发动机工作时运动件飞溅的油滴或油雾润滑摩擦表面的润滑方式，称为飞溅润滑。该方式主要用来润滑负荷较轻的气缸壁面和配气机构的凸轮、挺柱、气门杆以及摇臂等零件的工作表面。

（3）**润滑脂润滑**　通过润滑脂嘴定期加注润滑脂来润滑零件的工作表面，如水泵及发电机轴承等。

二、润滑系统的组成及主要部件

发动机润滑系统由机油泵 10、限压阀 13、集滤器 8、机油滤清器 12 及油道等组成，

如图 2-67 所示。

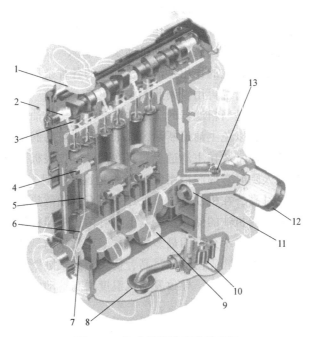

图 2-67　发动机润滑系统示意图

1—加机油口盖　2—凸轮轴轴颈　3—液力挺柱　4—活塞销　5—连杆油道　6—曲轴油道　7—曲轴主轴颈
8—集滤器　9—连杆轴颈　10—机油泵　11—中间轴轴颈　12—机油滤清器　13—限压阀

　　发动机工作时，机油泵将油底壳内的机油由集滤器 8 吸入，送入机油滤清器，滤去较大的杂质，经主油道分别流向上曲轴箱的分油道润滑曲轴主轴承，再经曲柄臂油道到连杆轴承；经三条分油道润滑凸轮轴承，然后润滑摇臂气门；从连杆轴承颈缝隙挤出的机油，随同曲轴的转动，甩向气缸壁和活塞。飞溅到活塞内表面的油滴，部分被收集在连杆小头的切槽内润滑活塞销。各部分润滑后的机油，最后流回油底壳。

　　机油集滤器的功用是防止机油中较大的杂质进入机油泵。集滤器的滤芯由金属丝织成，浮筒将集滤器始终浮在液面上，防止油底壳底层杂质被吸进集滤器。

　　机油泵的功用是提高机油压力，保证机油在润滑系统内不断循环。目前发动机润滑系统中广泛采用的是外啮合齿轮式机油泵和内啮合转子式机油泵两种。

　　齿轮式机油泵的工作原理如图 2-68 所示。工作时，主动齿轮带动从动齿轮反向旋转。两齿轮旋转时，充满在齿轮齿槽间的机油沿油泵壳壁由进油腔 1 带到出油腔 3。在进油腔一侧由于齿轮脱开啮合以及机油被不断带走而产生真空，使油底壳内的机油在大

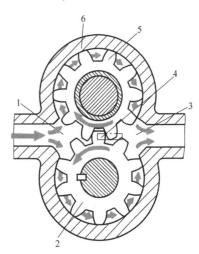

图 2-68　齿轮式机油泵的工作原理

1—进油腔　2—主动齿轮　3—出油腔
4—卸压槽　5—从动齿轮　6—泵体

气压力作用下经集滤器进入进油腔 1；而在出油腔 3 一侧由于齿轮进入啮合和机油被不断带入而产生挤压作用，机油以一定压力被泵出。

齿轮式机油泵结构简单、加工方便、工作可靠、使用寿命长，因此应用较为广泛。捷达轿车、桑塔纳轿车、奥迪轿车等均采用这种机油泵。

粗滤器串联在主油道之前，它的作用是清除机油中的各种杂质。其滤芯用一种经树脂处理的纸制成，这种滤芯无法清洗再用，因此要定期更换。

机油滤清器旁通阀的作用是当粗滤器的滤芯被油泥堵塞，机油压力升高时，直接被机油推开，使机油进入主油道，以免主油道断油，保证发动机可靠润滑。

机油压力、温度传感器通常装在主油道上，且在驾驶室仪表板上显示其值或范围。装传感器的目的就是使驾驶人随时掌握润滑系统的工作情况，一旦发现故障，应及时排除。有的发动机为了防止油温过高，在机油泵出口处还并联有机油散热器。

机油尺用来测量油底壳内机油的储存量，其上刻有两道横印标记。下面一道标记表示允许的最少机油量，上面一道表示允许的最多机油量。正常机油量的液面高度应位于两标记中间略偏上一点的位置。若油底壳内油面过高，使飞溅到气缸壁上的机油增多而被刮入燃烧室，造成机油浪费和燃烧室积炭，导致发动机温度增高，动力降低；若油面过低，则会影响润滑，加速机件的磨损。

第十节　发动机点火系统

汽油机燃油和空气的混合气，是由点火系统产生的电火花点燃的。为了适应发动机的工作，要求点火系统能在规定的时刻，按发动机的点火次序供给火花塞以足够能量的高压电，使其两电极间产生电火花，点燃混合气，使发动机做功。

按照点火系统的组成和产生高压电的方法不同，分为传统点火系统、晶体管点火系统和微机控制点火系统。

一、传统点火系统

1. 系统的组成和功能

传统点火系统的组成如图 2-69 所示，它由电源、点火开关 1、点火线圈 19、分电器、火花塞 7 和高压导线 5 等组成。

（1）**电源**　电源由蓄电池 3 和发电机组成，供给点火所需的电能。电压一般为 12V。

（2）**点火开关**　点火开关用来接通或断开点火系统的电源。

（3）**点火线圈**　点火线圈主要包括一次绕组 17、二次绕组 16 及铁心 18 等。它相当于自耦变压器，用来将 12V 或 24V 的低压直流电转变为 15~20kV 的高压直流电。

（4）**分电器**　分电器由断电器 8、配电器 15、电容器 9 和点火提前调节装置等组成。它用来在发动机工作时接通或切断点火系统的一次电路，使点火线圈的二次绕组中产生高压电，并按发动机要求的点火时刻与点火顺序，将点火线圈产生的高压电分配到相应气缸的火花塞上。

1）断电器。它主要由断电器凸轮 10、断电器触点臂 11 和断电器触点（也称为白金

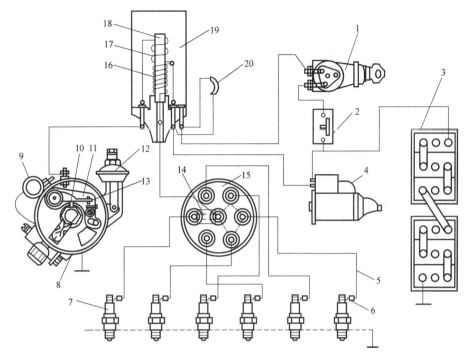

图 2-69　传统点火系统的组成

1—点火开关　2—电流表　3—蓄电池　4—起动机　5—高压导线　6—高压阻尼电阻　7—火花塞　8—断电器
9—电容器　10—断电器凸轮　11—断电器触点臂　12—真空点火提前调节装置　13—断电器触点
14—分火头　15—配电器　16—二次绕组　17——次绕组　18—铁心　19—点火线圈　20—附加电阻

触点）13 等组成。断电器凸轮由发动机配气凸轮轴驱动，并以同样的转速旋转，即曲轴每转两转断电器凸轮转一转。为了保证曲轴每转两转各缸轮流点火一次，断电器凸轮的凸角数目一般等于发动机的气缸数目。断电器触点串联在点火线圈的一次电路中，用来接通或切断点火线圈一次绕组的电路。因此，断电器相当于一个由凸轮控制的开关。

2）配电器。它由分电器盖和分火头 14 组成。分火头安装在分电器的凸轮轴上，与分电器轴一起旋转。分电器盖上有中央高压线插孔（中央电极）和若干分高压线插孔，分高压线插孔也称为侧电极，其数目与发动机气缸数目相等。点火线圈产生的高压电，经分电器盖的中央电极、分火头、旁电极及高压导线分配到各缸火花塞。

3）电容器。电容器与分电器的白金触点并联，其作用是在点火线圈一次电路断开时，减小触点间产生的电火花，防止触点烧蚀，并可加速点火线圈中的磁通变化率，提高点火电压。

4）点火提前调节装置。它由安装在断电器底板下方的离心点火提前调节装置和安装在分电器壳上的真空点火提前调节装置 12 组成，用来在发动机工作时随发动机工况变化，自动地调节点火提前角。

（5）**火花塞**　火花塞的电极间产生电火花，点燃燃烧室内的可燃混合气。

（6）**高压导线**　高压导线用来将点火线圈二次绕组中产生的高压电送到分电器的中心电极，再通过分电器分配给各缸的火花塞。

2. 系统的工作原理

如图 2-69 所示，发动机运转时，蓄电池 3 的电压通过点火和起动开关接到点火线圈一次绕组 17 的接线柱上。当断电器触点 13 闭合时，点火线圈一次回路接地，电流流过一次绕组，在点火线圈中建立磁场，将电能转换成磁能存储起来。当断电器凸轮 10 转动时，推动触点 13 闭合或断开。在触点 13 闭合终了时，断电器凸轮 10 将触点打开，在自感电势的作用下，一次回路中的电流仍然按照原来流动的方向继续流动，这样就会在触点处产生电弧。为了防止电弧烧蚀触点，在触点的两端并联一个电容器。这时一次电流给电容器充电，直到点火电压击穿火花塞间隙放电时为止。电容器充电电压可达几百伏。触点断开时，在点火线圈二级绕组中感应产生点火所需的高压电。高压电通过高压线到达分电器盖中央的插孔内，经过分火头 14，击穿分火头和侧电极间的气隙，再通过高压导线 5 分配给某一缸的火花塞。将存储在点火线圈中的磁能转换成电能，并以电火花的形式在火花塞电极间释放，点燃混合气。在点火线圈放电之后，断电器凸轮继续旋转，接通或断开触点，在点火线圈的二次绕组中感应产生高压电，并将高压电按照发动机的点火顺序分配给下一个气缸的火花塞。

3. 点火提前角

点火系统必须在最有利的时刻点火，点火时刻是用点火提前角来表示的。点火提前角是指从火花塞电极间跳火开始，到活塞行至上止点为止这一段时间内曲轴转过的角度（图 2-70）。通常把发动机功率最大和油耗最小时的点火提前角称为最佳点火提前角。

在汽车运行中，发动机的负荷和转速是经常变化的。为了使发动机在各种工况下都能适时地点火，在汽车发动机的点火系统中，一般都设有两套自动调节点火提前角的装置。其中，一套是真空点火提前调节装置，它随发动机负荷变化自动地调节点火提前角；另一套是离心点火提前调节装置，它随发动机转速变化自动地调节点火提前角。

此外，发动机的最佳点火提前角，还与所用汽油的抗爆性有关。使用辛烷值较高即抗爆性较好的汽油时，许用的点火提前角较大。因此，当发动机换用不同牌号的汽油时，点火提前角也必须做适当的调整。为此，要求点火系统的结构还应当能在必要时适当地进行点火提前角的手动调节，如有些车型的点火系统中设置了辛烷值选择器，可以在进行手动调节时指示出调节的角度。

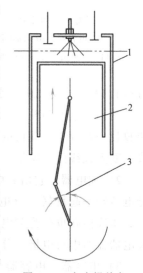

图 2-70　点火提前角
1—上止点　2—活塞
3—点火提前角

在分电器上实现提前角调整，是通过改变凸轮和白金触点的相对位置来实现的。白金触点逆着凸轮的旋转方向转动或凸轮顺着旋转方向转动，点火提前。相反，则点火滞后。

二、微机控制点火系统

微机控制点火系统通过点火线圈和微机控制装置产生的点火信号，将电源的低压电转变为高压电。它还可以进一步取消分电器，由微机系统直接进行高压电的分配，成为新型无分电器点火系统。

1. 有分电器微机控制点火系统

有分电器微机控制点火系统一般由传感器、微型计算机（ECU）和点火执行器等组成，如图 2-71 所示。

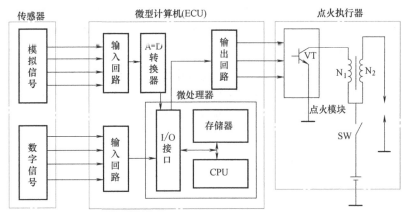

图 2-71 微机控制点火系统原理框图

（1）传感器 传感器是用来监测与发动机点火有关的各种工况信息的装置，主要包括以下不同类型的传感器。

1）曲轴位置传感器：检测发动机曲轴的转角及发动机转速。

2）空气流量传感器或进气歧管绝对压力传感器：检测流入进气主管空气的流量。

3）冷却液温度传感器：检测发动机冷却液温度。

4）节气门开度传感器：检测节气门开闭状态。

5）爆燃传感器：检测气缸有无爆燃的信息。

6）车速传感器：检测车速信号。

7）空档开关：检测变速器空档信号。

8）空调开关：检测空调工作状态信号。

点火控制精度要求越高，所要监测的工况信息越多，所用的传感器越多，控制电路就越复杂。

（2）微型计算机 微型计算机在点火系统中通常称为电控单元（Electronic Control Unit，ECU）。发动机工作时，ECU 不停地接收各传感器及开关送来的信号，经快速运算之后，确定最佳点火提前角，并即时发出相应的指令信号给点火执行器，根据发动机的工况要求，控制点火执行器对各缸依次点火。

（3）点火执行器 点火执行器由点火模块、大功率开关管、点火线圈、分电器及火花塞组成。点火模块即点火线圈一次控制集成电路，不但具有控制大功率开关管导通和截止的功能，一般还应具有闭合角控制、恒流控制及过压保护等功能。点火线圈都采用高能点火线圈，点火线圈二次绕组产生的点火高压电由分电器中的配电器进行分配，使各缸火花塞依次点火。

微机控制点火系统，取消了机械式点火提前调节装置，由微机控制点火系统随发

动机工况的变化自动调节点火提前角，使发动机在任何工况下均在最佳的点火时刻点火。

2. 无分电器微机控制点火系统

无分电器微机控制点火系统又称为直接点火系统。在该系统中，由于没有传统的分电器，各缸的火花塞直接与点火线圈二次绕组相连。在微机控制下，各二次绕组产生的高压电直接加到各缸的火花塞上，依照发动机的点火顺序，控制各缸火花塞点火。

(1) 无分电器点火系统的组成及原理　无分电器点火系统一般采用闭磁路双点火线圈，即每个点火线圈二次绕组的两端均作为高压输出端，分别连接两个气缸的火花塞，使两个气缸的火花塞串联工作。图 2-72 所示奥迪 V6 发动机的点火系统，将三个双点火线圈装成一体，成为点火线圈组件，每个点火线圈有两个高压输出端，它们按点火顺序分别接 1、6、2、4、3、5 缸的火花塞。

发动机工作时，ECU 根据采集到的发动机转速和负荷信号，在存储器中查到相对应工况点的点火提前角，然后控制点火线圈和火花塞点火。

无分电器点火系统的转速和上止点位置信号取自曲轴。发动机工作时，当第一缸火花塞处于压缩行程上止点时，第六缸活塞处于排气行程上止点，在第一缸火花塞跳火瞬间，第六缸火花塞也跳火，即两缸火花塞同时跳火。但是，第六缸活塞处于排气行程接近终了位置，气缸内的压力接近大气压力，火花塞的间隙容易被高压电击穿产生电火花，但不能点燃混合气。因此，处于排气行程的气缸中产生的电火花不起作用，称为废火。处于排气行程的火花塞跳火时，只需要 1kV 左右的高压电，而且火花塞间隙击穿后阻力大大减小，绝大部分高压电作用在处于压缩行程的火花塞上，因此废火的存在对点火能量和发动机的工作并无影响。

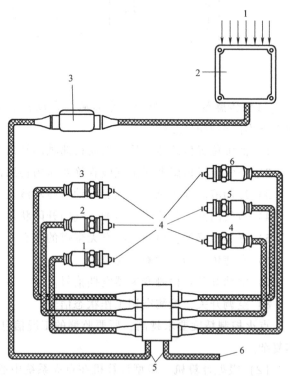

图 2-72　无分电器点火系统

1—传感器信号　2—ECU　3—终端能量输出极
4—火花塞　5—双点火线圈　6—电源

(2) 无分电器点火系统的主要优点

1) 点火提前角由计算机控制，发动机各工况点的点火提前角都可按照各工况点对动力性、经济性和排放性能的特殊要求，单独进行调整，而不影响其他工况点的提前角。

2) 无分电器点火系统取消了分电器，消除了由于分电器制造、安装、传动系统磨损等原因造成的点火时刻的误差，提高了点火提前角的控制精度。

3）因电火花不需跳过分火头与侧电极之间的间隙，这样在相同一次回路存储能量的情况下，点火的火花能量可以提高14%，并可有效降低电磁波辐射干扰。

4）无分电器点火系统可以精确地控制闭合角，使点火系统的能耗减至最小。

5）免维护，使用中不需调整初始点火提前角。

6）无分电器点火系统增加爆燃传感器，可对点火提前角进行闭环控制，使发动机工作在微爆燃状态，这时发动机的循环效率最高，发动机的动力性、经济性得到进一步改善。

三、发动机点火新技术

1. 指纹点火系统

指纹点火系统是继汽车指纹防盗技术后指纹生物识别技术在汽车领域的具体应用，其得益于现代电子集成制造技术和快速而可靠的算法研究。借助于指纹识别系统（Automatic Fingerprint Identification System，AFIS），根据人体生物特征中的指纹来控制汽车点火系统的开启和关闭。

2. 无钥匙点火系统

传统汽车上驾驶人需要将钥匙插入汽车点火钥匙孔并将其旋转至 START 档位来起动发动机。随着无线射频识别（RFID）技术的发展，促进了汽车点火钥匙的智能化。智能点火是智能钥匙系统自动解锁、智能点火和识别车主三个基本功能之一。车主随身携带的智能卡里的芯片感应自动开关门锁，车主无须按动遥控钥匙上的任何按键，即可拉动把手进入车内。当车主进入车内时，中央处理器感知钥匙卡在汽车内，经过确认后车内的ECU 才会进入工作状态。

3. 智能双火花塞点火技术

双火花塞点火系统是在半球形燃烧室两侧对称布置两个同型号火花塞，安装位置如图 2-73 所示，两个火花塞与燃烧室中心的距离相等。发动机低速运行时仍采用单火花塞点火；正常工作后，两个火花塞才同时点火，不仅火焰传播距离缩短了一半，而且两个火花塞同时点火燃烧，可形成较强气压加快火焰的传播速度。

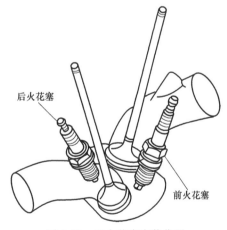

图 2-73　双火花塞安装位置

在使用两个火花塞的同时，分别采用两套点火器，将第二点火器的触发灵敏度设置得低些。低转速时使用主点火器，到中、高转速时，充电线圈输出的电压较高，第二点火器起动，两个火花塞同时点火，加速混合气燃烧进程。

思　考　题

2-1　发动机通常是由哪些机构与系统组成的？它们各有什么功用？

2-2　汽油机与柴油机在可燃混合气形成方式和点火方式上有何不同？

2-3　四冲程汽油机和柴油机在总体构造上有何异同？

2-4　发动机的气缸有哪几种排列方式？各适用于什么情况？

2-5　为什么现代发动机多采用每缸多气门的结构？

2-6　为什么进、排气门要提前开启，延迟关闭？

2-7　为什么现代轿车多采用液力挺柱？

2-8　汽车用发动机的各种工况对可燃混合气的浓度有何要求？其原因是什么？

2-9　电控汽油喷射系统有何优点？它由哪几个主要部分组成？其系统是如何工作的？

2-10　柴油机供给系统由哪些装置构成？它们各有什么功用？

2-11　为什么汽车发动机要安装排气消声器？

2-12　为减少汽车排气污染，在汽油机和柴油机中各采取了哪些措施？

2-13　何谓增压？增压有哪些基本类型？各有什么特点？

2-14　发动机的冷却强度为什么要调节？如何进行调节？

2-15　发动机润滑系统由哪些装置组成？各有什么作用？

2-16　微机控制点火系统有何特点？

第三章 汽车底盘

汽车底盘接受发动机的动力，使汽车正常行驶，包括传动系统、行驶系统、转向系统和制动系统四大部分。传动系统由离合器、变速器、万向传动装置和驱动桥组成；行驶系统由车架、车桥、车轮和悬架组成；转向系统由转向器和转向传动装置组成；制动系统由制动器和制动传动装置组成。

第一节 传动系统

一、传动系统概述

1. 传动系统的功用和组成

汽车传动系统的基本功用是将发动机输出的转矩传递给驱动轮。根据汽车传动系统中传动件的特征，传动系统可分为机械式、液力机械式和电力式等。

汽车传动系统的基本组成及布置如图3-1所示，发动机1输出的动力依次经过离合器2、变速器3和由万向节与传动轴4组成的万向传动装置，以及安装在驱动桥5中的主减速器、差速器和半轴，最后传到驱动轮。

2. 传动系统的布置形式

传动系统的布置形式主要与发动机的位置及汽车的驱动形式有关。汽车的驱动形式通常用汽车全部车轮数×驱动轮数来表示，常见的布置形式有以下四种：

（1）**发动机前置后轮驱动**（Front engine Rear wheel drive，FR）　这种布置将发动机纵向安置在汽车前部，并且以后轮为驱动轮，如图3-1所示。发动机1输出的动力依次经过离合器2、变速器3、由万向节和传动轴4组成的万向传动装置以及安装在驱动桥5中的主减速器、差速器和半轴传到驱动轮。这种布置形式，后驱动轮的附着力大，易获得足够的牵引力，广泛应用于货车。

（2）**发动机前置前轮驱动**（Front engine Front wheel drive，FF）　这种布置形式将发动机、变速器、主减速器等布置在汽车前部，前轮为驱动轮，如图3-2所示。发动机、离

图 3-1　汽车传动系统的基本组成及布置

1—发动机　2—离合器　3—变速器　4—传动轴　5—驱动桥

合器与主减速器、差速器装配成十分紧凑的整体，固定在车架或车身底架上，发动机可以纵置或横置。由于取消了纵贯前后的传动轴，车身底板高度可以降低，有助于提高汽车高速行驶时的稳定性。整个传动系统集中在汽车前部，因而其操纵机构比较简单。这种发动机前置前轮驱动布置形式已在微型和经济型轿车上广泛应用，在中、高级轿车上的应用也日渐增多。

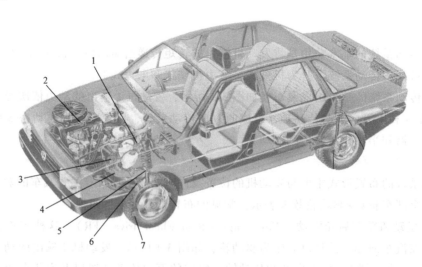

图 3-2　发动机前置前轮驱动的传动系统

1—转向器　2—发动机　3—离合器　4—变速器　5—前悬架　6—传动装置　7—驱动轮

（3）发动机前置全轮驱动（All-Wheel-Drive，AWD）　如图 3-3 所示，为了充分利用所有车轮与地面之间的附着条件，以获得尽可能大的牵引力，越野汽车采用全轮驱动。与

发动机前置后轮驱动的 4×2 汽车（参见图 3-1）相比，其前桥既是转向桥也是驱动桥。为了将发动机传给变速器的动力分配给前、后两驱动桥，在变速器后增设分动器。

图 3-3　发动机前置全轮驱动的传动系统

1—发动机　2—前驱动转向桥　3—离合器　4—变速器　5—分动器　6—万向传动装置　7—后驱动桥

（4）发动机后置后轮驱动（Rear engine Rear wheel drive，RR）　这种布置形式将发动机装于汽车后部，并采用后轮驱动，如图 3-4 所示。该布置形式是客车主流的布置形式，大、中型客车采用该布置更容易做到汽车总质量在前后车轴之间的合理分配。但是，这种布置形式中发动机冷却条件较差，发动机、变速器和离合器的操纵机构也较为复杂。

图 3-4　发动机后置后轮驱动的传动系统

1—发动机　2—驱动桥

此外，还有发动机中置后轮驱动的方案，它的发动机装置于汽车的中部，采用后轮驱动，是赛车和部分客车采用的布置方案。其优缺点介于 FF 和 RR 之间。

二、离合器

1. 离合器的功用

离合器是汽车传动系统中直接与发动机相连接的部件。其功用如下：

（1）保证汽车平稳起步　汽车在由静止到行驶的过程中，其速度由零逐渐增大。起步时，驾驶人先迅速踩下离合器踏板，将离合器分离，再将变速器换入低速档，然后踩下加速踏板并逐渐松开离合器踏板，使离合器逐渐接合，离合器与发动机接合的紧密程度逐渐增强，使传递到驱动轮的转矩逐渐增大，缓慢加速，从而实现平稳起步。

（2）切断发动机与传动系统的联系，保证换档时工作平顺　汽车在行驶过程中，为了适应不断变化的行驶条件，传动系统经常需要换用不同档位工作。换档时需将原档位的齿轮副退出传动，再使另一档位的齿轮副进入工作。在换档前也必须踩下离合器踏板，中断动力传递，便于使原档位的啮合副脱开，换入新档位。

（3）限制所传递的转矩，防止传动系统过载　汽车进行紧急制动时，若没有离合器，则发动机将因和传动系统刚性相连而急剧降低转速，导致其中所有零件产生很大的惯性力矩（其数值可能大大超过发动机正常工作时所发出的最大转矩），传动系统将造成超过其承载能力的载荷，引起机件损坏。有了离合器，便可依靠离合器主动部分和从动部分之间可能产生的相对滑转以消除这一危险。

2. 离合器的分类

汽车离合器有摩擦式离合器、液力偶合器、电磁式离合器等类型。液力偶合器靠工作液（油液）传递转矩，电磁式离合器靠线圈的通断电来控制离合器的接合与分离。为了加强主动件与从动件之间的接合力，可以在两者之间放置磁粉，这样的离合器称为磁粉式电磁离合器。

目前，与手动变速器相配合的离合器为摩擦式离合器。摩擦式离合器按其从动盘的数目，又分为单盘式、双盘式和多盘式等。采用若干螺旋弹簧作为压紧弹簧，并将这些弹簧沿压盘圆周分布的离合器，称为周布弹簧离合器；采用膜片弹簧作为压紧弹簧的离合器，称为膜片弹簧离合器。

3. 离合器的工作原理

离合器的主动部分和从动部分既可以暂时分离，也可以逐渐接合，在传动过程中又允许两部分相互转动。为此，必须在主动部分和从动部分之间采用非刚性的传动方式，或是借助两部分接触面间的摩擦作用来传动（摩擦式离合器），或是采用液体作为传动介质（液力偶合器），或是利用磁力进行传动（电磁式离合器）。目前在汽车上广泛采用的是用弹簧压紧的摩擦式离合器。

摩擦式离合器的工作原理如图 3-5 所示。发动机飞轮 4、离合器盖 5 和压盘 2 是离合器的主动件，装在变速器输入轴 11 上的从动盘 3 是从动件，弹簧（膜片弹簧）1 通过压盘将从动盘紧压在飞轮端面上，发动机发出的转矩通过飞轮及压盘与从动盘接触面间的摩擦作用传给从动盘，如图 3-5a 所示。当驾驶人踩下离合器踏板时，通过机件的传递使膜片弹簧大端带动压盘后移，此时从动部分与主动部分分离，如图 3-5b 所示。在重新接通动力传递时，需要适当控制离合器踏板抬起速度，让压盘逐渐压紧从动盘，使主动部分传

给从动部分的转矩逐渐加大。在这个过程中，主动部分和从动部分之间要相互滑动。

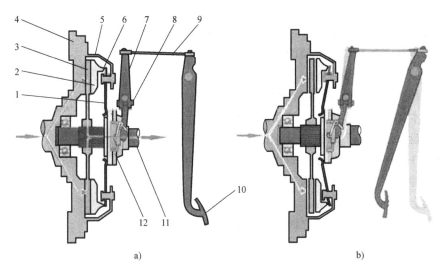

图 3-5　摩擦式离合器的工作原理

a）接合　b）分离

1—膜片弹簧　2—压盘　3—从动盘　4—飞轮　5—离合器盖　6—分离钩

7—操纵臂　8—分离臂　9—拉索　10—离合器踏板　11—变速器输入轴　12—分离轴承

4. 摩擦式离合器的构造

离合器主要由主动部分、从动部分、压紧机构和操纵机构四部分组成。

（1）主动部分　主动部分包括飞轮、离合器盖及压盘等。这部分与发动机曲轴连在一起，并始终与曲轴一起转动。图3-6所示为膜片弹簧离合器，离合器盖17与飞轮11用螺栓连接，压盘9与离合器盖17之间靠3~4个传动片10传递转矩。传动片用弹簧钢片制成，沿压盘周边均匀分布，沿切线方向安装，其两端分别被铆钉铆在离合器盖和压盘上。在离合器从分离到接合的过程中，从动盘及飞轮与压盘之间发生摩擦，产生大量热量，这些热量如不能及时散出，将会降低离合器的使用性能，甚至使摩擦片因温度过高而损坏，因此在离合器盖上都设有窗口，有的还制有导风片，以加强其内部的通风散热。

（2）从动部分　从动部分即离合器从动盘，它将主动部分通过摩擦传来的动力

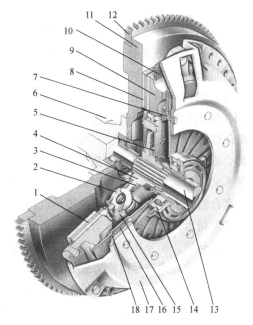

图 3-6　膜片弹簧式离合器

1—从动盘本体　2—减振弹簧　3—阻尼片　4—从动盘毂
5—碟形弹簧　6—曲轴　7—限位螺钉　8—摩擦片
9—压盘　10—传动片　11—飞轮　12—飞轮齿圈
13—变速器输入轴　14—分离轴承　15—减振器盘
16—膜片弹簧　17—离合器盖　18—支承环

传给变速器的输入轴。从动盘由从动盘本体、摩擦片和从动盘毂三个基本部分组成（图3-7）。为了避免转动方向的共振，缓和传动系统受到的冲击载荷，大多数汽车都在离合器的从动盘上附装有扭转减振器。离合器接合时，发动机发出的转矩经飞轮和压盘传给了从动盘两侧的摩擦片1，带动从动盘本体2和减振器盘5转动。从动盘本体和减振器盘又通过四个减振弹簧4把转矩传给了从动盘毂3。因为有减振弹簧的作用，所以传动系统受的冲击可以在此得到缓和。传动系统中的扭转振动会使从动盘毂相对于从动盘本体和减振器盘来回转动，靠夹在它们之间的阻尼片摩擦来消耗扭转振动的能量，将扭转振动衰减。

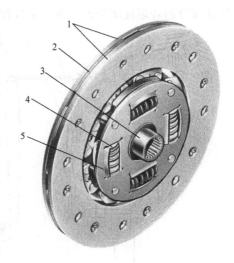

图3-7　离合器从动盘

1—摩擦片　2—从动盘本体　3—从动盘毂
4—减振弹簧　5—减振器盘

（3）**压紧机构**　压紧机构主要为螺旋弹簧或膜片弹簧，是和主动部分一起旋转的。它以离合器盖为依托，将压盘压向飞轮，从而将处于飞轮和压盘间的从动盘压紧。螺旋弹簧分为周向布置和中央布置两种，还有将螺旋弹簧沿圆周方向倾斜布置的。在有的离合器中，将一个圆柱形或圆锥形弹簧布置在中央，这样的离合器称为中央弹簧离合器。膜片弹簧是近年来广泛采用的离合器压紧元件，它是采用高碳工具带钢、锰带钢或合金带钢制作的碟形弹簧，其上有若干径向开口，形成若干弹性杠杆。膜片弹簧既起压紧弹簧的作用，又起分离杠杆的作用，使离合器结构得以简化，轴向尺寸缩短，质量减小。膜片弹簧与压盘以整个圆周相接触，对压盘的压力分布均匀，使摩擦面接触良好，磨损均匀。在高速旋转时，膜片弹簧较少受离心力的影响，压紧力降低很小。

（4）**操纵机构**　操纵机构是为驾驶人控制离合器分离与接合而提供的一套专设机构，它由位于离合器壳内的分离机构和位于离合器壳外的离合器踏板、传动机构及助力机构等组成。

离合器壳内的分离机构包括分离杠杆（周布弹簧离合器）、分离钩（膜片弹簧离合器，参见图3-5）、分离轴承、分离套筒、分离叉及回位弹簧等机件。分离叉一般通过分离叉支架支承在离合器壳上，分离叉臂通过传动机构与离合器踏板相连。在分离离合器时，由分离叉拨动分离套筒沿离合器轴线移动，使分离套筒压向分离杠杆内端或膜片弹簧小端。由于分离套筒是不转动的，而分离杠杆内端或膜片弹簧小端却是随离合器的主动部分转动的，在分离套筒上设置有推力式或径向推力式分离轴承。分离杠杆绕离合器盖上的支点转动，带动压盘后移，使离合器分离。在离合器处于接合状态，分离轴承前端与膜片弹簧小端（或分离杠杆内端）之间有一定的轴向间隙，这一间隙称为分离轴承自由行程。当从动盘摩擦片因磨损而变薄时，离合器压盘前移，弹簧变形减小，膜片弹簧小端或分离杠杆内端将后移。如果没有上述自由行程，则膜片弹簧小端或分离杠杆内端将不能后移，相应地也就限制了离合器压盘前移，从而不能有效地压紧从动盘摩擦片，造成离合器打滑，传递转矩下降。

离合器壳外的操纵机构按照操纵离合器的能源不同，分为人力式、助力式和动力式三种；按传动方式不同，离合器操纵机构分为机械式、液压式和气压式三种。

机械式离合器操纵机构有杆系传动装置和钢丝绳索传动装置两种。杆系传动装置中关节点多，因而摩擦损失大，车身和车架的变形会影响其工作，当离合器需要远距离操纵时，较难合理安排杆系。钢丝绳索传动装置（参见图 3-5）结构简单，布置灵活，不受车身和车架变形的影响，但传递的力比较小。

液压式离合器操纵机构具有摩擦阻力小、传递效率高、接合平顺、结构比较简单、便于布置、不受车身和车架变形的影响等优点，是比较普遍采用的一种操纵形式。图 3-8 所示的是奥迪轿车液压式离合器操纵机构，由离合器踏板 13、离合器主缸 14、储液罐 16、离合器工作缸 8、进油管 12 和高压油管 11 等组成。系统中的液压油由与制动系统合用的储液罐供给，离合器主缸布置在车内部，工作缸的前端部嵌入变速器壳体 3 内。当踩下离合器踏板时，通过主缸推杆带动活塞向下移动，主缸内活塞回位弹簧被压缩，管路中油压开始升高，在油压作用下，工作缸活塞推动工作缸推杆左移，使分离叉 7 带动分离套筒和分离轴承 6 左移，使离合器分离。当放松离合器踏板时，工作缸活塞回位，原先压入到工作缸的液压油流向主缸，多余的液压油经主缸中补偿孔流回进油管和储液罐。

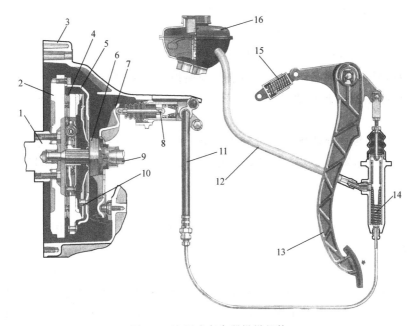

图 3-8　液压式离合器操纵机构

1—曲轴　2—飞轮　3—变速器壳体　4—从动盘　5—离合盖　6—分离轴承　7—分离叉
8—离合器工作缸　9—变速器输入轴　10—膜片弹簧　11—高压油管　12—进油管
13—离合器踏板　14—离合器主缸　15—踏板助力回位装置　16—储液罐

三、变速器

（一）变速器的功用及分类

1. 变速器的功用

现代汽车上广泛采用活塞式内燃机作为动力源，其转矩和转速变化范围较小，而复杂的使用条件则要求汽车的牵引力和车速能在相当大的范围内变化。为此，在传动系统中设

置了变速器。变速器的主要功用如下：

1）改变传动比，扩大驱动轮转矩和转速的变化范围，以适应经常变化的行驶条件，如起步、加速、上坡等，同时使发动机在有利的工况下工作。

2）在发动机旋转方向不变的前提下，使汽车能倒退行驶。

3）利用空档，中断动力传递，以使发动机能够起动、怠速，并便于变速器换档或进行动力输出。

2. 变速器的分类

变速器按传动比的变化方式分为有级式、无级式和综合式三种。

（1）有级式变速器　它有几个可选择的固定传动比，采用齿轮传动。这种变速器又可分为齿轮轴线固定的普通齿轮变速器和部分齿轮轴线旋转的行星齿轮变速器。

（2）无级式变速器　它是传动比可以在一定范围内连续变化的变速器。按变速的实现方式，又可分为液力变矩式无级变速器、机械式无级变速器和电力式无级变速器。

（3）综合式变速器　它由有级式变速器和无级式变速器共同组成，其传动比可以在最大值与最小值之间几个分段的范围内连续变化。

按操纵方式不同，变速器又可以分为手动操纵式、自动操纵式和半自动操纵式三种。

（1）手动操纵式变速器　靠驾驶人用手直接操纵变速杆换档。

（2）自动操纵式变速器　传动比的选择和换档是自动进行的，驾驶人只需操纵加速踏板，变速器就可以根据发动机的负荷信号和车速信号来控制执行元件，实现档位的变换。

（3）半自动操纵式变速器　它可分为两类：一类是部分档位自动换档，部分档位手动换档；另一类是预先用按钮选定档位，在踩下离合器踏板或松开加速踏板时，由执行机构自行换档。

（二）普通齿轮式变速器

普通齿轮变速器主要分为两轴变速器和三轴变速器两种，它们均由变速器传动机构和操纵机构组成。

1. 两轴变速器

这类变速器主要由输入和输出两根轴组成。图 3-9 所示为桑塔纳轿车 5 档齿轮变速器。在输入轴 1 上，从左向右依次为 4 档齿轮 3、3 档齿轮 5、2 档齿轮 7、倒档齿轮 6、1 档齿轮 8 和 5 档齿轮 9，其中 4、3、5 档齿轮是通过滚针轴承 2 套在输入轴上的。在 3 档、4 档齿轮之间和 5 档齿轮之后，都有通过花键与输入轴固装的花键毂。在输出轴 17 上，与输入轴上齿轮对应的有 4 档齿轮 18、3 档齿轮 16、2 档齿轮 15、倒档齿轮 6、1 档齿轮 13 和 5 档齿轮 12，其中 1、2 档齿轮是通过滚针轴承套在输出轴上的。在 1 档、2 档齿轮之间有通过花键与输出轴固装的花键毂，在此花键毂外的接合套上制有倒档从动齿轮 6。主减速器主动齿轮与输出轴制成一体，位于输出轴最外端。

当三个接合套 4、10、14 都位于花键毂中央时，变速器处于空档状态。当变速器操纵机构将输出轴花键毂上的接合套 14 向右推时，1 档从动齿轮 13 通过接合套与输出轴连为一体，动力由输入轴 1 经 1 档主动齿轮 8、从动齿轮 13、接合套 14 及花键毂传至输出轴 17，变速器即处于 1 档工作状态。当此接合套位于中间位置时，其上边的齿轮正好与输入

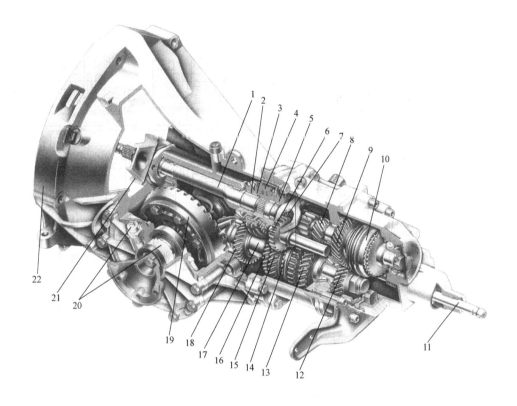

图 3-9　桑塔纳轿车 5 档齿轮变速器

1—输入轴　2—滚针轴承　3—输入轴 4 档齿轮　4—3、4 档接合套　5—输入轴 3 档齿轮　6—倒档齿轮组
7—输入轴 2 档齿轮　8—输入轴 1 档齿轮　9—输入轴 5 档齿轮　10—5 档接合套　11—选档轴
12—输出轴 5 档齿轮　13—输出轴 1 档齿轮　14—1、2 档接合套　15—输出轴 2 档齿轮　16—输出轴 3 档齿轮
17—输出轴（带主动齿轮）　18—输出轴 4 档齿轮　19—差速器组件（带从动齿轮）
20—车速里程表传动齿轮组　21—离合器分离板　22—变速器壳体

轴倒档齿轮相对。当变速器倒档轴上的倒档齿轮被拨到与这两个齿轮相啮合的位置时，输入轴上的动力就会经这个倒档齿轮、接合套及花键毂传至输出轴，变速器即处于倒档工作状态。其余各档的换档情况与 1 档的情况类似。

2. 三轴变速器

这类变速器主要由第一（输入）轴、中间轴和第二（输出）轴三根轴组成。图 3-10 所示为三轴 5 档变速器结构简图，此变速器有 5 个前进档和 1 个倒档，主要由壳体、第一轴、第二轴、中间轴、倒档轴、各轴上齿轮及操纵机构等部分组成。

第一轴和第一轴常啮合齿轮为一个整体，是变速器的动力输入轴。第一轴前部花键插于离合器从动盘毂中。

在中间轴上制有（或固装有）6 个齿轮，作为一个整体而转动。最左面的齿轮与第一轴常啮合齿轮相啮合，称为中间轴常啮合齿轮。从离合器输入第一轴的动力经这一对常啮合齿轮传到中间轴的各齿轮上，向后依次称各齿轮为中间轴 3 档、2 档、倒档、1 档和 5 档齿轮。

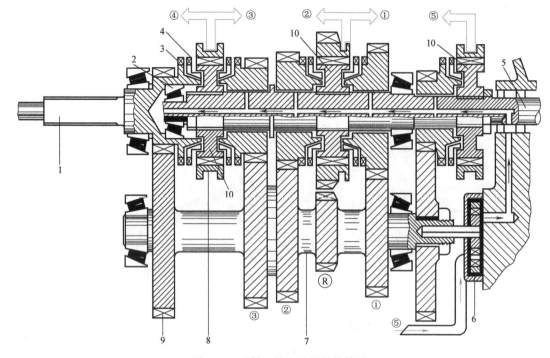

图 3-10　三轴 5 档变速器结构简图

1—第一轴　2—轴承　3—接合齿圈　4—同步环　5—第二轴　6—油泵
7—中间轴　8—接合套　9—中间轴常啮合齿轮　10—花键毂

在第二轴上，通过花键固装有三个花键毂，通过轴承安装有第二轴各档齿轮。其中从左向右，在第一和第二花键毂之间装有 3 档和 2 档齿轮，在第二和第三花键毂之间装有 1 档和 5 档齿轮，它们分别与中间轴上各相应档齿轮相啮合。在三个花键毂上分别套有带有内花键的接合套，并设有同步机构。通过接合套的前后移动，可以使花键毂与相邻齿轮上的接合齿圈连接在一起，将齿轮上的动力传给第二轴。其中在第二个接合套上还制有倒档齿轮。第二轴前端插入第一轴常啮合齿轮的中心孔内，两者之间设有轴承。第二轴后端是变速器的输出端。

当变速器第一轴被离合器从动盘驱动时，第一轴常啮合齿轮通过中间轴常啮合齿轮带动中间轴转动，中间轴上各档齿轮又带动第二轴上相应各档齿轮转动。未挂档时，各接合套都位于花键毂中央，第二轴上各档齿轮都在轴上空转，第二轴不输出动力，变速器处于空档状态；当变速器操纵机构将第二轴上某一档齿轮的接合齿圈与其邻近的花键毂通过接合套接合时，已传到中间轴齿轮的动力经过中间轴和第二轴上的这一对齿轮、接合套及花键毂传到第二轴上，变速器便处于该档工作状态。当最左面的花键毂通过接合套与第一轴常啮合齿轮的接合齿圈接合时，来自输入轴的动力直接传到输出轴上，这时变速器的传动效率最高，这一档位称为直接档（即 4 档）。

为了能够在发动机曲轴转动方向不变的情况下倒车行驶，在变速器中设置了倒档轴。倒档齿轮通过轴承套在倒档轴上（图中未画出）。当第二接合套位于中间位置时，其上边的齿轮正好与中间轴倒档齿轮相对。用换档拨叉把倒档齿轮拨到与这两个齿轮相啮合的位

置，中间轴上的动力就会经倒档齿轮、第二接合套上的齿轮和第二花键毂传到第二轴上输出。倒档轴上的倒档齿轮起改变转动方向的作用。

在 5 档变速器中，往往将第 5 档设计为超速档。变速器处于超速档工况时传动比小于 1，输出轴比输入轴转得要快。在路况良好，汽车不需要频繁加减速的情况下，使用超速档能让发动机工作在最经济工况附近。行驶同样的路程，使用超速档时曲轴转过的圈数要少于使用直接档时曲轴转过的圈数，这样就减少了由于活塞上下运动所造成的摩擦损失，减小了单位行驶里程的油耗。

3. 同步器

传统齿轮式变速器在换档过程中，必须在待啮合的主、从动齿轮的线速度相等时进行，否则会出现打齿现象甚至挂不上档。当高档换低档时，驾驶人需踩下踏板挂空档，空档加油至发动机响声低沉后，即挂入低档。此操作较难把握挂入低档的时刻，驾驶人易紧张、疲劳。现代汽车采用同步器来解决上述问题。同步器的基本工作原理就是换档时，在接合套与接合齿圈的角速度一致（同步）时，二者才能进入啮合。也就是说接合套与接合齿圈不同步就挂不上档，只有达到同步时才能挂上档，因而挂档时就不会产生冲击。

同步器有常压式、惯性式及自行增力式等类型。目前应用最广泛的是惯性式同步器。轿车和轻、中型货车的变速器广泛采用锁环式惯性同步器。虽然各个车型同步器的结构可能会有所不同，但其工作原理是一样的。

图 3-11 所示为锁环式惯性同步器。当变速器由高档换至低档时（图 3-11 b），接合套

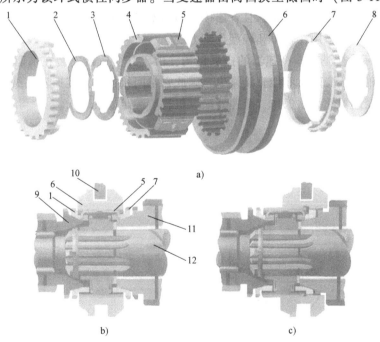

图 3-11 锁环式惯性同步器

1、7—锁环 2—弹簧圈 3—调整垫片 4—花键毂 5—滑块 6—接合套 8—花键毂垫圈
9—第一轴齿轮 10—拨叉 11—第二轴齿轮 12—第二轴

6 由高档退至空档，转速为 n_6。滑块 5 插在锁环 7 的缺口内，锁环 7 的转速也为 n_6。第二轴齿轮 11 的转速为 n_{11}，$n_6 > n_{11}$，接合套 6 拨动滑块 5 推锁环 7 的锥面压在齿轮 11 的锥面上。此时，锁环（外齿）与接合套（内齿）由于转速不等而错位抵住，接合套在同步之前不能移动，这就是同步器的锁止作用。由于转速不等，锥面上产生摩擦力，此摩擦力使齿轮 11 加速到 $n_{11} = n_6$。接合套 6、锁环 7 和齿轮 11 同步，摩擦力消失，接合套顺利推入，高档换至低档（图 3-11c）。

当变速器由高档换至低档时，接合套 6 和锁环 1 的转速为 n_6，第一轴齿轮的转速为 n_9，$n_9 > n_6$，n_9 由于摩擦力的作用减速至 $n_9 = n_6$，从而实现同步换档。

4. 变速器操纵机构

变速器操纵机构应保证驾驶人能准确可靠地使变速器挂入所需要的任一档位工作，并可随时使之退到空档。大多数汽车变速器布置在驾驶人座位附近，变速杆由驾驶室底板伸出，驾驶人可直接操纵。这种操纵机构称为直接操纵式变速器操纵机构。它一般由变速杆、拨块、拨叉、拨叉轴以及安全装置等组成，多集装于上盖或侧盖内，结构简单，操纵方便。

不同变速器的档数和操纵机构的结构与布置都有所不同，因而相应于各档位的变速杆上端手柄位置排列，即档位排列也不相同。因此，汽车驾驶室仪表板上（或操纵手柄上）标有该车变速器档位排列图。

在有些汽车上，由于变速器离驾驶人座位较远，则需要在变速杆与拨叉之间加装一些辅助杠杆或一套传动机构，构成远距离操纵。这种操纵机构称为间接操纵式变速器操纵机构。该操纵机构应有足够的刚度，且各连接件间隙不能过大，否则换档时手感不明显。由于布置上的原因，它多用在轿车和轻型汽车上。

图 3-12 所示为奥迪轿车变速器的操纵机构，由于其变速器安装在前驱动桥处，不在驾驶人的座位附近，变速器不能直接操纵，因此它是间接操纵式变速器操纵机构。

为了保证变速器的可靠工作，变速器操纵机构应满足以下要求：

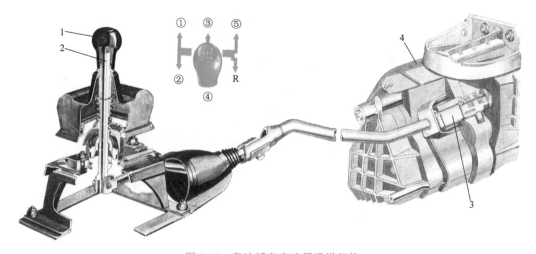

图 3-12　奥迪轿车变速器操纵机构

1—换档手柄　2—换档操纵杆　3—换档铰链总成　4—变速器总成

1）挂档后应保证接合套位于与接合齿圈的全部套合位置，或滑动齿轮换档时，全齿长都进入啮合。在振动等条件影响下，操纵机构应保证变速器不自行挂档或自行脱档。为此在操纵机构中设有自锁装置。

2）为了防止同时挂上两个档位而使变速器卡死或损坏，在操纵机构中设有互锁装置。

3）为了防止在汽车前进时误挂倒档，导致零件损坏，在操纵机构中设有倒档锁装置。

（三）自动变速器

自动变速器（Automatic Transmission，AT）即自动操纵式变速器，它能够根据发动机负荷和车速等情况自动变换传动比，使汽车获得良好的动力性和燃料经济性，并减少发动机排放污染。自动变速器简化了驾驶操作动作，降低了对驾驶技术和经验的要求，能够减小驾驶人在驾驶过程中的注意力分散和体力消耗，对安全行车更为有益。

自动变速器除了按传动比变化形式可分为有级式、无级式和综合式三种外，还可以按齿轮变速系统的控制方式分为液控液压自动变速器和电控液压自动变速器两类。

（1）液控液压（简称为液控式）自动变速器　液控式自动变速器在手控制阀选定位置后，由反映节气门开度的节气门阀和反映车速的调速器阀把节气门开度和车速转变为液压信号，在换档点，这些液压信号直接控制换档阀进行换档。

（2）电控液压（简称为电控式）自动变速器　电控式自动变速器在手控制阀选定位置后，由反映节气门开度的节气门位置传感器和反映车速的车速传感器把节气门开度和车速转变为电信号，这些电信号输入电控单元（ECU），由电控单元控制液压阀和液压执行机构进行换档。现在越来越多的轿车采用这种电控液压自动变速器。

电控式自动变速器通常由液力变矩器、行星齿轮变速器（包括换档执行元件）、液压控制系统及电子控制系统四部分组成，图 3-13 所示为典型的电控液压自动变速器结构。

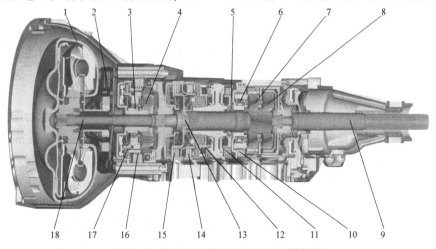

图 3-13　典型的电控液压自动变速器结构

1—液力变矩器　2—油泵　3—单向离合器 F_0　4—超速行星齿轮排　5—单向离合器 F_1　6—单向离合器 F_2

7—前行星齿轮排　8—后行星齿轮排　9—输出轴　10—制动器 B_3　11—制动器 B_2　12—制动器 B_1

13—中间轴　14—离合器 C_2　15—离合器 C_1　16—制动器 B_0　17—离合器 C_0　18—输入轴

1. 液力变矩器

液力变矩器是一种以油液为介质进行可控转矩传输的液力装置，它既能实现离合器的中断、传递动力、超载保护和缓和冲击功能，又能在传递转矩时使输出转矩在一定范围内连续变化，实现小范围无级变速。

液力变矩器的结构如图 3-14 所示，在封闭的壳体内有泵轮 6、涡轮 4 和导轮 5 三个叶轮，泵轮与涡轮相对安装，在泵轮和涡轮内端之间装有导轮，三个叶轮之间的间隙都很小，在泵轮和涡轮的叶片内缘安装有促进油液畅通流动的导环，在三个叶轮形成的腔体中注入工作液。泵轮通过变矩器壳体与发动机的曲轴输出端连接，涡轮通过花键毂与行星齿轮变速器的输入轴 8 连接，导轮位于泵轮与涡轮之间，通过单向离合器 7 安装在变速器壳体上。

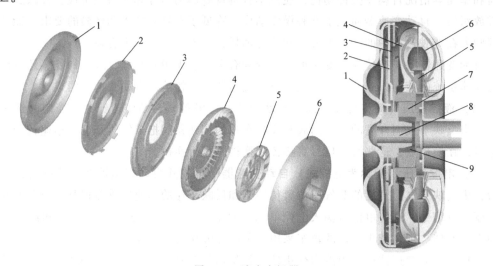

图 3-14　液力变矩器

1—前盖　2—锁止离合器　3—减振器　4—涡轮　5—导轮　6—泵轮
7—单向离合器　8—变速器输入轴　9—导轮轴套

发动机起动后，曲轴带动泵轮旋转，因旋转产生的离心力使泵轮叶片间的工作液沿叶片从内缘向外缘甩出。这部分工作液既具有随泵轮一起转动的圆周向分速度，又有冲向涡轮的轴向分速度。这些工作液冲击涡轮叶片，推动涡轮与泵轮同方向转动。

当涡轮转速比较小时，从涡轮流出的工作液向后流动，冲击导轮叶片的前面。因为导轮被单向离合器限定不能向后转动，所以导轮叶片将流动的工作液导向向前推动泵轮叶片，促进泵轮旋转。这相当于导轮与泵轮都对液力变矩器内工作液施加了正向力矩。当输入与输出转速稳定时，两正向力矩之和在大小上等于涡轮对液力变矩器内工作液施加的反向力矩，从而使涡轮的输出转矩大于泵轮的输入转矩，也就是此时液力变矩器处于增大转矩的变矩工况。涡轮的转速越低，导轮改变工作液流动方向的作用越强，变矩器增大转矩的效果越明显。考虑传动效率等因素，一般把变矩器的输出转矩与输入转矩之比的最大值设计为 2~2.5。

随着涡轮转速的增加，从涡轮流出的工作液逐渐转为向前流动，当工作液开始流向导轮叶片的背面时，变矩器到达临界点。因为单向离合器允许导轮与泵轮一同向前旋转，所

以在向前流动工作液的带动下，导轮沿泵轮转动方向自由旋转，工作液顺利地回流到泵轮。当从涡轮流出的工作液正好与导轮叶片出口方向一致时，导轮对工作液作用转矩为零，变矩器不产生增矩作用，这时液力变矩器的工况称为液力耦合工况。

传统的液力变矩器靠工作液传递转矩，比机械变速器的传动效率低。在新式液力变矩器中大多设置了锁止离合器（图3-14），当车辆以中高速（通常为50km/h以上）行驶时，锁止离合器处于接合状态，将泵轮与涡轮锁在一起，使之变为纯机械传动，提高了传动效率。

液力变矩器内的单向离合器是为了使导轮单向旋转而设置的。液力变矩器常用的单向离合器有滚柱式和楔块式两种。图3-15所示为楔块式单向离合器的结构及工作原理。它由外座圈1、内座圈4、楔块2及保持架3等组成，保持架借助于片状弹簧把楔块均匀布置在圆形的内、外座圈之间。外座圈与导轮固定连接，随导轮一起转动，内座圈通过花键与导轮轴套连接而固定在变速器外壳上。当外座圈1沿顺时针方向相对于内座圈4转动时（图3-15a），楔块2在摩擦力作用下顺时针转动。由于楔块短对角距离 L_1 小于内外座圈间距 L，外座圈可以自由转动。当外座圈1沿逆时针方向相对于内座圈4转动时（图3-15b），楔块在摩擦力作用下逆时针转动。由于楔块长对角距离 L_2 大于内外座圈间距 L，楔块倾斜后卡在内、外座圈之间，外座圈被卡死不动。

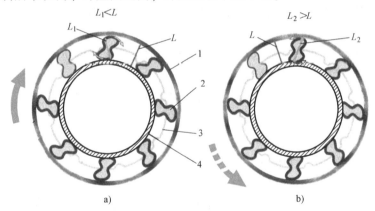

图3-15　楔块式单向离合器

a) 分离状态　　b) 接合状态

1—外座圈　2—楔块　3—保持架　4—内座圈

2. 行星齿轮变速器

液力变矩器虽能传递和增大发动机转矩，但变矩比不大，变速范围不宽，远不能满足汽车使用要求。为进一步增大转矩，扩大其变速范围，提高汽车的适应能力，在液力变矩器后面增设一个机械变速器——有级式齿轮变速器。该齿轮变速器多采用行星齿轮变速器，行星齿轮变速器由行星齿轮机构及离合器、制动器和单向离合器等执行元件组成。行星齿轮机构通常由多个行星排组成，行星排的多少与档数的多少有关。

（1）单排行星齿轮机构　图3-16所示为单排行星齿轮机构，太阳轮1、齿圈2、行星架3都可以围绕公共轴线转动，行星齿轮4则既可以围绕公共轴线转动，也可以围绕自身轴线转动。将太阳轮、行星架和齿圈分别进行锁止或联动，就可以获得多种变速组合。

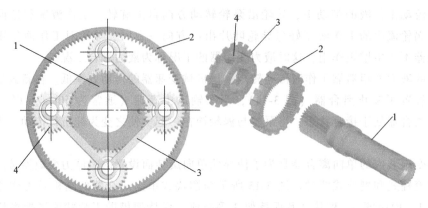

图 3-16　单排行星齿轮机构

1—太阳轮　2—齿圈　3—行星架　4—行星齿轮

当太阳轮 1 固定，行星架 3 输入，齿圈 2 输出时，为超速传动，传动比一般为 0.6 ~ 0.8，行星架 3 与齿圈 2 转向相同。

当齿圈 2 固定，行星架 3 输入，太阳轮 1 输出时，为超速传动，传动比一般为 0.2 ~ 0.4，行星架 3 与太阳轮 1 转向相同。

当齿圈 2 固定，太阳轮 1 输入，行星架 3 输出时，为减速传动，传动比一般为 2.5 ~ 5，太阳轮 1 与行星架 3 转向相同。

当太阳轮 1 固定，齿圈 2 输入，行星架 3 输出时，为减速传动，传动比一般为 1.25 ~ 1.67，齿圈 2 与行星架 3 转向相同。

当行星架 3 固定，太阳轮 1 输入，齿圈 2 输出时，为减速传动，传动比一般为 1.5 ~ 4，太阳轮 1 与齿圈 2 转向相反（倒档）。

当太阳轮 1、行星架 3 和齿圈 2 三者中，有任意两个元件被联锁在一起时，三者间就会无相对运动，将作为一个整体旋转。此时相当于直接档传动。

当太阳轮 1、行星架 3 和齿圈 2 三者中，无任何元件被固定，且无任何两个元件被联锁在一起时，各元件都将自由转动。当主动件转动时，从动件可以不动。此时，不传递动力，从而得到空档。

（2）行星齿轮变速器换档执行元件　行星齿轮变速器的换档执行元件包括换档离合器、换档制动器和单向离合器。

换档离合器的作用是切断或传递动力，各档离合器视需要分别使各档相应的齿轮产生分离或啮合。换档离合器为湿式多盘离合器，如图 3-17 所示。当控制油液流至活塞缸时，推动单向阀钢球 8，使其关闭单向阀，活

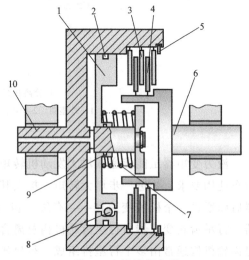

图 3-17　换档离合器

1—活塞　2、9—密封圈　3—钢片　4—摩擦片
5—卡环　6—输出轴　7—回位弹簧
8—单向阀钢球　10—输入轴

塞克服回位弹簧力的作用右移将摩擦片 4 与卡环 5 压紧，产生摩擦力，动力从输入轴传递到输出轴。当活塞工作腔的油压释放后，活塞在回位弹簧 7 的作用下回位，离合器处于分离状态。

换档制动器通常有两种形式：一种是湿式多盘制动器，其结构与湿式多盘离合器基本相同，不同之处是制动器用于连接转动件和变速器壳体，使转动件不能转动；另一种是外束带式制动器。

如图 3-18 所示，外束带式制动器是将内侧粘有摩擦材料的制动带 2 包在制动鼓 3 外，制动带的一端固定在自动变速器壳体 1 上，另一端连有液压缸。平时制动带与制动鼓之间有一定的间隙，制动时液压缸的活塞 5 推动制动带另一端，把制动带束紧在制动鼓上，使制动鼓不能转动。

行星齿轮变速器中的单向离合器与液力变矩器中的单向离合器结构相同。

（3）多排行星齿轮机构　在现代汽车行星齿轮变速器中，广泛采用辛普森（Simpson）式双排行星齿轮机构和拉维娜（Ravigneaux）式复合行星齿轮机构。辛普森式行星齿轮机构由共用一个太阳轮的前、后两排行星齿轮组成。拉维娜式复合行星齿轮机构（图 3-19）的特点为两排行星齿轮机构共用一个齿圈和一个行星架，行星架上的两套行星齿轮互相啮合，其中短行星齿轮 4 与小太阳轮 2 相啮合，长行星齿轮 3 与大太阳轮 1 相啮合。

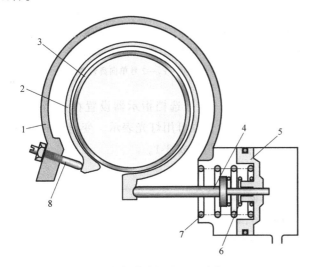

图 3-18　外束带式制动器的结构原理

1—自动变速器壳体　2—制动带　3—制动鼓　4—推杆
5—活塞　6—内弹簧　7—回位弹簧　8—调整螺钉

图 3-19　拉维娜式复合行星齿轮机构

1—大太阳轮　2—小太阳轮　3—长行星齿轮
4—短行星齿轮　5—齿圈

四速行星齿轮变速器结构简图如图 3-20 所示。前排行星齿轮机构为超速档部分，中、后两排（为描述方便，下面称为前、后两排）行星齿轮机构为辛普森式行星齿轮机构。输入轴 1 与超速档行星架 3 连接在一起，超速离合器 C_0 和超速单向离合器 F_0 都与超速档行星架 3 与超速档太阳轮 2 相连接。超速档制动器 B_0 连接壳体与超速档太阳轮 2，用来制动超速档太阳轮。超速档齿圈 4 与前传动轴 5 相连接。1 号离合器 C_1 连接前、后传动

轴5、6和后排齿圈9，2号（直接档）离合器C_2连接前传动轴5和太阳轮7。1号制动器B_1连接变速器壳体和太阳轮7，用来制动太阳轮7。输出轴10与后排行星架11和前排齿圈8相连接。2号制动器B_2用于固定单向离合器F_1的外圈，而单向离合器F_1则是在B_2工作时防止太阳轮7逆时针转动。3号制动器B_3连接外壳和前排行星架12，用来制动前排行星架12。单向离合器F_2连接前排行星架12和外壳，防止前排行星架12逆时针转动。

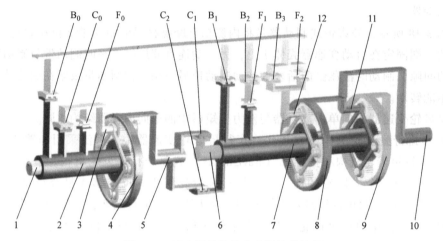

图 3-20　四速行星齿轮变速器结构简图

1—输人轴　2—超速档太阳轮　3—超速档行星架　4—超速档齿圈　5—前传动轴　6—后传动轴　7—太阳轮
8—前排齿圈　9—后排齿圈　10—输出轴　11—后排行星架　12—前排行星架　B_0—超速档制动器
B_1—1号制动器　B_2—2号制动器　B_3—3号制动器　C_0—超速离合器　C_1—1号离合器
C_2—2号离合器　F_0—超速单向离合器　F_1—1号单向离合器　F_2—2号单向离台器

　　自动变速器选档手柄一般设置在驾驶人座椅的一侧，选档指示器设置在选档手柄旁边，也有的设置在仪表板上，所选档位可用指针显示，也可用灯光表示。变速杆的位置因变速器不同而不同，常见自动变速器各档位的作用说明见表3-1。

表 3-1　常见自动变速器各档位的作用说明

档位	说　明
P	驻车档:驻车制动锁块与中间轴上的制动齿轮啮合,所有的离合器松开
R	倒车档:倒档接合套与中间轴倒档齿轮和相应离合器啮合
N	空档:所有离合器松开
D	前进档:正常行车时使用的档位
S	运动档:变速器换档时间延迟以提供更大的动力,爬坡和超车时常使用的档位
M	手动档:手自一体变速器的手动档,可以手动加减档位

3. 液压控制系统

　　液压控制系统的主要任务是：在汽车行驶过程中接受换档信号，控制油泵的泵油压力，使之符合自动变速器各系统的工作需要；根据操纵手柄的位置和汽车行驶状态，控制液力变矩器及齿轮变速器系统的工作，实现自动换档；控制变矩器中液压油的循环和冷却；控制变矩器中锁止离合器的工作状态。

液压控制系统由一系列的阀体组成。这些阀体包括主阀体、调节器阀体、伺服阀体和蓄压器体等。它们分别通过螺栓固定在变矩器箱体上，与变矩器箱体成为一体。

4. 电子控制系统

电子控制系统由传感器、电控单元（ECU）和执行器三部分组成。传感器将信号传给电控单元，电控单元控制执行器工作。

与自动变速器控制有关的传感器主要有节气门位置传感器、车速传感器、空档起动开关、制动灯开关、模式选择开关、发动机冷却液温度传感器、制动灯开关、O/D（超速/直接档）开关和自动跳合开关等。执行器主要是电磁阀。

电子控制自动变速器一般采用电控液压式控制方式，在自动变速器内设有供油泵，供油泵输出的工作液（与液力变矩器及齿轮润滑共同使用的油液）经主调压阀，以一定的压力供给液压操纵油路。节气门位置传感器和车速传感器把节气门开启角度和车速转换成电信号，输入电控单元，电控单元根据换档程序对这些信号进行比较计算，确定是否需要换档和变矩器锁止离合器是否应闭锁。当需要改变档位时，改变相应电磁阀线圈电流的通断状态，再由电磁阀控制液压的换档阀，换档阀移动，切换换档执行器（换档离合器和制动器）的油路，实现自动换档。锁止离合器也在其电磁阀控制下配合动作。当不需要改变档位时，维持原控制状态不变。

当电控系统的元件出现故障时，电控单元将故障信息储存起来，检修人员可以利用超速开关指示灯或专用检测仪器读取故障码，从而找出故障元件。此外，系统还具有失效安全保护功能，使得在电控系统出现故障时，汽车能以较低的速度行驶。

电子控制自动变速器采用车速传感器等先进传感器，可以更准确地测定汽车行驶工况；采用微机控制换档时机，可以较方便地修改控制参数，对换档车速进行精细的控制；可以方便地选择不同的工作模式或使用人工干预措施，使汽车适应复杂的交通环境。由于以上种种优点，电子控制自动变速器已广泛普及，而液控液压式自动变速器采用得越来越少。

5. 机械式无级变速器

目前，用于轿车的机械式无级变速器主要是金属带式无级变速器（Continuously Variable Transmission，CVT），其结构如图 3-21 所示。它由金属带、工作轮、液压泵、起步离合器和控制系统等组成。变速系统中的主、从动工作轮分别由固定部分（4a、7a）和可动部分（4、7）组成，工作轮的固定部分和可动部分间形成 V 形槽，金属带 10 在槽内与其啮合。当主、从动工作轮的可动部分轴向移动时，即可改变传动带与工作轮的啮合半径，从而改变传动比。工作轮可动部分的轴向移动是根据汽车的行驶工况，通过控制系统进行连续的调节而实现的无级变速传动。其动力传递是由发动机飞轮 1 经离合器 2 传到主动工作轮、金属带、从动工作轮后，再经中间减速齿轮机构和主减速器，最后传至驱动轮。

金属带是金属带式无级变速器中的关键部件，它由多个金属片和两组金属环组成，如图 3-22 所示。每个金属片的厚度为 1.4mm，它在两侧工作轮挤压力的作用下传递动力。每组金属环由数片厚为 0.18mm 的带环叠合而成。在动力传递过程中，它正确地推动引导金属片的运动。

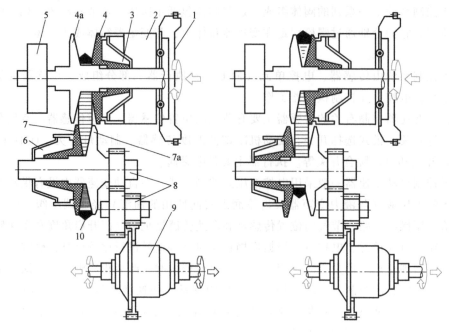

图 3-21　金属带式无级变速器结构示意图

1—发动机飞轮　2—离合器　3—主动工作轮液压控制缸　4—主动工作轮可动部分　4a—主动工作轮固定部分
5—液压泵　6—从动工作轮液压控制缸　7—从动工作轮可动部分　7a—从动工作轮固定部分
8—中间减速器　9—主减速器与差速器　10—金属带

为了中断动力传递，在金属带式无级变速器的动力输入端需要设置离合装置，离合装置的形式有电磁离合器或带有锁止离合器的液力变矩器。由于金属带式无级变速器的传动比变化范围为 0.44～4.69，还不能完全满足汽车在各种行驶条件下对传动比的要求。因此，在金属带式无级变速器的动力输出端增设主减速器，或在动力输入端设置机械减速机构。

金属带式无级变速器控制系统包括电磁离合器的控制和主、从动工作轮的变速比控制。变速比由发动机节气门信号和主动工作轮的转速决定，电控单元根据发动

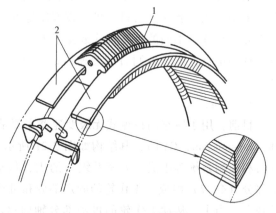

图 3-22　金属带结构

1—金属片　2—金属环

机转速、车速、节气门位置和换档控制信号等，控制电磁离合器以及主、从动工作轮上液压缸的压力，从而实现无级变速。

6. 双离合器式自动变速器

双离合器式自动变速器（Double Clutch Transmission，DCT）通过两个离合器分别连接两根输入轴，换档过程中两个离合器交替工作，利用离合器的滑摩控制使得动力持续传

递，能够实现在不切断动力的情况下转换传动比，从而缩短换档时间，有效提高换档品质，是一种应用前景广阔的新型自动变速器。

双离合器式自动变速器的结构简图如图 3-23 所示，它由两个离合器、与两个离合器分别连接的两根输入轴、按奇偶数档位分别布置在两根输入轴上的换档同步器及其相应齿轮组、自动换档控制系统以及电控系统等组成。双离合器式自动变速器的各档位主动齿轮按奇、偶数档位分别与输入轴上设置的两个离合器连接，两个离合器交替传递工作动力以实现档位切换。

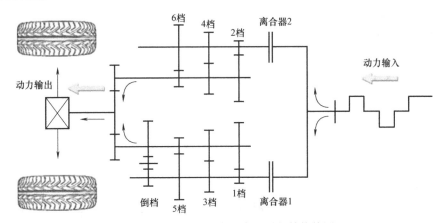

图 3-23　双离合器式自动变速器的结构简图

DCT 工作时，车辆先以某个与一个离合器相连接的档位运行，车辆自动变速器电控单元可以根据相关传感器信号判断即将进入工作的与另一个离合器相连的下一档位，此时该档位还未传递动力，控制指令可以十分方便地控制换档执行机构，预先啮合这一档位齿轮，在车辆运行达到换档点时，只需要将正在工作的离合器分离，同时将另一个离合器接合，则使汽车以下一个档位行驶。在换档过程中，发动机动力始终不间断地被传递到车轮，这样完成的换档过程为动力换档。车辆实现动力换档过程，将大大提高换档舒适性，同时保证车辆具有良好的燃油经济性，使车辆油耗和排放等方面得到改善。

在双离合器式自动变速器系统中，既可以采用干式离合器，也可以采用湿式离合器。湿式双离合器的转矩传递通过浸没在油中的湿式离合器摩擦片来实现，通过液体黏性摩擦来传递转矩，其摩擦片间的正压力是通过油压推动活塞装置来施加的。湿式离合器的工作状态可靠，摩擦片的工作寿命普遍比干式的高 4~6 倍，但湿式离合器受到油膜的影响，摩擦因数要比干式离合器低。

四、万向传动装置

万向传动装置一般由万向节和传动轴组成，有时还加装中间支承。汽车上任何一对轴线相交且相对位置经常变化的转轴之间的动力传递，均须通过万向传动装置。

（一）万向节

万向节按其在扭转方向上是否有明显的弹性，可分为刚性万向节和挠性万向节。在前者中，动力是靠零件的铰链式连接传递的，而在后者中则靠弹性零件传递，且有缓冲减振

作用。刚性万向节又可分为不等速万向节（十字轴式）、准等速万向节（双联式、三销轴式等）和等速万向节（球叉式、球笼式等）。

1. 十字轴式刚性万向节

十字轴式刚性万向节因其结构简单、传动可靠、效率高，且允许两传动轴之间有较大的交角（一般为15°~20°），故普遍应用于各类汽车的传动系统中。

图3-24所示为十字轴式刚性万向节的构造。两万向节叉1和8上的孔分别活套在十字轴9的两对轴颈上。这样，当主动轴转动时，从动轴既可随之转动，又可绕十字轴中心在任意方向摆动。

单个十字轴式刚性万向节在输入轴和输出轴有夹角的情况下，其两轴角速度是不相等的，这将使从动轴及其相连的传动部件产生扭转振动，影响部件寿命。因此，十字轴式刚性万向节在汽车传动系统中成对使用，如图3-25所示。第一个万向节传动的不等速效应，被第二个万向节的不等速效应抵消，从而实现两轴间等角速传动。为达到这一目的，必须满足以下两个条件：①第一万向节两轴间夹角 α_1 与第二万向节两轴间夹角 α_2 相等；②第一万向节的从动叉与第二万向节的主动叉处于同一平面内。后一条件完全可以由传动轴和万向节叉的正确装配来保证。

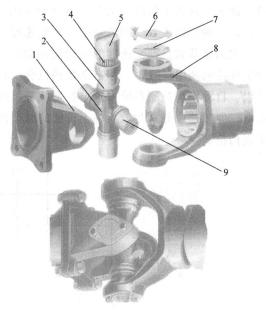

图3-24 十字轴式刚性万向节

1、8—万向节叉 2—安全阀 3—油封 4—滚针轴承
5—套筒 6—锁片 7—轴承盖 9—十字轴

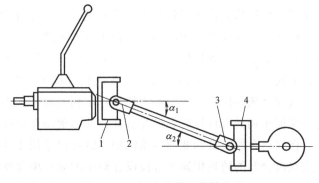

图3-25 双万向节等速传动布置

1、3—主动叉 2、4—从动叉

上述双万向节传动虽能近似地解决等速传动问题，但在某些情况下，例如转向驱动桥的分段半轴间，在布置上受轴向尺寸限制，而且转向轮要求偏转角度大（30°~40°），上述双万向节传动已难以适应。因此，在转向驱动桥及独立悬架的后驱动桥中，广泛采用各种形式的等速和准等速万向节，以实现或基本实现等角速传动。

2. 准等速万向节

准等速万向节是根据两个普通万向节实现等速传动的原理制成的。常见的有双联式和三销轴式准等速万向节。

双联式准等速万向节允许有较大的轴间夹角，且具有结构简单、制造方便、工作可靠

等优点，故在转向驱动桥中的应用逐渐增多。北京吉普汽车有限公司生产的切诺基轻型越野汽车的前传动轴与分动器前输出轴之间，就采用了这种双联式万向节。

三销轴式准等速万向节（图 3-26）的最大特点是允许相邻两轴有较大的轴间夹角，最大可达 45°。在转向驱动桥中采用这种万向节可使汽车获得较小的转弯半径，提高了汽车的机动性。其缺点是所占空间较大。

3. 等速万向节

等速万向节的基本原理是：从结构上保证万向节在工作过程中的传力点永远位于两轴交点的平分面上。目前采用较广泛的球叉式万向节和球笼式万向节均根据这一原理制成。球叉式万向节（图 3-27）由主动叉 2、从动叉 1、四个传力钢球 4 和一个中心钢球 3 等机件组成。在主、从动叉上各有四个圆弧形凹槽，两个叉对合后形成四个钢球的滚道，四个传力钢球便放置其中。两叉中心的凹槽中放置中心钢球。球叉式万向节工作时，只有两个钢球传力，反转时，则由另两个钢球传力。因此，钢球与曲面凹槽之间的单位压力较大，磨损较快，影响使用寿命。球叉式万向节结构简单，

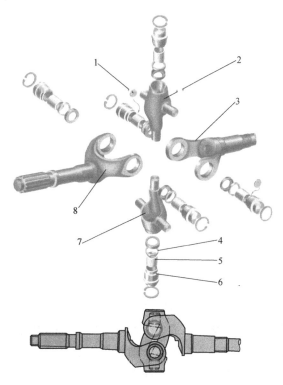

图 3-26 三销轴式准等速万向节
1—止推垫片 2、7—三销轴 3—主动偏心轴叉
4—毛毡圈 5—衬套 6—轴承座 8—从动偏心轴叉

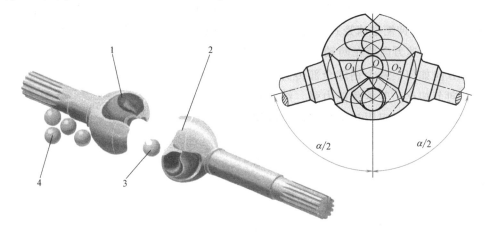

图 3-27 球叉式万向节
1—从动叉 2—主动叉 3—中心钢球 4—传力钢球

允许最大交角为 32°~33°，一般应用于转向驱动桥中。

球笼式万向节（图 3-28）分为轴向不能伸缩的球笼式万向节（RF 型）和伸缩型球笼式万向节（VL 型）。

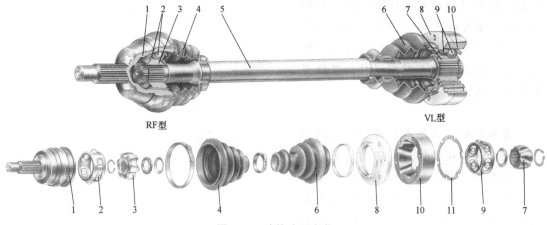

图 3-28　球笼式万向节

1—球形壳　2、9—保持架与钢球　3、7—星形套　4、6—橡胶保护套　5—传动轴　8—盖　10—筒形壳　11—密封垫片

RF 型万向节由星形套 3 以内花键与传动轴 5 相连接，其外表面有六个作为钢球内滚道的弧形凹槽，形成内滚道。球形壳 1 的内表面上也有六个作为钢球外滚道的弧形凹槽，形成外滚道。六个钢球分别装在各条凹槽中，并由保持架 2（球笼）使六个钢球处于同一平面内。动力由传动轴经钢球、球形壳输出。

VL 型万向节的内、外滚道是圆筒形的，在传递转矩过程中，星形套 7 与筒形壳 10 可以沿轴向相对移动，故可省去其他万向传动装置中必须有的滑动花键。这不仅使结构简化，而且由于星形套与筒形壳之间的轴向相对移动是通过钢球沿内、外滚道滚动来实现的，与滑动花键相比，其滑动阻力小，最适用于断开式驱动桥。

轿车所采用的轴向不能伸缩的球笼式万向节（RF 型），在转向驱动桥中均布置在转向节处（外侧），伸缩型球笼式万向节（VL 型）则布置在靠传动器一侧（内侧）。

球笼式等角速万向节在两轴最大交角达 47°的情况下，仍可传递转矩，且在工作时，无论传动方向如何，六个钢球全部传力。与球叉式万向节相比，其承载能力强，结构紧凑，拆装方便，因此应用越来越广泛。红旗 CA7220 型、捷达、桑塔纳等轿车，其前转向驱动桥的转向节处均采用这种球笼式等角速万向节。

（二）传动轴

在发动机前置后轮驱动的汽车中，连接变速器与驱动桥的传动轴部件通常由传动轴及其两端焊接的花键轴和万向节叉组成，如图 3-29 所示。

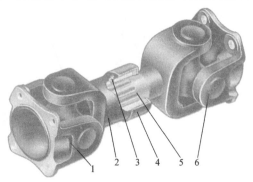

图 3-29　传动轴

1、6—万向节法兰盘　2—滑动叉
3—注油嘴　4—油封　5—花键轴

汽车在行驶过程中，变速器与驱动桥的相对位置经常变化，为避免运动干涉，传动轴中设有由滑动叉 2 和花键轴 5 组成的滑动花键连接，以实现传动轴长度的变化。为减小磨损，还装有用以加注润滑脂的注油嘴 3、油封 4、堵盖和防尘套。传动轴在高速旋转时，由于离心力作用将产生剧烈振动。因此，在传动轴与万向节装配后，必须满足动平衡要求。平衡后，在万向节滑动叉 2 与花键轴上刻有装配位置标记，以便拆卸后重装时保持二者的相对角位置不变。传动轴过长时，自振频率降低，易产生共振，故常将其分为两段并加装中间支承。为了得到较高的强度和刚度，传动轴多做成空心的，一般用厚度为 1.5～3.0mm 的薄钢板卷焊而成。超重型货车的传动轴则直接采用无缝钢管。在转向驱动桥、断开式驱动桥或微型汽车的万向传动装置中，通常将传动轴制成实心轴。

五、驱动桥

驱动桥（图 3-30）由主减速器、差速器、半轴和驱动桥壳等组成。其功用是：①将万向传动装置传来的发动机转矩通过主减速器、差速器、半轴等传到驱动轮，实现降速增矩；②通过主减速器锥齿轮副改变转矩的传递方向；③通过差速器实现两侧车轮差速作用，保证内侧车轮以不同转速转动。

1. 主减速器

主减速器的功用是将输入的转矩增大并相应降低转速，以及当发动机纵置时改变转矩旋转方向。

为满足不同的使用要求，主减速器的结构形式也是不同的。按参加减速传动的齿轮副数目，分为单级式主减速器和双级式主减速器。在双级式主减速器

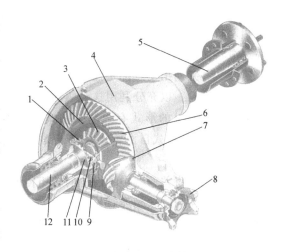

图 3-30　驱动桥

1、9—行星齿轮　2—差速器壳　3、11—半轴齿轮　4—桥壳
5、12—半轴　6—主减速器从动齿轮　7—主减速器主动齿轮
8—主动齿轮万向节叉　10—行星齿轮轴

中，若第二级减速器齿轮有两对，并分置于两侧车轮附近，实际上成为独立部件，则称为轮边减速器。按主减速器传动比档数，分为单速式和双速式。前者的传动比是固定的，后者有两个传动比供驾驶人选择，以适应不同行驶条件的需要。按齿轮副结构形式，分为圆柱齿轮式（又可分为轴线固定式和轴线旋转式即行星齿轮式）、锥齿轮式和准双曲面齿轮式。

2. 差速器

差速器的功用是当汽车转弯行驶或在不平路面上行驶时，使左、右驱动轮以不同的转速滚动，即保证两侧驱动轮做纯滚动运动。

目前，汽车上广泛采用的是对称锥齿轮差速器。它主要由行星齿轮 1 和 9（图 3-30）、行星齿轮轴 10、半轴齿轮 3 和 11 以及差速器壳 2 等组成。两个半轴齿轮与两个或四个行星齿轮啮合，半轴齿轮内花键与半轴相连。

差速器差速原理如图 3-31 所示。当汽车直线行驶时，行星齿轮轴 5 与差速器壳 3 一起公转，行星齿轮 4 不绕本身轴 5 自转，两个半轴齿轮 1 和 2 的转速相等，即两侧驱动轮转速相等。当汽车转弯行驶或在其他行驶情况下，行星齿轮 4 除公转外，还绕本身轴 5 自转，使两侧驱动轮以不同转速在地面上滚动而无滑动。

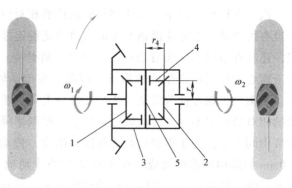

图 3-31　差速器差速原理
1、2—半轴齿轮　3—差速器壳　4—行星齿轮　5—行星齿轮轴

因对称锥齿轮差速器无论左右驱动轮转速是否相等，其转矩基本上是平均分配的，使汽车通过坏路的行驶能力受到限制。当遇到左、右驱动轮与路面之间的附着条件相差较大的情况时，将不能保证汽车得到足够的牵引力。此时，只是附着较差的驱动轮高速滑转而汽车却不能前进。为了提高汽车在坏路上的通过能力，可采用各种形式的防滑差速器。其共同出发点都是在一个驱动轮滑转时，设法使大部分转矩甚至全部转矩传给不滑转的驱动轮，以充分利用这一驱动轮的附着力而产生足够的牵引力使汽车能继续行驶。防滑差速器常见的形式有强制锁止式差速器、高摩擦自锁差速器（包括摩擦片式、滑块凸轮式等）、牙嵌式自由轮式差速器及托森差速器等。

3. 半轴与桥壳

半轴的功用是将差速器半轴齿轮的转矩传递给驱动轮，其内端与差速器的半轴齿轮连接，外端与驱动轮的轮毂相连。

驱动桥壳的功用是支承并保护主减速器、差速器和半轴等，使左、右驱动轮的轴向相对位置固定；与从动桥一起，支承车架及其上各总成的质量；汽车行驶时，承受由车轮传来的路面反作用力和力矩，并经悬架传给车架。

第二节　行　驶　系　统

汽车行驶系统的功用是支承汽车总质量，将传动系统传来的转矩转化为汽车行驶的驱动力，承受并传递路面作用于车轮上的各种力及力矩，减小振动，缓和冲击，以改善汽车行驶的舒适性，并提高车辆各部件的使用寿命，保证汽车正常行驶。

轮式汽车行驶系统一般由车架 4、车桥、车轮 3 和悬架组成（图 3-32）。

一、车架

车架的功用是支承、连接汽车的各零部件，并承受来自车内外的各种载荷。车架是整个汽车的连接基础，发动机、变速器、转向器、传动轴和前、后桥等部件都要装在汽车车架上。车架通常由纵梁和横梁组成。一些客车和轿车将车身和车架制成一体，不另设车架，称为承载式车身。不少汽车将车架作为独立的构件，车身或驾驶室通过弹性支承安装于车架上，可降低车身内的噪声和振动。独立的车架也利于组织专业化生产并使装配工艺

简化。

目前，汽车车架按其结构型式一般分为三种类型，即边梁式车架、中梁式车架和综合式车架。其中，以边梁式车架应用最广。边梁式车架由两根位于两边的纵梁和若干根横梁组成，用铆接法或焊接法将纵梁与横梁连接成坚固的刚性构架（图3-32）。

图 3-32　轮式汽车行驶系统组成

1—前悬架　2—前桥　3—车轮　4—车架　5—后悬架　6—后桥　7—减振器

二、车桥

车桥（也称车轴）通过悬架和车架（或承载式车身）相连，两端安装车轮，其功用是传递车架（或承载式车身）与车轮之间各方向的作用力及其力矩。根据车桥上车轮的作用，车桥可分为转向桥、驱动桥、转向驱动桥和支持桥。

1. 转向桥

转向桥是利用车桥中的转向节使车轮可以偏转一定角度，以实现汽车的转向。它除承受垂直载荷外，还承受纵向力和侧向力及这些力形成的力矩。转向桥通常位于汽车前部，因此也常称为前桥。

各种车型的整体式转向桥结构基本相同，主要由前梁 16 和转向节 8 等组成，如图 3-33 所示。

2. 转向驱动桥

在许多轿车和全轮驱动的越野汽车上，前桥除作为转向桥外，还兼起驱动桥的作用，故称为转向驱动桥，如图 3-34 所示。由于转向时转向轮需要绕主销偏转一个角度，与转向轮相连的半轴必须分成内、外两段（内半轴 10 和外半轴 2），其间用万向节 11（一般多用等角速万向节）连接，同时主销 7 也分制成上、下两段。转向节轴颈部分做成中空的，以便外半轴穿过其中。

目前，许多现代轿车采用发动机前置前轮驱动的布置形式，其前桥既是转向桥又是驱动桥。该类型转向驱动桥多与麦弗逊式独立悬架配合使用，因其前轮内侧空间较大，便于布置，具有良好的接近性和维修方便性。

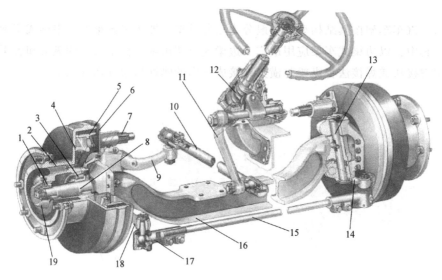

图 3-33　转向桥

1—外轴承　2—前轮毂　3—内轴衬　4—制动鼓　5—制动蹄　6—制动底板　7—制动凸轮轴　8—转向节

9—转向节臂　10—转向直拉杆　11—转向节垂臂　12—转向器　13—主销　14—右转向节臂

15—转向横拉杆　16—前梁　17—横拉杆接头　18—左转向节臂　19—轮毂盖

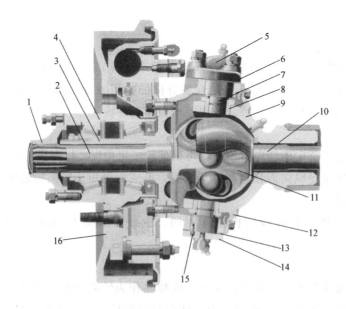

图 3-34　转向驱动桥

1—半轴凸缘　2—外半轴　3—轮毂轴　4—轮毂　5—转向节　6—调整垫片　7—主销　8—主销座　9—球形支座

10—内半轴　11—球叉式万向节　12—密封圈　13—调整垫片　14—下盖　15—止动销　16—制动鼓

　　图 3-35 所示为桑塔纳轿车前转向驱动桥。其动力经主减速器和差速器（图中未画）传至左、右内半轴和左、右内等角速万向节及左、右半轴（传动轴）3、9，并经球笼式左、右外等角速万向节及左、右外半轴凸缘传到左、右两轮毂，使两侧驱动轮旋转。当转

动转向盘时，通过齿轮齿条式转向器 14 和横拉杆 16 使前轮偏转，以实现转向。捷达、奥迪、红旗 CA7220 型等轿车的前桥均是转向驱动桥，其构造与上述结构类似。

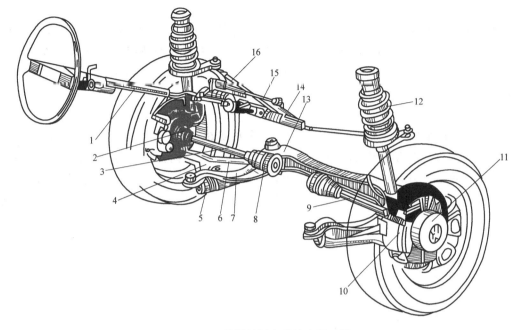

图 3-35　桑塔纳轿车前转向驱动桥

1—转向柱　2—RF 型万向节　3—左（半轴）传动轴　4—悬架摆臂　5—悬架臂后端的橡胶金属轴　6—横向稳定杆
7—发动机悬置　8—VL 型万向节　9—右（半轴）传动轴　10—制动钳　11—外半轴凸缘　12—减振器支柱
13—橡胶金属支架　14—齿轮齿条式转向器　15—转向减振器　16—横拉杆

三、车轮定位

所谓车轮定位，就是使汽车的每个车轮在汽车上安装的位置、方向以及与其他车轮之间的相互位置关系保持正确、适当。

汽车一般有四个车轮，在这些车轮中，有起转向作用的转向轮（一般为前轮），有起产生驱动力作用的驱动轮（一般为后轮），也有的前轮同时起转向和驱动作用。车轮在汽车行驶中其各自的位姿是不相同的，而且，汽车在使用中由于车架和悬架的弹性变形，同一辆汽车上各车轮之间的位置关系也在不断发生变化。汽车在使用中，如果安装车轮的车架发生永久变形，或者车轮在车架上定位不准、紧固不良，或者汽车的左、右侧车轮及前、后车轮之间的距离、位置关系不正确，都会影响汽车行驶稳定性，并造成轮胎异常磨损。

前轮安装在转向节上，汽车行驶过程中，它除不断绕自己的轴线旋转外，还要以转向节主销为中心向左或向右偏转，这样才能实现行驶方向的改变。前轮可以在转向盘的控制下改变行驶方向，也可能在受到地面侧向作用力等外力作用时突然偏离预定的行驶方向。从提高汽车转向轻便性和行驶稳定性的要求出发，前轮在转向结束、松开转向盘时，或者在迫使车轮发生偏转的外界干扰力消失时，前轮应能很快自动回到汽车直线行驶的方位。

前轮的这种自动回正作用就是依靠前轮的正确定位关系来实现的。前轮定位关系包括主销后倾角、主销内倾角、前轮外倾角和前轮前束。

1. 主销后倾角

在汽车纵向平面（汽车的侧面）内，主销上部向后倾斜一个角度 γ，称为主销后倾角，如图 3-36 所示。主销后倾角 γ 能形成回正的稳定力矩，使转向轮具有自动回正的作用，γ 一般不超过 2°~3°。现代汽车为了提高行驶速度，普遍采用扁平低压胎，轮胎变形增加，引起稳定力矩增加，因此 γ 可以减小甚至接近于零，还可为负值。

2. 主销内倾角

在汽车横向平面内，主销上部向内倾斜一个角度 β，即主销轴线与地面垂线在汽车横向平面内的夹角，称为主销内倾角，如图 3-37 所示。主销内倾角 β 也具有使车轮自动回正的作用，同时主销的内倾还使得主销轴线与路面交点到车轮中心平面与地面交线的距离减小，可减小转向时驾驶人加在转向盘上的力，使转向操纵轻便，也可减小从转向轮传到转向盘上的冲击力。

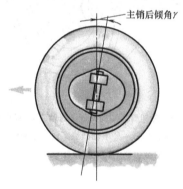

图 3-36　主销后倾角示意图

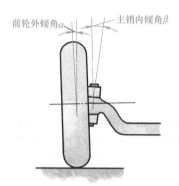

图 3-37　主销内倾角和车轮外倾角示意图

3. 前轮外倾角

前轮外倾角 α 是通过车轮中心的汽车横向平面与车轮平面的交线与地面垂线之间的夹角，如图 3-37 所示。如果空车时车轮的安装正好垂直于路面，则满载时，车桥将因承载变形而可能出现车轮内倾，这将加速汽车轮胎的偏磨损。另外，路面对车轮的垂直反作用力沿轮毂的轴向分力，将使轮毂压向轮毂外端的小轴承，加重了外端小轴承及轮毂紧固螺母的负荷，降低了它们的使用寿命。因此，为了使轮胎磨损均匀并减轻轮毂外轴承的负荷，安装车轮时应预先使车轮有一定的外倾角，以防止车轮内倾。同时，车轮有了外倾角也可以与拱形路面相适应。但是，外倾角不宜过大，否则会使轮胎产生偏磨损。

4. 前轮前束

车轮有了外倾角后，在滚动时就类似于滚锥，从而导致两侧车轮向外滚开。由于转向横拉杆和车桥的约束使车轮不可能向外滚开，车轮将在地面上出现边滚边滑的现象，从而增加了轮胎的磨损。为了消除车轮外倾带来的不良后果，在安装车轮时，使汽车两前轮的中心面不平行，两轮前边缘距离 B 小于后边缘距离 A，$(A-B)$ 称为前轮前束，如图 3-38 所示。这样可使车轮在每一瞬时滚动方向接近于向着正前方，从而在很大程度上减轻和消除了由于车轮外倾而产生的不良后果。前轮前束可通过改变横拉杆的长度来调整，调整

时，可根据各厂家规定的测量位置，使两轮前后距离差（A−B）符合规定的前束值。一般前束值为 0 ~ 12mm。测量位置除图示位置外，还通常取两轮胎中心平面处的前后差值，也可以选取两车轮钢圈内侧面处的前后差值。此外，前束也可用角度——前束角表示，如图 3-38 中的 φ。

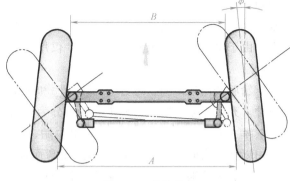

图 3-38　前轮前束

随着轿车车速的逐渐提高和新结构的不断采用，在轿车上已开始设置后轮定位参数。汽车后轮具有一定程度的外倾和前束可使后轮获得合适的侧偏角，可提高汽车高速行驶的操纵稳定性。例如，桑塔纳轿车后轮的外倾角是−40′，前束角是+25′。

四、车轮与轮胎

车轮与轮胎是汽车行驶系统中的重要部件，其主要功用是：支承整车；缓和由路面传来的冲击力；通过轮胎与路面间存在的附着作用产生驱动力和制动力；汽车转弯行驶时产生平衡离心力的侧抗力，在保证汽车正常转向行驶的同时，通过车轮产生的自动回正力矩，使汽车保持直线行驶方向；承担越障，提高通过性等。

1. 车轮

车轮是介于轮胎和车轴之间承受负荷的旋转组件，通常由两个主要部件——轮辋和轮辐组成。轮辋是在车轮上安装和支承轮胎的部件，轮辐是在车轮上介于车轴和轮辋之间的支承部件。轮辋和轮辐可以是整体式的、永久连接式的或可拆卸式的。车轮除上述部件外，有时还包含轮毂。

按轮辐的构造，车轮可分为两种主要形式：辐板式和辐条式。按车轴一端安装一个或两个轮胎，车轮又分为单式车轮和双式车轮。目前，轿车和货车上广泛采用辐板式车轮和辐条式车轮；此外，还有对开式车轮、可反装式车轮、组装轮辋式车轮和可调式车轮。

用以连接轮辋和轮毂的圆盘称为辐板。辐板大多是冲压制成的，也有铸造的。车轮辐板所用钢板较薄，常冲压成起伏多变的形状（图 3-39a），以提高刚度。有些轿车为了减小车轮的质量和有利于制动鼓的散热，采用铝合

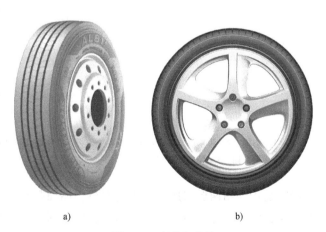

a)　　　　　　　b)

图 3-39　车轮和轮胎
a）辐板式车轮　b）辐条式车轮

金铸造加工。

辐条式车轮的轮辐是钢丝辐条或者是与轮毂铸成一体的铸造辐条（图 3-39b）。钢丝辐条车轮由于价格昂贵，维修安装不便，仅用于赛车和某些高级轿车上。

2. 轮胎

汽车轮胎按用途不同，可分为货车轮胎和轿车轮胎；而货车轮胎又分为重型、中型和轻型三种。充气轮胎按组成结构不同，可分为有内胎轮胎和无内胎轮胎两种。

（1）有内胎充气轮胎 这种轮胎由内胎、外胎和垫带组成。内胎中充满压缩空气；外胎是用以保护内胎不受外来损害的强度高而富有弹性的外壳；垫带放在内胎与轮辋之间，防止内胎被轮辋及外胎的胎圈擦伤和磨损。

（2）无内胎充气轮胎 这种轮胎没有内胎，空气直接压入外胎中。无内胎轮胎在外观和结构上与有内胎轮胎近似，所不同的是无内胎轮胎的外胎内壁上利用硫化方法粘附了一层厚度为 2~3mm 的专门用来封气的橡胶气密层 3（图 3-40）。有的无内胎充气轮胎在密封层正对着胎面的下面贴着一层用未硫化橡胶的特殊混合物制成的自粘层。当轮胎穿孔时，自粘层能自行将刺穿的孔粘合，故称为有自粘层的无内胎轮胎。无内胎轮胎的缺点是：途中修理较为困难；自粘层只有在穿孔尺寸不大时才能粘合；天气炎热时自粘层可能软化而向下流动，从而破坏车轮平衡。因此，一般多采用无自粘层的无内胎轮胎。它的外胎内壁只有一层密封层，当轮胎穿孔后，由于其本身处于压缩状态而紧裹着穿刺物，故能长期不漏气。目前，轿车和货车上使用的基本都是无内胎充气轮胎。

轮胎的外胎主要由胎冠 4、胎肩 3、胎侧 6 和胎圈 7 等部分组成，如图 3-41 所示。

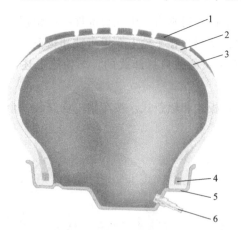

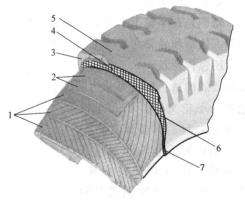

图 3-40 无内胎轮胎

1—胎面 2—带束层 3—气密层

4—钢丝圈 5—轮辋 6—气门嘴

图 3-41 轮胎结构简图

1—帘布层 2—缓冲层 3—胎肩 4—胎冠

5—胎面 6—胎侧 7—胎圈

胎冠是指外胎两胎肩所夹的中间部位；胎面是指胎冠最外层与路面接触的带有花纹的外胎胶层；缓冲层是指斜交轮胎胎面和胎体之间的胶布层，它的作用是缓和并部分吸收路面对轮胎的冲击；带束层是指在子午线轮胎和带束斜交轮胎的胎面基部下，沿胎面中心线圆周方向箍紧胎体的材料层，它的主要作用是增强轮胎的周向刚度和侧向刚度，并承受胎

面的大部分应力；帘布层是指胎体中由覆胶平行帘线组成的布层，它是胎体的骨架，支撑外胎各部分；胎侧是指胎肩到胎圈之间的胎体侧壁部位上的橡胶层，它的主要作用是保护胎体，承受侧向力；胎圈是指轮胎安装在轮辋上的部分，由胎圈芯和胎圈包布等组成，它的作用是防止轮胎脱离轮辋。

　　充气轮胎按胎体中帘线排列的方向不同，还可分为普通斜交轮胎、带束斜交轮胎和子午线轮胎，现代汽车广泛采用子午线轮胎。

　　普通斜交轮胎（图 3-41）特点是帘布层和缓冲层各相邻层帘线交叉排列，各帘布层与胎冠中心线呈 35°~40° 的交角，因而称为斜交轮胎。

　　子午线轮胎如图 3-42 所示。这种轮胎的胎体帘布层与胎面中心线呈 90° 或接近 90° 角排列，帘线分布如地球的子午线，因而称为子午线轮胎。子午线轮胎帘线强度得到充分利用，它的帘布层数小于普通斜交轮胎，使轮胎质量减轻，胎体较柔软。子午线轮胎采用了与胎面中心线夹角较小（10°~20°）的多层带束层，用强力较高、伸张力小的结构帘布或钢丝帘布制造，可以承担行驶时产生的较大的切向力。带束层像钢带一样，紧紧镶在胎体上，极大地提高了胎面的刚性、驱动性以及耐磨性。

　　子午线轮胎的优点是：滚动阻力小，使用寿命长；行驶变形小，可降低油耗 3%~8%；散热性能好；负荷能力大。其缺点是：胎侧薄，变形大，胎侧与胎圈受力比普通斜交轮胎大很多，容易在胎侧和与轮辋接触处产生裂纹。同时，因其胎侧变形大，其侧面稳定性较差。

　　轮胎按胎面花纹可分为普通花纹轮胎、越野花纹轮胎和混合花纹轮胎等，如图 3-43 所示。

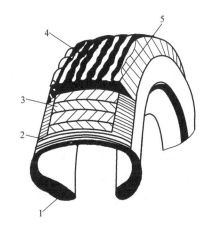

图 3-42　子午线轮胎

1—胎圈　2—帘布层　3—带束层　4—胎冠　5—胎肩

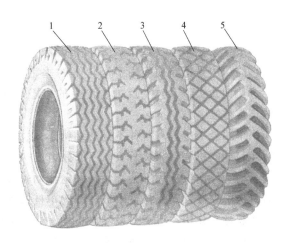

图 3-43　轮胎花纹

1—纵向花纹　2—横向花纹　3—混合花纹
4—越野花纹　5—人字形越野花纹

　　普通花纹的特点是花纹细而浅，花纹块接地面积大。因而耐磨性和附着性较好，适用于较好的硬路面。纵向花纹，轿车、货车均可选用；横向花纹仅用于货车。

　　越野花纹的特点是凹部深而宽，在软路面上与地面的附着性好，越野能力强，适用于

矿山、建筑工地以及其他一些松软路面上使用的越野汽车轮胎。人字形越野花纹轮胎，驱动轮胎面花纹的尖端与旋转方向一致，以免花纹之间被泥土填塞。越野花纹轮胎不宜在较好的硬路面上使用，否则行驶阻力加大且加速花纹的磨损。

混合花纹的特点介于普通花纹与越野花纹之间，兼顾了两者的使用要求，中部为菱形、纵向为锯齿形或烟斗形花纹，两边为横向越野花纹，适用于在城市、乡村之间的路面上行驶的汽车轮胎。货车驱动轮胎多采用这种花纹。

轮胎规格标记方法，各国有所不同。为了统一，国际标准化组织（ISO）规定新轮胎规格标志由以下内容组成：

1）轮胎名义断面宽度，单位为 mm。

2）轮胎名义高宽比。

3）轮胎结构标志。

4）轮辋名义直径，单位为 in（1in = 0.0254m）。

5）负荷指数。

6）速度符号。

红旗轿车装用 185/80R14 90S 型子午线无内胎轮胎；富康轿车装用 165/20R14 或 165/70R13 子午线轮胎。轿车轮胎规格表示方法如图 3-44 所示。

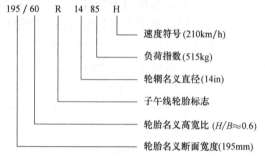

图 3-44　轿车轮胎规格表示方法

五、悬架

1. 悬架的组成和功用

汽车悬架是车架（或承载式车身）与车桥（或车轮）之间的一切传力连接装置的总称。它的功用是把路面作用于车轮上的垂直反力（支承力）、纵向反力（牵引力和制动力）和侧向反力以及这些反力所产生的力矩传递到车架（或承载式车身）上，以保证汽车的正常行驶。

汽车的悬架尽管有各种不同的结构形式，但是一般都由弹性元件（螺旋弹簧3）、减振器4和导向机构（推力杆9）三部分组成（图3-45）。减振器用来衰减由于弹性元件引起的振动。导向机构用来使车轮按一定运动轨迹相对车身跳动，同时也起传力作用。通常导向机构由控制摆臂式杆件组成，分为单杆式和多连杆式。钢板弹簧作为弹性元件时，它本身兼起导向作用，可不另设导向机构。在部分轿车和客车上，为防止车身在转向等情况下发生过大的横向倾斜，在悬架系统中还设有横向稳定器（图3-45中为杆式横向稳定器即横向稳定杆1），其目的是提高侧倾刚度，使汽车具有不足转向特性，改善汽车的操纵稳定性和行驶平顺性。

2. 悬架分类

按照控制形式的不同，悬架可分为被动式悬架和主动式悬架两大类。目前多数汽车采用被动式悬架（图3-45）。被动式悬架是指汽车姿态（状态）只能被动地取决于路面、行驶状况和汽车的弹性元件、导向机构以及减振器这些机械零件。20世纪80年代以来，主

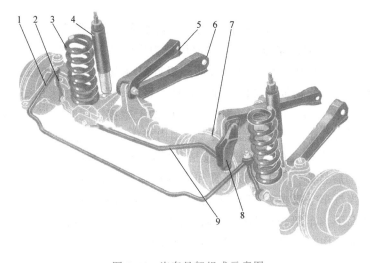

图 3-45　汽车悬架组成示意图

1—横向稳定杆　2—稳定杆连杆　3—螺旋弹簧　4—减振器　5—上控制臂
6—下控制臂　7—前桥　8—推力杆支架　9—推力杆

动式悬架开始在部分汽车上应用，目前还处于进一步研究和开发中。主动式悬架可以根据路面和行驶工况自动调整悬架的刚度和阻尼，从而使车辆能主动地控制垂直振动及其车身或车架的姿态。该系统通常由传感器、控制阀、执行机构和悬架系统组成。

　　按结构形式的不同，悬架通常可分为非独立悬架和独立悬架两大类。

　　非独立悬架（图 3-45）的结构特点是两侧的车轮由一根整体式车桥相连。车轮连同车桥一起通过悬架与车架（或车身）连接。当一侧车轮因道路不平而发生跳动时，必然引起另一侧车轮在汽车横向平面内发生摆动。

　　独立悬架（图 3-46）的结构特点是车桥做成断开的，每一侧的车轮可以单独地通过悬架与车架（或车身）连接。两侧车轮可以单独跳动，互不影响。

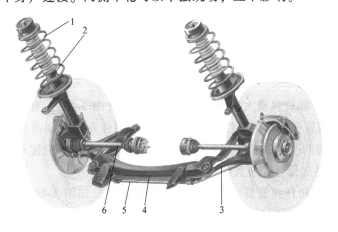

图 3-46　独立悬架

1—螺旋弹簧　2—悬架支柱（带转向臂）焊接总成　3—摇臂
4—副车架　5—横向稳定杆　6—等速万向节与传动轴

3. 弹性元件

悬架采用的弹性元件常见的有钢板弹簧、螺旋弹簧、扭杆弹簧和气体弹簧等。

(1) 钢板弹簧 作为在非独立悬架中使用最为广泛的弹性元件，钢板弹簧是由若干不等长的合金弹簧片叠加在一起组合而成的一根近似等强度的梁，如图 3-47 所示。有些高级轿车的后悬架也采用钢板弹簧作为弹性元件。目前一些汽车上采用变厚度断面的单片或 2~3 片的少片钢板弹簧，可以减小片与片之间的干摩擦，同时减轻了质量。货车后悬架所承受的载荷因装载质量的不同而在很大范围内变化，为保持车身固有频率不变或变化很小，悬架刚度应当是可变的。一般措施是在后悬架中加装副簧。图 3-47 所示为东风 EQ1090E 型汽车的后悬架，由主钢板弹簧和副钢板弹簧叠合而成，是中型货车后悬架常用的结构形式。当汽车空载或实际装载质量不大时，副簧不承受载荷而由主簧单独工作。在重载和满载情况下，车架相对车桥下移，使车架上的副簧滑板式支座与副簧接触，即主、副簧共同参加工作，一起承受载荷而使悬架刚度增大，以保证车身振动频率不会因载荷增大而变化过大。

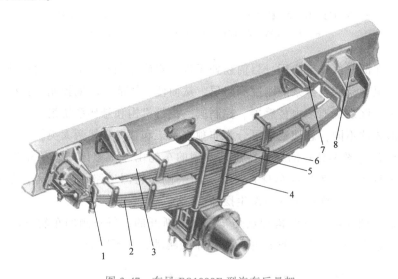

图 3-47 东风 EQ1090E 型汽车后悬架

1—卷耳 2—主钢板弹簧 3—副钢板弹簧 4—U 形螺栓 5—限位块
6—副钢板弹簧垫块 7—副钢板弹簧支座 8—主钢板弹簧滑动支座

(2) 螺旋弹簧 螺旋弹簧大多应用在独立悬架上（图 3-46），有些汽车的非独立悬架（图 3-45）也使用螺旋弹簧作为弹性元件。螺旋弹簧用弹簧钢卷制而成，有刚度不变的圆柱形螺旋弹簧和刚度可变的圆锥形螺旋弹簧两种。由于螺旋弹簧只能承受垂直载荷，用它作弹性元件的悬架要加设导向装置和减振器。

(3) 扭杆弹簧 扭杆弹簧是一根由弹簧钢制成的杆，如图 3-48 所示。扭杆 3 的一端固定在车架 4 上，另一端通过摆臂 2 与车轮 1 相连。当车轮跳动时，摆臂便绕着扭杆轴线摆动，使扭杆产生扭转弹性变形，在车轮与车架之间起弹性连接的作用。扭杆弹簧与钢板弹簧相比，质量较小，而且不需润滑，保养维修简便。扭杆弹簧可以节省纵向空间，适用于小型车及厢式车的悬架系统。但采用扭杆弹簧作弹性元件的悬架要设导向装置和减振器。

（4）气体弹簧　气体弹簧主要有空气弹簧（图3-49）和油气弹簧（图3-50）两种。空气弹簧是以空气作为弹性介质，即在一个密闭的容器内装入压缩空气（气压为0.5～1MPa），利用气体的可压缩性实现弹簧的作用。空气弹簧随着载荷的增加，容器内压缩空气的压力升高，其刚度也随之增加；载荷减小，刚度也随空气压力降低而下降，因而这种弹簧具有理想的变刚度特性。

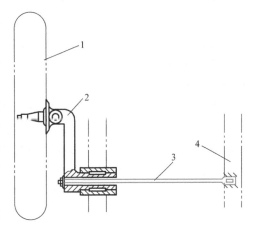

图 3-48　扭杆弹簧
1—车轮　2—摆臂　3—扭杆　4—车架

油气弹簧以气体（如氮等惰性气体）作为弹性介质，用油液作为传力介质，利用气体的可压缩性实现弹簧作用。油气弹簧具有可变刚度的特性以及良好的行驶平顺性，而且体积小、质量轻，但是对密封性要求很高，多用于重型汽车和部分小客车上。

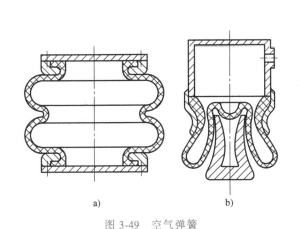

图 3-49　空气弹簧

a）囊式空气弹簧　b）膜式空气弹簧

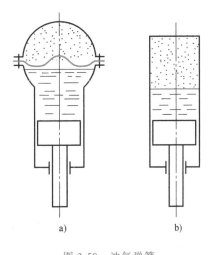

图 3-50　油气弹簧

a）油气分隔式　b）油气不分隔式

4. 减振器

为加速车架与车身振动的衰减，以改善汽车的行驶平顺性，在大多数汽车的悬架系统内部装有减振器。减振器和弹性元件是并联安装的，主要有双向作用筒式减振器、阻力可调式减振器和充气式减振器三种类型。

（1）双向作用筒式减振器　汽车悬架系统中广泛采用的液力减振器是筒式减振器。液力减振器的作用原理是：当车架与车桥做往复相对运动而活塞在缸筒内往复移动时，减振器壳体内的油液便反复地从内腔通过一些窄小的孔隙流入另一内腔。此时孔壁与油液间的摩擦及液体分子内摩擦便形成对振动的阻尼力，使车身和车架的振动能量转化为热能被油液和减振器壳体吸收，然后散到大气中。

图 3-51 所示为双向作用筒式减振器示意图，其在压缩
和伸张行程中均能起减振作用。在压缩行程中，汽车车轮
移近车身，减振器受压缩，此时减振器内的活塞 3 向下移
动，活塞下面的腔室（下腔）的容积减小，油压升高，油
液经流通阀 8 流到活塞上面的腔室（上腔）。由于上腔被活
塞杆 1 占去了部分空间，上腔增加的容积小于下腔减小的
容积，于是一部分油液就推开压缩阀 6，流到贮油缸 5 内。
这些阀对液压油的节流作用就形成了对悬架受压缩运动的
阻尼力。减振器在伸张行程中，车轮远离车身，减振器受
拉伸，这时减振器的活塞向上移动，上腔油压升高，流通
阀 8 关闭，上腔内的油液推开伸张阀 4 流入下腔。由于活
塞杆 1 的存在，自上腔流来的油液不足以充满下腔增加的
容积，促使下腔产生一定真空度，这时贮油缸 5 中的油液
推开补偿阀 7 流进下腔进行补充。这些阀的节流便对悬架
在伸张运动中起到阻尼作用。由于伸张阀弹簧的刚度和预
紧力设计得大于压缩阀，在同样压力作用下，伸张阀及相
应常通缝隙通道的截面积总和小于压缩阀及相应常通缝隙
通道的截面积总和，这使得减振器伸张行程产生的阻尼力
大于压缩行程产生的阻尼力，从而达到迅速减振的要求。

（2）阻力可调式减振器 图 3-52 所示为阻力可调式减
振器示意图。装有这种阻力可调式减振器的悬架系统，采
用了刚度可变的空气弹簧。其工作原理是：当汽车载荷增
加时，空气囊中的气压升高，与之相通的气室 1 内的气压
也随之升高，促使膜片 2 向下移动与弹簧 3 产生的压力相
平衡。同时，膜片带动与它相连的柱塞杆 4 和柱塞 6 下移，
因而使柱塞相对空心连杆 5 上的节流孔 7 的位置发生变化，
结果减小了节流孔的通道截面积，也就是减小了油液流经
节流孔的流量，从而增加了油液的流动阻力。当汽车载荷
减小时，柱塞上移，增大了节流孔的通道截面积，结果减
小了油液的流动阻力。因而可以达到随汽车载荷的变化而
改变减振器阻力的目的，保证了悬架系统具有良好的振动
特性。某些高级轿车上装用阻力可调式减振器。

（3）充气式减振器 图 3-53 所示为充气式减振器示意图，其结构特点是：在减振器
缸筒的下部有一个浮动活塞 2，使工作腔形成三个部分。在浮动活塞与缸筒一端形成的腔
室中充入高压氮气；浮动活塞的上面是减振器油液，浮动活塞上装有大断面的 O 形密封
圈 3，把油和气完全隔开，形成封气活塞；工作活塞 8 上装有随其运动速度大小而改变通
道截面积的压缩阀 4 和伸张阀 7，这两个阀均由一组厚度相同、直径不等的由大到小排列
的弹簧钢片组成。

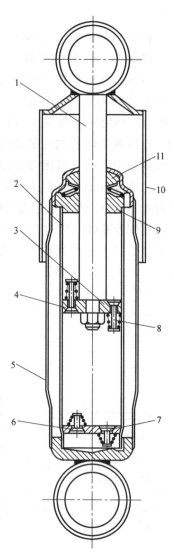

图 3-51　双向作用筒式减振
器示意图

1—活塞杆　2—工作缸　3—活塞
4—伸张阀　5—贮油缸　6—压缩阀
7—补偿阀　8—流通阀　9—导向座
10—防尘罩　11—油封

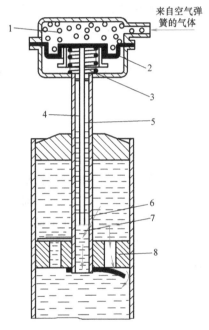

图 3-52　阻力可调式减振器

1—气室　2—膜片　3—弹簧　4—柱塞杆　5—空心连杆
6—柱塞　7—节流孔　8—活塞

图 3-53　双向作用充气式减振器

1—密封气室　2—浮动活塞　3—O 形密封圈　4—压缩阀
5—工作缸　6—活塞杆　7—伸张阀　8—工作活塞

当车轮跳动时，减振器的工作活塞在油液中往复运动，使工作活塞的上腔与下腔之间产生油压差，压力油便推开压缩阀或伸张阀来回流动。由于阀对压力油产生较大的阻尼力而使振动衰减。

由于下腔高压氮气的存在，便可以利用氮气的膨胀和压缩，借助浮动活塞的上下运动来补偿因活塞杆的进出而引起的缸筒容积的变化。因此不再需要贮油腔，当然也就不需要贮油缸筒了，所以这种减振器也称为单筒式减振器。而前述的双向作用筒式减振器既有工作缸筒，又有贮油缸筒，故又称双筒式减振器。

充气式减振器作为一种新型减振器，与双向作用筒式减振器相比，具有以下优点：①由于采用浮动活塞，不需要贮油缸筒，还减少了一套阀门系统，使结构大为简化；②在防尘罩直径相同的条件下，充气式减振器的工作缸筒及活塞直径大，可以产生更大的阻尼力；③减振器中的高压氮气能减小车轮遇到冲击力时产生的高频振动，并有助于消除噪

汽车工程概论

声；④充气式减振器由于浮动活塞的存在，消除了油液的乳化现象。充气式减振器的缺点是：对油封要求高；充气工艺复杂，修理困难；当缸筒受到冲击而变形时，减振器就不能工作。

5. 独立悬架

汽车速度随着高速公路的发展而不断提高，使得非独立悬架已不能满足行驶平顺性和操纵稳定性等方面提出的要求。因此，独立悬架获得了很大的发展空间，特别是轿车普遍采用了独立悬架。独立悬架的结构类型有很多，轿车中常用的独立悬架有麦弗逊式悬架、双横臂式悬架、多连杆式悬架和纵臂扭转梁式悬架（半独立悬架）等。

（1）麦弗逊式悬架　麦弗逊式悬架由减振支柱和下控制臂组成，车轮的上部通过一根减振支杆与车身相连，下部的连接件则是下控制臂，如图 3-54 所示。减振支柱集成了螺旋弹簧和减振器，不仅承担支承车身、减振的任务，还要承受车轮上端的横向力；下控制臂则可以承担车轮下端的横向力和纵向力。该悬架突出的优点是增大了两前轮内侧的空间，便于发动机和其他一些部件的布置；其缺点是减振支柱摩擦和磨损较严重。为了减小摩擦，通常将螺旋弹簧中心线与减振支柱中心线不相重合。另外，还可以将减振器导向座和活塞的摩擦表面用减磨材料制成，以减小磨损。麦弗逊式悬架是发动机前置前轮驱动轿车和某些轻型客车首选的较好的悬架结构形式。例如大众的桑塔纳和高尔夫、福特的福克斯、丰田的卡罗拉、长安的逸动以及吉利的帝豪等轿车，前悬架均采用这种结构形式。

（2）双横臂式悬架　双横臂式悬架又称双叉臂式、双 A 臂式悬架，它的下部结构与麦弗逊式悬架一样，为一根 A 臂（或称下控制臂），同时车轮上部也有一根 A 臂与车身相连，如图 3-55 所示。螺旋弹簧和减振器一般与下 A 臂相连，此时的减振支柱只负责支承车身和减振的任务，车轮的横向力和纵向力都由 A 臂来承担。该悬架的强度和耐冲击能

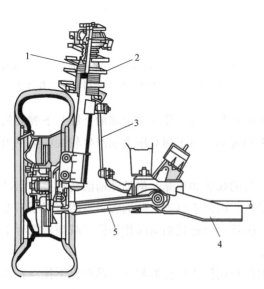

图 3-54　麦弗逊式悬架结构

1—减振器　2—螺旋弹簧　3—防倾杆连接杆
4—副车架　5—下控制臂

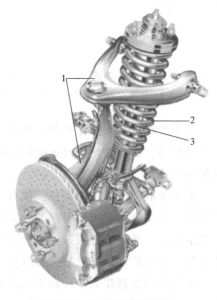

图 3-55　双横臂式悬架结构

1—导向机构（双横臂）　2—螺旋弹簧　3—减振器

力远高于麦弗逊式悬架，在 SUV 上应用较为广泛。另外，由于车轮上、下均有 A 臂支承，在悬架被压缩时，两组 A 臂会形成反向力，从而可以很好地抑制侧倾和制动前倾等问题。在弯道上，由于支承力强，也有利于轮胎定位的精准化，从而提高过弯极限。因此，双横臂式悬架在高级别轿车和跑车上均有应用。

（3）**多连杆式悬架** 多连杆式悬架是指由三根或三根以上连接拉杆构成（图 3-56），并且能提供多个方向的控制力，使轮胎具有更加可靠的行驶轨迹的悬架结构。但由于 3 连杆结构已不能满足人们对于底盘操控性能的更高追求，只有结构更为精确、定位更加准确的 4 连杆式和 5 连杆式悬架才能称得上是真正的多连杆式悬架。目前，多连杆式前悬架有 3 根或 3 根以上连杆，而后悬架一般为 4 连杆或 5 连杆式悬架系统，其中 5 连杆式后悬架的应用较为广泛。

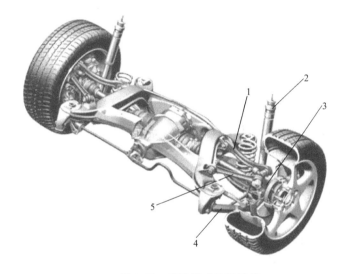

图 3-56　多连杆式悬架结构

1—上控制臂　2—减振器　3—定位臂　4—下控制臂　5—前控制臂

多连杆式悬架能实现主销后倾角的最佳位置，大幅度减小来自路面的前、后方向力，从而改善加速和制动时的平顺性和舒适性。同时由于连杆较多，可以尽最大可能保持车轮与地面垂直、减小车身侧倾和维持轮胎的贴地性，提高整车的操纵稳定性。多连杆式悬架设计自由度非常大，能完全针对车型进行匹配和调校，是目前解决舒适性和操纵性矛盾的最佳方案。但多连杆式悬架结构相对复杂，材料成本、研发成本以及制造成本远高于其他类型的悬架，并且其占用空间大，出于成本和空间考虑多连杆式独立悬架主要应用于高档轿车上。

（4）**纵臂扭转梁式悬架** 纵臂扭转梁式悬架又称扭力梁式、扭杆梁式悬架等，该悬架的左、右车轮之间没有硬轴连接，中间通过一根扭转梁连接，如图 3-57 所示。扭转梁式悬架常用于汽车后悬架，通过一个扭转梁来平衡左、右车轮的上、下跳动，以减小车辆的摇晃，保持车辆的平稳，尽管现在厂商一般将其宣传为半独立悬架，但严格来讲，应将其归入非独立悬架的范畴。采取扭转梁式悬架系统的汽车一般平稳性和舒适性较差，但由于其构造较简单，承载力大，占用空间小，在经济型轿车、普通客车和一些其他特种车辆

上的应用较为广泛。

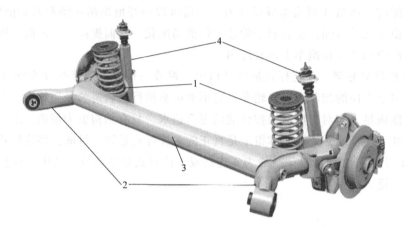

图 3-57　扭转梁式悬架结构

1—弹性元件　2—纵臂　3—扭转横梁　4—减振器

（5）横向稳定杆　现代轿车的悬架一般都很软，在高速行驶中转向时，车身会产生很大的横向倾斜和横向角振动。为减小这种横向倾斜，往往在悬架中加设横向稳定杆（图 3-58）。其两端分别固定于左、右悬架上，在汽车转弯时，可减小车身侧倾程度，使车身尽量保持平衡。当汽车转弯时，外侧悬架会压向稳定杆，使其发生扭曲。由于稳定杆是弹性杆，相当于一根扭杆弹簧，其扭转产生的内力矩就会阻碍悬架弹簧的变形，减小车身的横向倾斜和横向角振动。

图 3-58　横向稳定杆位置示意图

1—横向稳定杆

第三节　转　向　系　统

　　汽车在行驶过程中，由于行驶路线、道路方向的改变，或者为了避让行人、障碍物，汽车的行驶方向需要经常改变。就轮式汽车而言，改变行驶方向是通过一套机构使转向轮（一般是前轮）偏转一个角度来实现的。该机构用来改变或恢复汽车的行驶方向，称为汽车的转向系统。

一、转向系统的基本组成及工作原理

　　按转向能源不同，转向系统可分为机械转向系统和助力转向系统两大类。

1. 机械转向系统

机械转向系统是以驾驶人的体力（手力）作为转向能源的转向系统，其中所有传力件都是机械的。它由转向操纵机构、转向器和转向传动机构组成。

图 3-59 所示为机械转向系统的组成和布置示意图。当汽车转向时，驾驶人对转向盘 1 施加一个转向力矩。该力矩通过转向轴 2、转向万向节 3 和转向传动轴 4 输入转向器 5。经转向器放大后的力矩和减速后的运动传到转向摇臂 6，再经过转向直拉杆 7 传给固定于左转向节 9 上的转向节臂 8，使左转向节和它所支承的左转向轮偏转。为使右转向节 13 及其支承的右转向轮随之偏转相应角度，还设置了转向梯形。转向梯形由固定在左、右转向节上的梯形臂 10、12 和两端与梯形臂作球铰链连接的转向横拉杆 11 组成。

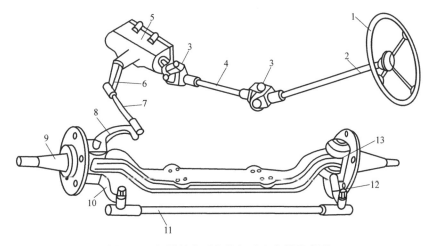

图 3-59　机械转向系统的组成和布置示意图

1—转向盘　2—转向轴　3—转向万向节　4—转向传动轴　5—转向器　6—转向摇臂　7—转向直拉杆
8—转向节臂　9—左转向节　10、12—梯形臂　11—转向横拉杆　13—右转向节

从转向盘到转向传动轴这一系列的零部件，均属于转向操纵机构。由转向摇臂至转向梯形这一系列的零部件（不含转向节），均属于转向传动机构。

2. 助力转向系统

助力转向系统兼用驾驶人体力和发动机（或电动机）的动力为转向能源的转向系统。它是在机械转向系统的基础上加设一套转向加力装置而形成的。在正常情况下，汽车转向所需能量，只有一小部分由驾驶人提供，而大部分是由发动机（或电动机）通过转向加力装置提供的。但在转向加力装置失效时，一般还应当能由驾驶人独立承担汽车转向的任务。

图 3-60 所示为桑塔纳轿车采用整体式助力转向器的助力转向系统的组成和液压转向加力装置的管路布置示意图。其中，属于转向加力装置的部件包括转向助力泵 5、转向油管（高压、低压）6、7、转向油罐 8 以及位于助力转向器 10 内部的转向控制阀及转向助力缸等。当驾驶人转动转向盘 1 时，通过助力转向器 10 中的齿轮齿条式转向器和横拉杆 9、11 使前轮偏转，以实现转向。与此同时，转向器输入轴还带动转向器内部的转向控制

阀转动，使转向助力缸内产生液压作用力，帮助驾驶人的转向操纵。这样，为了克服地面作用于转向轮上的转向阻力矩，驾驶人需要施加于转向盘上的转向力矩，比采用机械转向系统时所需的转向力矩小得多。另外，采用液压助力转向系统还可提高汽车行驶的安全性。

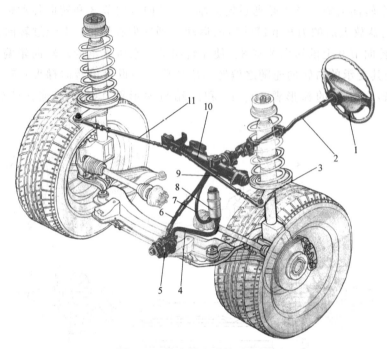

图 3-60　助力转向系统示意图

1—转向盘　2—转向轴　3—转向节臂　4—吸油管　5—转向助力泵　6—高压油管
7—低压油管　8—转向油罐　9—左转向横拉杆　10—助力转向器　11—右转向横拉杆

二、转向操纵机构

转向操纵机构由转向盘、转向轴及转向柱管等组成，它的作用是将驾驶人转动转向盘的操纵力传给转向器。为了方便不同体形驾驶人的操纵及保护驾驶人的安全，现代汽车转向操纵机构还带有各种调整机构及保护装置。

包括我国在内的大多数国家都规定车辆右侧通行，相应地应将转向盘安置在驾驶室左侧，这样，驾驶人的左方视野较广阔，有利于两车安全会车。相反，在一些规定车辆左侧通行的国家及地区使用的汽车上，转向盘则应安置在驾驶室右侧。

1. 转向盘

转向盘的构造如图 3-61 所示，它主要由轮圈 1 和轮辐 2 等组成。轮辐 2 和轮圈 1 的心部有钢、铝或镁合金制成的骨架，外表通过注塑方法包覆有一定形状的塑料外层或合成橡胶，以改善操纵转向盘的手感并提高驾驶人的安全性。当汽车发生碰撞时，从安全性的角度考虑，不仅要求转向盘应具有柔软的外表皮，可起缓冲作用，还要求转向盘在撞车时，其骨架能产生变形以吸收冲击能量，减轻驾驶人受伤的程度。

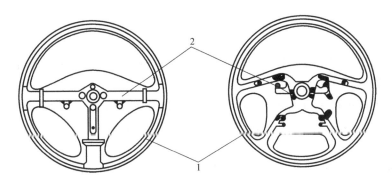

图 3-61　转向盘的构造

1—轮圈　2—轮辐

转向盘上都装有喇叭按钮，有些轿车的转向盘上还装有车速控制开关和撞车时保护驾驶人的气囊装置。

2. 转向轴和转向柱管

转向轴是连接转向盘和转向器的传动件，并传递它们之间的转矩。转向柱管安装在车身上，支承着转向盘。转向轴从转向柱管中穿过，支承在柱管内的轴承和衬套上。

近年来，由于公路的改善和汽车车速的提高，许多国家都制定了严格的安全法规。对于轿车，除要求装有吸能式转向盘外，还要求转向柱管也必须备有缓和冲击的吸能装置。其基本结构原理是：当转向轴受到巨大冲击时，转向轴产生轴向位移，使支架或某些支承件产生塑性变形，从而吸收冲击能量。

图 3-62 所示为轿车转向操纵机构。其转向轴分为上、下两段，当发生撞车时，上、下两段相互分离或相互滑动，避免了转向盘随车身后移，从而保证了驾驶人的安全。

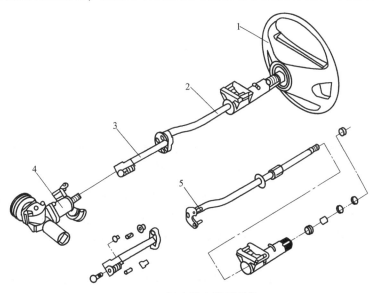

图 3-62　轿车转向操纵机构

1—转向盘　2—上转向轴　3—下转向轴　4—转向器　5—销钉

三、机械式转向器

转向器的功用是改变力的传递方向和大小，获得所要求的摆动速度和角度，进而通过传动机构带动转向轮偏转。

现代汽车上应用最多的机械式转向器有循环球-齿条齿扇式、齿轮齿条式、循环球-曲柄指销式和蜗杆曲柄指销式等。在轿车上应用较多的是前两种转向器。

1. 循环球-齿条齿扇转向器

循环球转向器中一般有两级传动副，第一级是螺杆螺母传动副，第二级是齿条齿扇传动副。

图 3-63 所示为循环球-齿条齿扇转向器。为减小转向螺杆和转向螺母之间的摩擦，两者的螺纹并不直接接触，转向螺母的内径大于转向螺杆的外径，转向螺母松套在转向螺杆上，其间装有许多钢球，转向螺母外有两根钢球导管，导管插入转向螺母侧面的一对通孔中，导管内也装满了钢球。当转动转向螺杆 10 时，通过钢球 9 将力传给转向螺母 6，转向螺母沿轴向移动，螺母上的齿条与齿扇啮合带动转向摇臂轴（齿扇轴）3 转动。同时，两列钢球在摩擦力的作用下，在两条独立的螺旋状通道和钢球导管内循环滚动，形成"球流"。

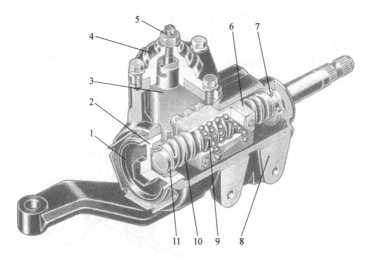

图 3-63　循环球-齿条齿扇转向器

1—转向器锁紧螺母　2—转向器调整螺母　3—转向摇臂轴　4—转向器侧盖　5—调整螺钉
6—转向螺母　7、11—轴承　8—转向器壳体　9—钢球　10—转向螺杆

转向螺母上的齿条是倾斜的，齿扇的齿厚也是按线性关系变化的，只要转向摇臂轴做轴向运动，即能调整两者的啮合间隙，以调整转向盘的自由行程（10°~15°）。旋入调整螺钉 5，则转向摇臂轴左移，啮合间隙减小；反之转向摇臂轴右移，啮合间隙增大。

2. 齿轮齿条转向器

图 3-64 所示为齿轮齿条转向器，它主要由齿条 1、齿轮 2 及转向器壳体 3 等组成。转向齿轮与齿条啮合，当转动转向盘时，齿轮 2 转动，使与之啮合的齿条 1 沿轴向移动。与齿条相连的横拉杆带动转向节转动，使转向轮偏转，实现汽车转向行驶。

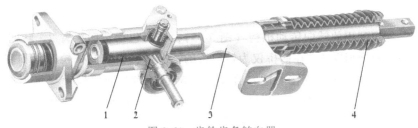

图 3-64　齿轮齿条转向器

1—齿条　2—齿轮　3—转向器壳体　4—保护套

四、助力转向器

用以将发动机（或电动机）输出的部分机械能转化为压力能，并在驾驶人控制下，对转向传动装置或转向器中某一传动件施加不同方向的液压或气压作用力，以帮助驾驶人进行转向的一系列零部件，总称为助力转向器。

按传能介质不同，助力转向器有气压式和液压式两种。气压式助力转向器主要应用于部分前轴最大轴载质量为 3~7t 并采用气压制动系统的货车和客车上。液压助力转向器的工作压力可高达 10MPa 以上，故其部件尺寸很小。液压系统工作时无噪声，工作滞后时间短，而且能吸收来自不平路面的冲击。因此，液压助力转向器已在各类各级汽车上得到广泛应用。

根据机械式转向器、转向助力缸和转向控制阀三者在转向装置中的布置和联接关系的不同，液压助力转向装置分为整体式、组合式和分离式三种结构型式。

整体式液压助力转向装置的转向控制阀、转向助力缸与机械式转向器组合成一个整体，安装在转向轴的下端。这种转向装置结构紧凑，输油管路简单，在汽车上布置容易，但要从汽车上将它拆下修理较为困难。另外，转向传动装置中的所有零件都要承受由转向助力缸增强了的转向力，因此这些零件的结构强度要增加，转向器本身对密封性能的要求也要提高。因此，整体式转向器在高级轿车上应用广泛，近年来也用于重型汽车上。

组合式液压助力转向装置是将机械式转向器、转向助力缸及转向控制阀三者中的两者组合制成一个整体。常见的有两种形式：一种是将转向助力缸与转向控制阀组合成一个整体（称为转向加力器）布置在转向传动机构中，而机械式转向器作为独立部件；另一种是将转向控制阀与机械式转向器组合成一个部件（称为半整体式助力转向器），转向助力缸则作为独立部件。

分离式液压助力转向装置的转向助力缸、转向控制阀与机械式转向器都是单独设置的。这种转向装置在结构紧凑、安装位置狭窄的轻型货车和轿车上有所采用，但应用范围很小。

五、转向传动机构

转向传动机构的功用是将转向器输出的力和运动传到转向桥两侧的转向节，使两侧转向轮偏转，且使两转向轮偏转角按一定关系变化，以保证汽车转向时车轮与地面的相对滑

动尽可能小。转向传动机构的组成和布置因转向器结构型式、安装位置及悬架类型而异。

1. 与非独立悬架配用的转向传动机构

与非独立悬架配用的转向传动机构（图 3-65），主要包括转向摇臂 2、转向直拉杆 3、转向节臂 4 和转向梯形臂 5。在前桥仅为转向桥的情况下，由转向横拉杆 6 和左、右梯形臂 5 组成的转向梯形一般布置在前桥之后（图 3-65a）。当转向轮处于与汽车直线行驶相应的中立位置时，梯形臂与横拉杆在与道路平行的水平面内的交角 $\theta>90°$。在发动机位置较低或转向桥兼作驱动桥的情况下，为避免运动干涉，往往将转向梯形布置在前桥之前，此时上述交角 $\theta<90°$（图 3-65b）。若转向摇臂不是在汽车纵向平面内前后摆动，而是在与道路平行的平面内左右摆动，则可将转向直拉杆 3 横置，并借球头销直接带动转向横拉杆 6，从而推动两侧梯形臂转动（图 3-65c）。

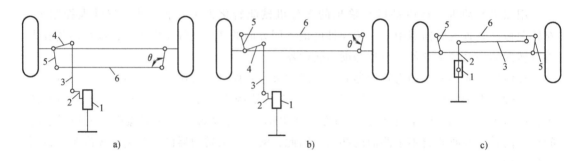

a)   b)   c)

图 3-65   与非独立悬架配用的转向传动机构示意图

1—转向器   2—转向摇臂   3—转向直拉杆   4—转向节臂   5—转向梯形臂   6—转向横拉杆

2. 与独立悬架配用的转向传动机构

在采用独立悬架的汽车上，每个转向轮都需要相对车架独立运动，因而转向桥必须是断开式的。与此相应，转向传动机构中的转向梯形也必须是断开式的（图 3-66）。图 3-66a、b 所示机构与循环球转向器配用，图 3-66c、d 所示机构与齿轮齿条转向器配用。

六、四轮转向系统

四轮转向（4 Wheel Steering, 4WS）是指后轮和前轮一样，都具有一定的转向功能。四轮转向的主要目的是：增强车辆在高速行驶或者在侧向风力作用下的操纵稳定性；便于由一个车道向另一个车道的移动调整；改善低速转向时的操纵轻便性，减小掉头时的转弯半径。因此对于高速车辆，四轮转向是一种发展趋势。

四轮转向装置的汽车，后轮不仅可以与前轮同方向转向，也可以与前轮反方向转向，前后轮相互配合，可有效减弱倾翻作用力，使侧滑和侧翻机会减少，从而保障了行车的安全。图 3-67 所示为低速转向时两轮转向与四轮转向的比较。低速行驶时，后轮逆向转向（与前轮方向相反），使转弯半径小，机动性能好。二轮转向（2WS）时，因后轮不转向，旋转中心在后轴的延长线上，使转弯半径大，机动性能差。

130

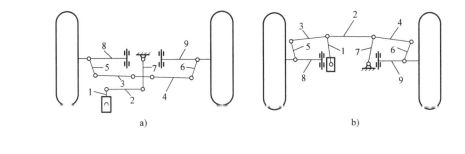

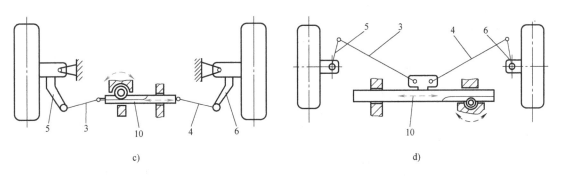

图 3-66 与独立悬架配用的转向传动机构示意图

1—转向摇臂 2—转向直拉杆 3—左转向横拉杆 4—右转向横拉杆 5—左梯形臂
6—右梯形臂 7—摇杆 8—悬架左摆臂 9—悬架右摆臂 10—齿轮齿条转向器

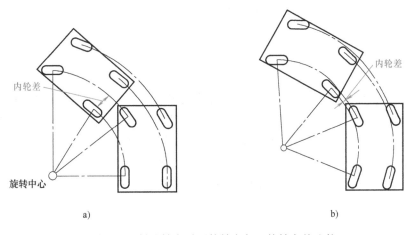

图 3-67 低速转向时两轮转向与四轮转向的比较

a）两轮转向 b）四轮转向

在汽车转向盘的转角和车速都确定下来以后，前轮转向汽车的行驶状态是单一的，而四轮转向汽车的行驶状态则会随着后轮与前轮之间的角度不同而变化，这是两轮转向和四轮转向的根本差别所在，也是后者比前者优越的关键之处。

四轮转向轿车的前、后轮转向装置之间的联系形式有机械式、液压式及电子式等。目前四轮转向装置已将机械、液压、电子、传感器及微处理机控制技术紧密结合在一起，在

很大程度上改善了轿车的转向特性，提高了操纵稳定性。

七、电动助力转向系统

电动助力转向（Electric Power Steering，EPS）系统是一种直接依靠电动机提供辅助转矩的助力转向系统，是为了满足人们对驾驶轻便性的要求而产生的。它可以根据不同的使用工况控制电动机提供不同的辅助动力，这也符合当前电控技术与汽车技术相结合的趋势。

电动助力转向系统主要由机械式转向器、转矩传感器、减速机构、离合器、电动机、电控单元（ECU）和车速传感器组成。图 3-68 所示为电动助力转向系统示意图。转矩传感器通过扭杆连接在转向轴中间。当转向轴转动时，转矩传感器开始工作，把

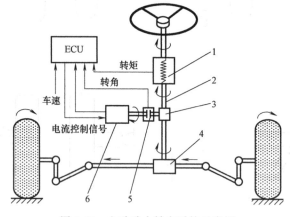

图 3-68　电动助力转向系统示意图
1—转矩传感器　2—转向轴　3—减速机构
4—齿轮齿条转向器　5—离合器　6—电动机

两段转向轴在扭杆作用下产生的相对转角转变成电信号传给 ECU，ECU 根据车速传感器和转矩传感器的信号决定电动机的旋转方向和助力电流的大小，并将指令传递给电动机，通过离合器和减速机构将辅助动力施加到转向系统（转向轴）中，从而完成实时控制的助力转向。它可以方便地实现在不同车速下提供不同的助力效果，保证汽车在低速转向行驶时轻便灵活，高速转向行驶时稳定可靠。因此，EPS 系统助力特性的设置具有较高的自由度。

电动助力转向系统与传统的液压助力转向系统相比，具有质量小、节省空间、节省动力和容易集成的优点，特别适合使用在对空间、重量要求更高的使用小排量发动机的微型汽车上。但是，由于 EPS 系统使用了电动机和减速机构等部件，系统成本较高；另外，减速机构、电动机等部件产生的摩擦力和惯性力可能会影响转向特性（如产生过多转向），或是改变了转向盘的自动回正作用以及它的阻尼特性等。因此，正确匹配整车性能至关重要。

第四节　制动系统

汽车上用以使路面对车轮施加一定的力，从而对其进行强制制动的一系列专门装置称为制动系统。制动系统的作用是：使行驶中的汽车按照驾驶人的要求进行强制减速甚至停车；使已停驶的汽车在各种道路条件下（包括在坡道上）稳定驻车；使下坡行驶的汽车速度保持稳定。

一、制动系统的组成及工作原理

1. 制动系统的组成及分类

如图 3-69 所示，制动系统一般由制动操纵机构和制动器两个主要部件组成。

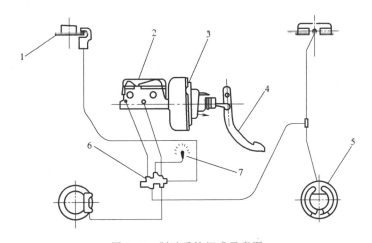

图 3-69 制动系统组成示意图

1—前轮盘式制动器　2—制动主缸　3—真空助力器　4—制动踏板
5—后轮鼓式制动器　6—制动组合阀　7—制动警告灯

制动操纵机构由制动踏板 4、真空助力器 3、制动主缸 2、制动组合阀 6 以及制动轮缸和制动管路等组成。它用来产生制动动作、控制制动效果，并将制动能量传输到制动器的各个部件。

制动器是用来产生阻碍车辆运动或运动趋势的制动力的部件。汽车上常用的制动器都是利用固定元件与旋转元件工作表面的摩擦而产生制动力矩的摩擦制动器。

有些制动系统中还有制动警告装置，用以提醒驾驶人制动系统中某些元件已经出现故障，如制动管路漏油、摩擦片磨损达到极限值等。

制动系统按作用可分为行车制动系统、驻车制动系统、应急制动系统及辅助制动系统等。用以使行驶中的汽车降低速度甚至停车的制动系统称为行车制动系统；用以使已停驶的汽车驻留原地不动的制动系统称为驻车制动系统；在行车制动系统失效的情况下，保证汽车仍能实现减速或停车的制动系统称为应急制动系统；在行车过程中，用来辅助行车制动系统降低车速或保持车速稳定，但不能将车辆紧急制停的制动系统称为辅助制动系统。上述各制动系统中，行车制动系统和驻车制动系统是每一辆汽车都必须具备的。

按制动操纵的能源，制动系统可分为人力制动系统、动力制动系统和伺服制动系统等。以人力作为唯一制动能源的制动系统称为人力制动系统；靠由发动机的动力转化而成的气压或液压进行制动的制动系统称为动力制动系统；兼用人力和发动机动力进行制动的制动系统称为伺服制动系统或助力制动系统。

按制动能量的传输方式，制动系统可分为机械式、液压式、气压式及电磁式等。同时采用两种以上传能方式的制动系统称为组合式制动系统。

2. 制动系统的一般工作原理

制动系统的一般工作原理是：利用与车身或车架相连的非旋转元件和与车轮或传动轴相连的旋转元件之间的相互摩擦，来阻止车轮的转动或转动的趋势，并将运动着的汽车的动能转化为摩擦副的热能耗散到大气中。图 3-70 所示为一种简单的液压制动系统工作原理示意图，一个以内圆面为工作表面的金属制动鼓 8 固定在车轮轮毂上，随车轮一同旋转。在固定不动的制动底板 11 上，有两个支承销 12，支承着两个弧形制动蹄 10 的下端。制动蹄的外圆面上装有摩擦片 9。制动底板上还装有液压制动轮缸 6，用油管 5 与装在车架上的液压制动主缸 4 相连通。主缸活塞 3 可由驾驶人通过制动踏板机构来操纵。

制动系统不工作时，制动鼓的内圆面与制动蹄摩擦片的外圆面之间保持一定的间隙，使车轮和制动鼓可以自由旋转。要使行驶中的汽车减速，驾驶人需踩下制动踏板 1，通过推杆 2 和主缸活塞 3，使主缸内的油液在一定压力下流入轮缸，并通过两个轮缸活塞 7 推动两制动蹄 10 绕支承销 12 转动，上端向两边分开而以其摩擦片 9 压紧在制动鼓 8 的内圆面上。这样，不旋转的制动蹄就对旋转着的制动鼓作用一个摩擦力矩 M_μ，其方向与车轮旋转方向相反。制动鼓将该力矩 M_μ 传到车轮后，由于车轮与路面间有附着作用，车轮对路面作用一个向前的圆周力 F_μ，同时路面也对车轮作用一个向后的反作用力，即地面制动力 F_B。地面制动力 F_B 由车轮经车桥和悬架传给车架及车身，迫使整个汽车产生一定的减速度。制动力越大，则汽车减速度越大。

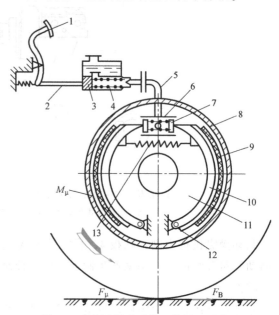

图 3-70　液压制动系统工作原理示意图

1—制动踏板　2—推杆　3—主缸活塞　4—制动主缸
5—油管　6—制动轮缸　7—轮缸活塞　8—制动鼓
9—摩擦片　10—制动蹄　11—制动底板
12—支承销　13—制动蹄回位弹簧

当放开制动踏板时，制动蹄回位弹簧 13 即将制动蹄拉回原位，摩擦力矩 M_μ 和地面制动力 F_B 消失，制动作用终止。

二、制动器

旋转元件固装在车轮或半轴上，即制动力矩直接分别作用于两侧车轮上的制动器，称为车轮制动器。旋转元件固装在传动系统的传动轴上，其制动力矩须经过驱动桥再分配到两侧车轮上的制动器，称为中央制动器。车轮制动器一般用于行车制动，也有兼用于第二制动（或应急制动）和驻车制动的。中央制动器一般只用于驻车制动和缓速制动。制动器有两种常见的结构型式，分别是鼓式制动器和盘式制动器。

（一）鼓式制动器

一般鼓式制动器都采用带摩擦片的制动蹄作为固定元件。位于制动鼓内部的制动蹄在

一端承受促动力时，可绕其另一端的支点向外旋转，压靠到制动鼓（旋转元件）内圆面上，产生摩擦力矩（制动力矩）进行制动。对制动蹄加力使蹄转动的装置统称为制动蹄促动装置。常用的促动装置有制动轮缸、凸轮促动装置及楔形促动装置，相应的鼓式制动器称为轮缸式制动器、凸轮式制动器和楔式制动器。

1. 轮缸式制动器

图 3-71 所示为轮缸式制动器（领从蹄式制动器）。作为旋转元件的制动鼓 5 固装在车轮轮毂的凸缘上，作为固定部分零件装配基体的制动底板 4，用螺栓固装在后桥短轴凸缘上。制动蹄的上、下支承面均加工成弧面，下端支靠在固定于制动底板上的支承板 6 上。这种支承结构可使整个制动蹄沿支承平面有一定的浮动量。其优点是制动蹄可以自动定心，保证有可能与制动鼓全面接触。这种结构的另一特点是：该行车制动器可兼作驻车制动器，因此在制动器中还装设了驻车制动机械促动装置。行车制动时，两蹄在轮缸中液压的作用下，各自绕支承板向外旋转，紧压在制动鼓上。解除制动时，撤除液压，两蹄便在回位弹簧 7 的作用下回位。

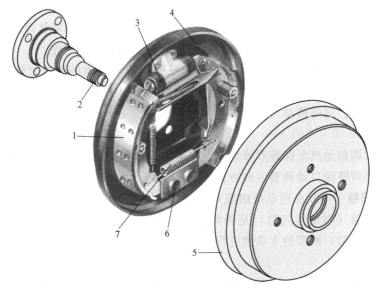

图 3-71　轮缸式制动器

1—制动蹄　2—后桥短轴　3—制动轮缸　4—制动底板　5—制动鼓　6—支承板　7—回位弹簧

鼓式制动器根据制动过程中两制动蹄产生制动力矩的不同，可分为领从蹄式、双领蹄式、双向双领蹄式、双从蹄式、单向自增力式和双向自增力式等形式。

（1）领从蹄式制动器　在制动鼓正向旋转和反向旋转时都有一个领蹄和一个从蹄的制动器称为领从蹄式制动器。制动蹄张开时的旋转方向与制动鼓的旋转方向相同的制动蹄，称为领蹄；其张开时的旋转方向与制动鼓的旋转方向相反的制动蹄，称为从蹄。领蹄具有"增势"作用，从蹄具有"减势"作用。虽然领蹄和从蹄所受促动力相等，但两制动蹄对制动鼓所施加的制动力矩不相等。一般说来，领蹄制动力矩为从蹄制动力矩的 2～2.5 倍。由于领蹄与从蹄所受法向反力不等，在两蹄摩擦片工作面积相等的情况下，领蹄摩擦片上的单位压力较大，因而磨损较严重。为了使领蹄和从蹄的摩擦片寿命相近，有些

领从蹄式制动器的领蹄摩擦片的周向尺寸设计得较大。但是这样将使两蹄摩擦片不能互换，从而增加了零件种类数目和制造成本。

（2）双领蹄式制动器　在制动鼓正向旋转时，两蹄均为领蹄的制动器称为双领蹄式制动器。双领蹄式制动器与领从蹄式制动器在结构上主要有两点不同：一是双领蹄式制动器的两制动蹄各用一个单活塞式轮缸，而领从蹄式制动器的两蹄共用一个双活塞式轮缸；二是双领蹄式制动器的两套制动蹄、制动轮缸、支承销在制动底板上的布置是中心对称的，而领从蹄式制动器中的制动蹄、制动轮缸、支承销在制动底板上是轴对称布置的。

（3）双向双领蹄式制动器　无论是前进制动还是倒车制动，两制动蹄都是领蹄的制动器称为双向双领蹄式制动器。与领从蹄式制动器相比，双向双领蹄式制动器在结构上有三个特点：一是采用两个双活塞式制动轮缸；二是两制动蹄的两端都采用浮式支承，且支点的周向位置也是浮动的；三是制动底板上的所有固定元件，如制动蹄、制动轮缸、回位弹簧等都是成对的，而且既按轴对称，又按中心对称布置。

（4）双从蹄式制动器　前进制动时两制动蹄均为从蹄的制动器称为双从蹄式制动器。这种制动器与双领蹄式制动器结构相似，二者的差异只在于固定元件与旋转元件的相对运动方向不同。虽然双从蹄式制动器的前进制动效能低于双领蹄式和领从蹄式制动器，但其效能对摩擦因数变化的敏感程度较小，即具有良好的制动效能稳定性。

（5）双向自增力式制动器　制动鼓正向和反向旋转时均能借蹄鼓之间的摩擦起自增力作用的制动器称为双向自增力式制动器。它的结构不同于单向自增力式之处主要是采用双活塞式制动轮缸，可向两蹄同时施加相等的促动力。

2. 轮缸式制动器间隙的调整

制动器间隙调整是汽车保养和修理作业中必不可少的重要作业项目，轮缸式制动器间隙的调整有手动调整和自动调整两种方法。

（1）手动调整　一般在制动鼓腹板外边开有一个检查孔，以便用塞尺检查摩擦片与制动鼓之间的间隙（制动器间隙）是否符合规定值。北京 BJ2020N 型汽车的制动器采用转动调整凸轮和带偏心轴颈的支承销进行调整；有些制动器轮缸两端的端盖制成调整螺母进行调整。

（2）自动调整　桑塔纳、奥迪 100 型轿车以及红旗 CA7220 型等轿车的后轮鼓式制动器，均采用楔块式间隙自调装置，装车后只要经过一次完全制动，即可使制动器间隙调到设定值。有些制动器采用阶跃式间隙自调装置，这样的制动器在装车后要进行多次（可能达 20 次以上）制动动作，才能消除所积累的过量间隙。

3. 凸轮式制动器

目前，所有国产汽车和部分外国汽车的气压制动系统中，都采用凸轮促动的车轮制动器，而且大都设计成领从蹄式。

凸轮式制动器如图 3-72 所示。制动蹄 3 采用可锻铸铁制成，不制动时由回位弹簧 4 拉靠在制动凸轮轴 10 的凸轮上。制动凸轮轴通过支座固定在制动底板 7 上，其尾部花键轴插入制动调整臂 13 的内花键中。制动时，制动调整臂在制动气室推杆 14 的推动下，带动制动凸轮轴转动，推使两制动蹄压靠在制动鼓 8 上，从而阻止车轮转动。一般中型货车的凸轮式车轮制动器的间隙，可以根据需要进行局部或全面调整。局部调整是转动调整蜗

杆 12，即可在制动调整臂与制动气室推杆相对位置不变的情况下，通过调整蜗轮 11 使制动凸轮轴转过一定角度，从而改变制动凸轮的原始角位置。进行全面调整时，还应同时转动带偏心轴颈的支承销 5。

（二）盘式制动器

盘式制动器摩擦副中的旋转元件是以端面工作的金属圆盘，称为制动盘。其固定元件则有着多种结构型式，大体上可分为两类。一类是工作面积不大的摩擦块与其金属背板组成的制动块，每个制动器中有 2~4 个。这些制动块及其促动装置都装在横跨制动盘两侧的夹钳形支架中，总称为制动钳。这种由制动盘和制动钳组成的制动器称为钳盘式制动器（图 3-73）。另一类固定元件的金属背板和摩擦片也呈圆盘形，制动盘的全部工作面可同时与摩擦片接触，这种制动器称为全盘式制动器。钳盘式制动器过去只用作中央制动器，但目前越来越多地被各级轿车和货车用作车轮制动器。全盘式制动器主要用作重型汽车的车轮制动器。

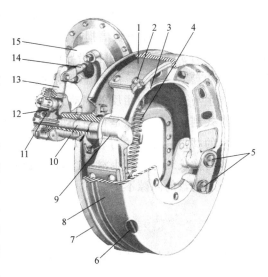

图 3-72　凸轮式制动器

1—制动蹄摩擦片　2—摩擦片铆钉　3—制动蹄
4—回位弹簧　5—支承销　6—检查孔　7—制动
底板　8—制动鼓　9—制动凸轮　10—制动凸轮轴
11—调整蜗轮　12—调整蜗杆　13—制动调整臂
14—制动气室推杆　15—制动气室

钳盘式制动器分为定钳盘式与浮钳盘式两类，目前应用最多的是浮钳盘式制动器。

图 3-74 所示为浮钳盘式制动器工作原理示意图。制动钳支架 3 固定在转向节上，制

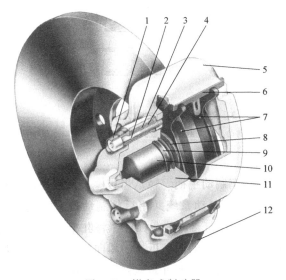

图 3-73　钳盘式制动器

1—橡胶衬套　2—螺栓　3—导向钢套　4—塑料套　5—制动钳
支架　6—保持弹簧　7—摩擦块　8—活塞防尘罩　9—油封
10—活塞　11—制动钳壳体　12—制动盘

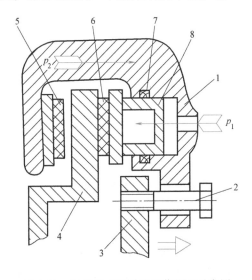

图 3-74　浮钳盘式制动器工作原理示意图

1—制动钳体　2—导向销　3—制动钳支架
4—制动盘　5—固定制动块　6—活动制动块
7—活塞密封圈　8—活塞

动钳体 1 与制动钳支架 3 可沿导向销 2 轴向滑动。制动时，活塞 8 在液压力 p_1 的作用下，将活动制动块 6（带摩擦块磨损报警装置）推向制动盘 4。与此同时，作用在制动钳体 1 上的反作用力 p_2 推动制动钳体沿导向销 2 向右移动，使固定在制动钳体上的固定制动块 5 压靠在制动盘上。于是，制动盘两侧的摩擦块在 p_1 和 p_2 的作用下夹紧制动盘，使之在制动盘上产生与运动方向相反的制动力矩，促使汽车制动。

钳盘式制动器的间隙是自动调整的，多数是通过活塞后部的活塞密封圈 7 来实现。随着制动块的磨损，活塞的行程会增加，结果因活塞的推进量超过密封圈橡胶环的弹性变形，活塞与橡胶环之间产生滑动，而橡胶环的弹性不变，制动结束时活塞被拉回的距离不变，即与制动盘的间隙不变。

三、制动传动装置

轿车上的制动传动装置有机械式和液压式两种。驻车制动系统采用机械传动装置，行车制动系统采用液压传动装置，如图 3-75 所示。

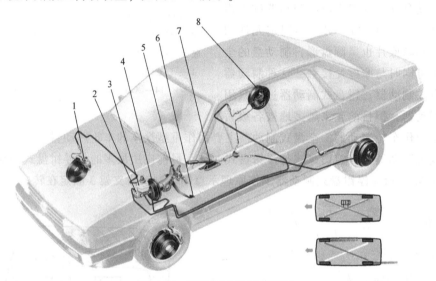

图 3-75　轿车制动系统布置图

1—前轮钳盘式制动器　2—制动主缸　3—储液罐　4—真空助力器
5—踏板支架　6—制动踏板　7—驻车制动系统　8—后轮鼓式制动器

1. 机械传动装置

一般驻车制动系统的机械传动装置主要由驻车制动手柄、棘爪齿板、平衡杠杆及拉杆等零件组成，如图 3-76 所示。驻车制动系统与行车制动系统共用后轮制动器。实施驻车制动时，驾驶人将驻车制动手柄 2 向上扳起，通过拉杆 8、平衡杠杆 7 将驻车制动操纵拉索拉紧，从而促动两后轮制动器实施驻车制动。由于手柄内棘爪 5 的单向作用，棘爪与棘爪齿板 6 啮合后，手柄便不能反转，故整个驻车制动杆系能可靠地被锁定在制动位置。欲解除制动，须先将驻车制动手柄扳起少许，再压下手柄端头的按钮 1，通过棘爪压杆 3 使棘爪离开棘爪齿板，然后将手柄向下推到解除制动位置。此时拉索放松，驻车制动解除，随后应放松手柄端按钮，使棘爪得以将整个驻车机械制动杆系锁止在解除制动位置。

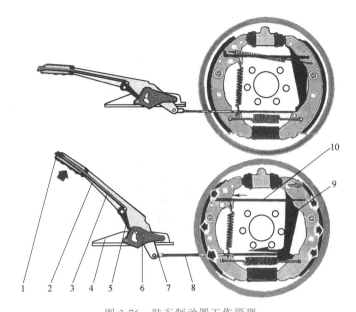

图 3-76　驻车制动器工作原理

1—按钮　2—驻车制动手柄　3—棘爪压杆　4—支架　5—棘爪　6—棘爪齿板
7—平衡杠杆　8—拉杆　9—驻车制动杠杆　10—驻车制动推杆

2. 液压传动装置

液压传动装置主要由制动主缸（制动总泵）、液压管路、后轮鼓式制动器中的制动轮缸（制动分泵）以及前轮钳盘式制动器中的液压缸等组成，如图 3-75 所示。一般制动踏板机构和制动主缸都装在车架上，而车轮是通过悬架与车架联系的，主缸与轮缸之间的相对位置经常变化，故主缸与轮缸间的连接油管除用金属管（铜管）外，还采用特制的橡胶制动软管。各液压元件之间及各段油管之间还有各种管接头。制动前，整个液压系统中应充满专门配制的制动液。

（1）**制动主缸**　制动主缸有的与储液室铸成一体，也有二者分制而装合在一起或用油管连接的。按交通法规的要求，现代汽车的行车制动系统都必须采用双回路制动系统，因此液压制动系统都采用串列双腔式制动主缸。

图 3-77 所示为串列双腔式制动主缸。当踩下制动踏板时，踏板传动机构通过推杆 8 推动后缸（第一）活塞 11 前移，到皮碗掩盖住旁通孔后，此腔液压升高。在后腔液压和后缸弹簧力的作用下，前缸（第二）活塞 16 向前移动，前腔压力也随之升高。当继续踩下制动踏板时，前、后腔的液压继续升高，使前、后轮制动器制动。

撤除踏板力后，制动踏板机构、主缸前、后腔活塞和轮缸活塞，在各自回位弹簧的作用下回位，管路中的制动液借其压力推开回油阀流回主缸，于是制动解除。

若与前腔或后腔连接的制动管路损坏漏油，即双回路液压制动系统中任一回路失效时，主缸仍能工作，只是所需踏板行程加大，将导致汽车的制动距离增长，制动效能降低。

（2）**制动轮缸**　制动轮缸有单活塞式和双活塞式两种。图 3-78 所示为双活塞式制动轮缸。缸体 1 用螺栓固定在制动底板上，缸内有两个活塞 2，二者之间的内腔由两个皮碗

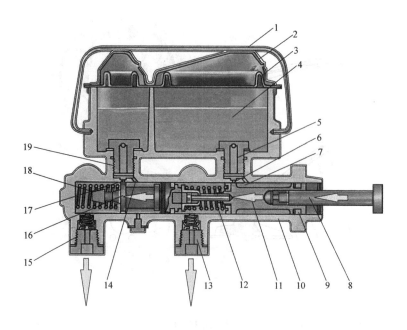

图 3-77　串列双腔式制动主缸

1—压紧钢丝　2—储液室盖　3—胶垫　4—储液室　5、19—储液室联接螺栓　6、17—补偿孔

7、14—进油孔　8—推杆　9—O 形密封圈　10—制动主缸缸体　11—后缸（第一）活塞　12—后回位弹簧

13、15—输液阀座　16—前缸（第二）活塞　18—前回位弹簧

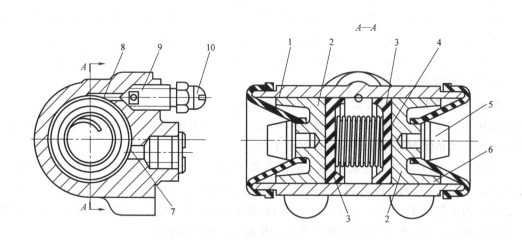

图 3-78　双活塞式制动轮缸

1—缸体　2—活塞　3—皮碗　4—弹簧　5—顶块　6—防护罩　7—进油孔

8—放气孔　9—放气阀　10—放气阀防护螺钉

3 密封。制动时，制动液自管路接头和进油孔 7 进入，活塞 2 在液压作用下外移，通过顶块 5 推动制动蹄。弹簧 4 保证皮碗、活塞、制动蹄的紧密接触，并保持两活塞之间的进油间隙。防护罩 6 除防尘外，还可防止水分进入，以免活塞和轮缸生锈而卡住。

四、真空助力器

目前，轿车上广泛装用真空助力器，利用发动机喉管处的真空度来帮助驾驶人进行制动。根据真空助力膜片的数目，真空助力器分为单膜片式和串联膜片式两种。国产轿车大都采用单膜片式真空助力器，如图 3-79 所示。

真空伺服气室用螺栓固定在车身前围板上，并通过调整叉 9 与制动踏板连接。伺服气室前腔经真空单向阀通向发动机进气管。外界空气经过滤清后进入伺服气室后腔。伺服气室膜片的塑料座内有用以连通伺服气室前腔和控制阀腔的通道 A，以及用以连通伺服气室后腔和控制阀腔的通道 B。真空助力器不工作时，真空阀 5 开启，空气阀 6 关闭。伺服气室前、后腔经通道 A、控制阀腔和通道 B 互相连通，并与空气隔绝，膜片因回位弹簧的作用而被推至右侧（图 3-79a）。

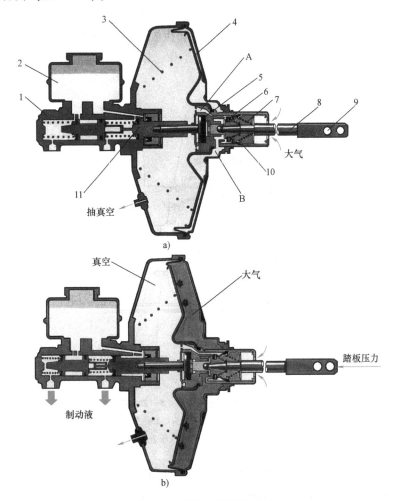

图 3-79　单膜片式真空助力器

a）未工作时　b）工作时

1—串列双腔式制动主缸　2—储液室　3—膜片回位弹簧　4—膜片　5—真空阀　6—空气阀

7—控制阀推杆弹簧　8—控制阀推杆　9—调整叉　10—阀门弹簧　11—制动主缸推杆

当踩下制动踏板时，来自踏板的操纵力推动控制阀推杆 8 和控制阀柱塞前移；与此同时，空气阀打开，真空阀关闭，大气进入 B 室，B 室与 A 室之间产生压力差，膜片向左移动，带动液压制动主缸推杆 11 向左移动，加大制动踏板的压力（图 3-79b），制动主缸的液压力较无助力器时有所增加，油液压力升高并被送至制动轮缸，制动效能增强。

五、气压制动系统

气压制动系统是以发动机动力驱动空气压缩机作为制动器制动能源，而驾驶人的体力仅作为控制能源的制动系统形式。我国生产的中型以上货车或客车一般都采用气压制动系统，其回路和液压制动系统一样，采用双回路或多回路制动系统。

图 3-80 所示为气压制动系示意图。由发动机驱动的空气压缩机（以下简称空压机）1 将压缩空气经单向阀 4 首先输入湿储气罐 6，压缩空气在湿储气罐内冷却并进行油水分离之后，分成两个回路，一个回路经储气罐 14、双腔制动阀 3 的后腔通向前制动气室 2，另一个回路经储气罐 17、双腔制动阀 3 的前腔和快放阀 13 通向后制动气室 10。当其中一个回路发生故障失效时，另一个回路仍能继续工作，以保证汽车具有一定的制动能力，从而提高了汽车行驶的安全性。

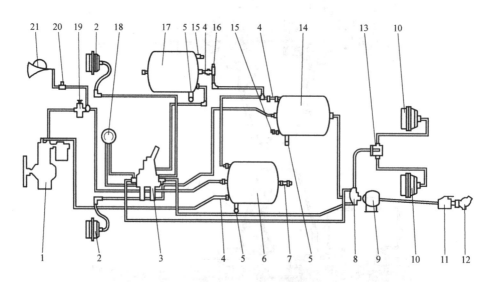

图 3-80 气压制动系统示意图

1—空气压缩机 2—前制动气室 3—双腔制动阀 4—单向阀 5—放水阀 6—湿储气罐 7—安全阀 8—梭阀 9—挂车制动阀 10—后制动气室 11—挂车分离开关 12—接头 13—快放阀 14—储气罐（供前制动器） 15—低压报警器 16—取气阀 17—储气罐（供后制动器）18—双针气压表 19—调压阀 20—气喇叭开关 21—气喇叭

湿储气罐除向两储气罐充气外，还向气喇叭 21 等供气。空压机和湿储气罐之间除了顺向充气通路（前者向后者充气通路）外，还有一条反向通路。反向通路上有调压阀 19。当湿储气罐中的压力达到 0.7~0.74MPa 时，调压阀使空压机卸荷空转。湿储气罐上还装有安全阀 7，可保证制动系统最大压力不超过 0.85MPa。

装在双腔制动阀 3 至后制动气室 10 之间的快放阀 13 的作用是：当松开制动踏板时，

使后轮制动气室放气路线和时间缩短，保证后轮制动器迅速解除制动。

前、后制动回路的储气罐上都装有低压报警器 15。当储气罐中的气压低于一定值（0.35MPa）时，便接通安装在驾驶室内的蜂鸣器的电路，使之发出断续鸣叫声，警告驾驶人储气罐内气压过低。另外，双针气压表 18 的两个指针也可分别指示前、后储气罐的压力。

双腔制动阀通过制动踏板来操纵。不制动时，前、后制动气室分别经制动阀和快放阀与大气相通，而与来自储气罐的压缩空气隔绝，因此所有车轮制动器均不制动。当驾驶人踩下制动踏板时，制动阀首先切断各制动气室与大气的通道，并接通与压缩空气的通道，于是两个储气罐便各自独立地经制动阀向前、后制动气室供气，促前、后制动器产生制动。

图 3-80 中还有一条通向挂车制动回路的气路。在不制动的情况下，前制动储气罐通过挂车制动阀 9、挂车分离开关 11、接头 12 向挂车储气罐充气。制动时，双腔制动阀的前、后腔输出气压都通入梭阀 8。由于两腔输出的气压不可能一致，梭阀只让压力较高腔的压缩空气输入挂车制动阀 9，后者输出的气压又控制装在挂车上的继动阀，使挂车产生制动。

六、防抱死制动系统

在汽车制动过程中，根据车轮与路面的相对运动特征，车轮运动可以分为滚动和滑动两种形式，其中，车轮滑动又可以分为沿着车轮滚动方向的纵向滑移和垂直于车轮滚动方向的侧向滑移。当车轮抱死滑移时，车轮与路面间的侧向附着力将完全消失。如果只是前轮（转向轮）制动到抱死滑移而后轮还在滚动，汽车将失去转向能力；如果只是后轮制动到抱死滑移而前轮还在滚动，即使受到不大的侧向干扰力，汽车也将产生侧滑（甩尾）现象。这些都极易造成严重的交通事故。因此，汽车在制动时不希望车轮制动到抱死滑移，而是希望车轮制动到边滚边滑的状态。目前在轿车、大客车和重型货车上均装备了防抱死制动系统（Antilock Braking System，ABS）。

1. 防抱死制动系统（ABS）的组成

ABS 是在普通制动系统的基础上加装轮速传感器、ABS 电控单元及制动压力调节装置等组成的，如图 3-81 所示。

目前大多数货车采用两轮 ABS，轿车采用四轮 ABS。在四轮 ABS 中，四个车轮有各自的测速传感器，监测各个车轮的速度，但其控制方式又分为四传感器四通道（能够独立进行制动压力调节的制动管路称为控制通道）/四轮独立控制方式，四传感器四通道/前轮独立、后轮选择控制方式以及四传感器三通道/前轮独立、后轮选择控制方式等。在两车轮共用一个控制通道下，一般都采用低选择原则，即以容易抱死的车轮为控制标准，通过同一通道给两侧车轮施加相等的制动力。

（1）轮速传感器　目前用于 ABS 的轮速传感器主要有磁电式和霍尔式两种。磁电式虽结构简单、成本低，但输出信号的幅值易受转速的影响。其低速时输出信号小，难以精确检测；速度过高时，磁感应电势响应跟不上，易产生误信号，可控制的速度一般为 15~160km/h。此外，其抗电磁波干扰能力差。霍尔式需要有电子电路将霍尔元件输出的 mV 级准正弦电压信号放大并转换成标准的脉冲电压，因而结构相应复杂些。但其输出电压不受转速的影响，频率响应较快，适应于现代高速行驶的轿车。

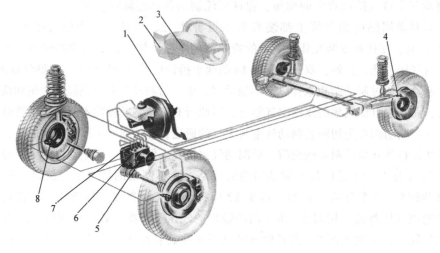

图 3-81　ABS 的组成及布置

1—制动灯开关　2—ABS 指示灯　3—制动警告灯　4—左后轮速传感器
5—液压泵电动机　6—液压调节器　7—电控单元　8—右前轮速传感器

　　磁电式轮速传感器由永久磁铁、磁极、线圈和齿圈组成，如图 3-82 所示。齿圈 5 在磁场中旋转时，齿圈齿顶和电极之间的间隙就以一定的速度变化，使得磁路中的磁阻发生变化。其结果是使磁通量周期地增减，在线圈 1 的两端产生正比于磁通量增减速度的感应电压，并将该交变电压信号输送给电控单元。

　　（2）电控单元　电控单元（ECU）具有运算功能。它接收轮速传感器的交变电压信号后，计算出车轮速度，并与参考车速进行比较，得出滑移率及加、减速度，同时对这些信号加以分析，向液压调节器发出控制指令。

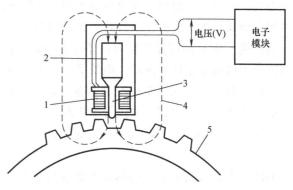

图 3-82　磁电式轮速传感器的组成及工作原理

1—线圈　2—磁铁　3—磁极　4—磁通　5—齿圈

　　ABS 通常是为了保证车辆高速运行时立即制动而设置的，在车速降到一定值（一般为 8km/h）时，应具有自动切除 ABS 的控制功能，此时制动功能的执行让位于驾驶人，即恢复常规制动。

　　ECU 还应有故障自检功能，若 ABS 出现故障不能有效执行防抱死制动，应立即关闭电磁阀控制回路，切断 ABS，恢复常规制动，并亮起 ABS 指示灯，提醒驾驶人。同时将故障信息以故障码的形式送存储器保存，以供诊断时读取来分析故障。

　　（3）液压调节器　液压调节器安装在制动主缸和制动轮缸之间，由电磁阀和液压泵组成，并与电控单元合为一体。液压调节器接收电子控制器的指令，由电磁阀直接或间接地控制制动轮缸油压的增减。

2. 防抱死制动系统（ABS）的工作原理

图 3-81 所示的 ABS 为四传感器四通道式布置形式。四个轮速传感器分别将各车轮的信号传给电子控制器，经电子控制器运算得出各车轮的滑移率，并根据滑移率控制各轮缸的油压。当滑移率为 8%～35% 时，车辆的纵向附着力和侧向附着力都较高。将这一附着区域内汽车制动的有关参数预先输入 ABS 的控制系统，电控单元可随机地根据实际制动工况进行判断，向执行机构发出动作指令，使车轮的滑移率控制在这一最佳工作范围内，即各车轮制动到不抱死的极限状态，从而保证汽车制动时，既不"跑偏"又不"甩尾"。

3. 防抱死制动系统（ABS）制动压力调节过程

下面以电磁阀直接控制轮缸制动压力的循环式制动压力调节器为例介绍 ABS 制动压力调节过程（图 3-83）。

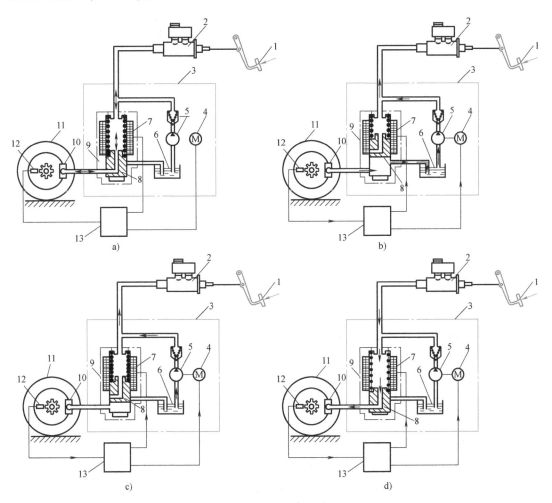

图 3-83　ABS 的制动过程

a）常规制动过程　b）制动压力的下降阶段

c）制动压力的保持阶段　d）制动压力的上升阶段

1—踏板　2—主缸　3—液压部件　4—电动机　5—液压泵　6—储液器　7—线圈

8—柱塞　9—电磁阀　10—轮缸　11—车轮　12—轮速传感器　13—电子控制器

（1）**常规制动过程** 如图 3-83a 所示，ABS 未进入工作状态，电磁阀 9 不通电，柱塞 8 处于图示的最下方，主缸 2 与轮缸 10 的油路相通，主缸可随时控制制动压力的增减。

（2）**制动压力的下降阶段** 如图 3-83b 所示，车速传感器检测到车轮有抱死信号，电磁阀通入较大电流。柱塞移至图示的最上方，主缸与轮缸的通路被截断。轮缸和储液器接通，轮缸压力下降。与此同时，电动机 4 起动，带动液压泵 5 工作，把流回储液器 6 的制动液加压后送入主缸，为下一制动过程做好准备。

（3）**制动压力的保持阶段** 如图 3-83c 所示，在轮缸减压过程中，轮速传感器 12 产生的信号较弱，电磁阀通入较小电流，柱塞降至图示位置，所有油路被截断，保持轮缸压力。

（4）**制动压力的上升阶段** 如图 3-83d 所示，在保压过程中，车轮转速趋于零，感应交流电压也趋于零，电磁阀断电，柱塞下降到初始位置，主缸与轮缸油路再次相通，主缸的高压制动液重新进入轮缸，使轮缸压力回升，车轮又趋于接近抱死状态。

这种脉冲式压力调节的频率一般为 4~10Hz，可保证每次都得到最佳制动效果。

<hr>

思 考 题

3-1 发动机与传动系统的布置形式有几种？各有何优缺点？

3-2 汽车传动系统中为什么要装离合器？

3-3 离合器从动盘上的扭转减振器的功用是什么？

3-4 变速器的功用是什么？

3-5 为什么变速器中要装同步器？

3-6 自动变速器由哪几个主要部分组成？它们是如何工作的？

3-7 汽车传动系统为什么要采用万向传动装置？

3-8 等速万向节有几种？各有何特点？

3-9 驱动桥的功用是什么？每个功用主要由驱动桥的哪个部分实现和承担？

3-10 驱动桥中为什么要设置差速器？

3-11 汽车行驶系统的功用是什么？一般由哪几个主要部分组成？它们各有何功用？

3-12 转向轮定位参数有哪些？各起什么作用？

3-13 转向驱动桥在结构上有哪些特点？其转向和驱动两个功用主要由哪些零部件实现？

3-14 何谓独立悬架和非独立悬架？其结构上有哪些特点？

3-15 何谓汽车转向系统？机械转向系统和助力转向系统各由哪几个主要部分组成？

3-16 何谓汽车制动系统？制动系统是如何分类的？

3-17 轿车制动系统与货车制动系统有何异同？

3-18 汽车为什么要安装防抱死制动系统？它由哪几个主要部分组成？其系统是如何工作的？

第四章　汽车车身与电气设备

一、车身的类型及其基本组成

在汽车车身技术发展前期，汽车的车架作为整车的骨架是基础结构件。直到 20 世纪 50 年代，为减轻汽车自重研发了承载式车身，即将车架的功能由车身壳体（如轿车车身）或车厢构架（如承载式大客车车身）来承担。因此在现代汽车中，只有货车还完全保持车架、驾驶室、车厢三大件独立的结构，客车和轿车则有驾驶室、车厢和车架逐渐互相融合的趋势。

汽车车身由车身本体（包括车身壳体、覆盖件）、车门、车窗、车身外部装饰件和内装件、车身附件、座椅以及通风、冷暖气、空气调节装置及电气附件等组成；货车和专用汽车，还包括货厢和其他特殊用途的设备。

1. 货车的车身

载货汽车简称货车，货车车身完全保持"三大件"独立的形态将继续保持下去。货车外形有长头车和平头车两种，如图 4-1 所示。长头车的车头和驾驶室分开，平头车将两者融合为一体。长头车（图 4-1a）的驾驶室在发动机后方，视野较差，但发动机维修较方便、安全性好、行驶振动小。平头车（图 4-1b）的驾驶室位于发动机上方，视野良好，同样车长情况下车厢载货面积大。

（1）**车架**　货车的车架俗称大梁，是整车安装的基础，因此应具有足够的强度和刚度。

（2）**驾驶室**　驾驶室是驾驶人的工作场所和生活空间，良好的工作环境、操作方便灵活、室内环境舒适宜人，对行车效率和安全性有重要影响。因此现代汽车的驾驶室设计布置十分考究，不少货车还配备卧铺，供长途行车时驾驶人轮换休息之用。

（3）**车厢**　最普通的货车车厢是由四边栏板加底板围成的槽式车厢。这种车厢的优

a)   b)

图 4-1　货车的外形

a）长头车　b）平头车

点是结构简单、成本低廉，适用于通用装载。现代货车车厢大多采用钣金结构。

通用车厢的明显缺点是难以满足不同类型货物运输的特殊要求。保持汽车底盘基本不变，按照所承运物资的要求来制造各种各样的车厢，构成由基本车型派生的多型号系列，通常称为改装车系列，或称"专用车"，这是当代货车丰富多彩的发展形态。在经济发达的国家和地区，槽式车厢的货车较少，大多数是专用车。封闭式车厢，特别是用于运输贵重物资的密封、保险式货厢为一大类，它们既防日晒雨淋，也防盗防抢，如货柜车、运钞车等。液态和粉尘类物资运输要求密封的罐式车厢，而且往往附带抽吸和输送的泵及管路系统，如油罐车、散装水泥车等。自动倾卸是运输粗糙原材料（如沙、石等建材）的要求，因此，自卸汽车是现代货车的又一大分支。特别值得一提的是集装箱运输方式的诞生，集装箱运输方式是世界运输史上的一个重大创新，它把原先各自独立的公路运输、铁路运输和水上运输连接为一个网络，通过这个网络可以形成"公路—铁路—航运"构成连续的运输线，使物资一次装卸输送到世界任何地方。集装箱运输车实际上是无车厢的汽车，它的任务是从装货地接受标准货厢，然后运输到卸货地点卸下。

　2. 轿车的车身

轿车车身可分为半承载式车身和承载式车身。半承载式车身的车身与车架通过螺栓联接、铆接或焊接等方法刚性连接，车身主要承受自身的重力，汽车装载的质量以及汽车行驶引起的惯性力、空气阻力和颠簸造成的变形与应力则基本上由车架承受。由于要求轿车轻量化，轿车绝大多数采用承载式车身，其结构如图 4-2 所示。承载式车身的特点是没有车架，车身就作为发动机和底盘各总成的安装基础，载荷全部由汽车车身承受，因此要求车身的强度和刚度较大。其优点是车内有效空间增大，可降低地板高度和整车高度，制造工艺性好、生产率高且有利于最优化设计。但是由于取消了车架，发动机、传动系统和悬架的振动直接传入具有共鸣箱作用的乘员舱，因而增大了噪声，必须采取降噪的措施，并且车身修复和改型较难。

　3. 客车的车身

客车车身具有规则的厢式形状，故多数有完整的骨架。根据承受载荷的情况，客车车

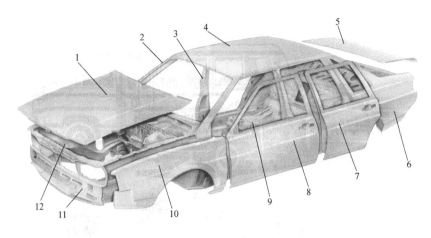

图 4-2　承载式轿车车身壳体

1—发动机舱盖　2—前柱　3—中柱　4—顶板　5—行李舱盖　6—后翼子板　7—后车门
8—前车门　9—地板　10—前翼子板　11—前围　12—挡泥板和前纵梁

身可分为非承载式、半承载式和承载式三大类。

（1）**非承载式车身**　非承载式车身通常由客车厂直接在现成的货车底盘车架上安装或焊装。这种结构的优点是便于在同一形式的底盘上安装不同的车身，缺点是未能充分利用车身构架的承载作用，汽车质量过大。

（2）**半承载式车身**　在现成的客车专用底盘上用悬臂梁（俗称牛腿）加宽并将车架与车身侧壁刚性连接，使车身骨架也参与整车承载，从而减小车架的质量，达到合理利用材料的目的。许多国产大客车车身采用这种结构型式。

（3）**承载式车身**　其底架采用薄钢板制成的纵格栅和横格栅，以取代笨重的车架。格栅采用桁架结构，其高度较大（约500mm），因而车内两侧地板较高，只能布置座席，座席下方高大的空间可用作行李舱，故适用于大型长途客车。整体承载式结构的特点是所有的车身壳体构件（包括内、外蒙皮）都参与承载。这种车身经过精心设计计算，使各构件承载时相互牵连和协调，充分发挥材料的最大潜力，使车身质量最小而强度、刚度最大。

二、车门、车窗

车门是车身上的重要部件之一，通常按开启方法分为逆开式、顺开式、折叠式、上掀式和水平滑移式（图4-3），以及外摆式、旋翼式等类型。

顺开式车门在汽车行驶时可借气流的压力关上，因而比较安全，被广泛采用。逆开式车门在汽车行驶时有可能被迎面的气流冲开，因而用得较少。水平滑移式车门的优点是车身侧面与障碍物距离较小时仍能全部开启。折叠式车门结构简单，广泛应用于大、中客车上。外摆式车门常用于豪华大客车和公交车，与折叠式车门相比，其对车身外表面的随形性较好，但车门的内表面易被污染。上掀式车门广泛用于轿车和轻型客车的背门，有时也用于低矮的汽车。

图 4-3 车门的形式

1—逆开式 2—顺开式 3—折叠式 4—上掀式 5—水平滑移式

大型客车还应备有安全门,以便在发生事故时,供乘员撤离事故现场以及便于救援人员进入车内。

图 4-4 所示为一种常用于轿车的车门。现代汽车车门铰链多采用隐蔽式布置,车门铰链上还装有开度限位器,以限制车门的最大开度或使车门停留在某一开度。车门的后部装有门锁,使车门关闭后能承受横向力和纵向力。在汽车行驶时,车身壳体将产生反复的扭转变形,为避免此时车门与门框摩擦产生噪声或被门框卡住,车门与门框之间留有较大的间隙,靠密封条将间隙封住。在车门关闭时,密封条处于挤压状态而将间隙封严。

汽车的前、后窗通常采用视野宽阔又美观的曲面玻璃,前、后窗借助橡胶密封条扣在窗框上,或采用专用的黏合剂贴在窗框上。车窗玻璃采用茶色或隔热层,可使室内保温并有安闲宁静的舒适感。为便于自然通风,汽车的侧窗一般可以上下移动或前后移动,在移动玻璃与窗框之间装有植绒密封槽。具有完善的冷、暖气、通风及空调设备的高级客车,通常将侧窗设计成不可打开的形式,以提高车身的密封性。许多汽车的前门还装有三角形通风窗,以加强自然通风。有的汽车装备顶窗(天窗),以便乘员享受阳光和新鲜空气。

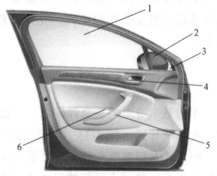

图 4-4 轿车车门

1—车窗玻璃 2—后视镜 3—前车门三角窗
4—开门拉杆 5—门把手
6—车窗玻璃升降按钮

三、安全防护装置

(一) 车外部防护装置

车外部防护装置的功能是使汽车在相撞时或在碰撞行人时减轻损伤。该装置除满足本身的功能和安全性要求外，还要求具有装饰作用。

保险杠装在汽车的最前端和最后端，是汽车的必装件，许多轿车车身左右两侧还装有护条。保险杠和护条的安装高度应符合法规要求，使汽车相撞时保险杠或护条首先接触。保险杠的防护结构应包括减轻行人受伤的软表层，其主要由弹性较大的泡沫塑料制成，并有能吸收部分撞击能量的装置（如金属构架、塑料或半硬质橡胶的缓冲结构、液压或气压装置等）。车身侧面的护条碰到行人的可能性较小，一般由半硬质塑料或橡胶制成。

除了保险杠外，经常撞伤行人的构件主要有前翼子板、前大灯、发动机舱盖及车轮等。这些构件应不尖锐、不坚硬，最好是平整、光滑而富有弹性。某些轿车包括保险杠在内的整个正面用大块聚氨酯泡沫塑料制成，并将发动机舱盖顶面包上软材料，以提高安全性。

(二) 车内防护装置

当汽车碰撞或紧急制动时，其速度迅速下降，而乘员的身体仍以较大的惯性向前冲，因此有可能撞到前面的转向盘、仪表板及风窗玻璃，引起伤亡。安全带和安全气囊是避免乘员身体与其前面的构件相撞的常用防护装置，属于被动安全装置，其主要功能是当汽车发生碰撞、倾翻等意外事故时，能最大限度地保护乘员免受伤害。

1. 安全带

安全带是有效且廉价的防护装置，可以大幅度地降低碰撞事故造成的伤亡，这已被大量实践所证明。对安全带的要求是当汽车发生碰撞和倾翻等意外事故时使乘员免受大的减速度，同时约束乘员防止二次碰撞。安全带可分为二点式、三点式和全背式等。图 4-5 所示为最常用的三点式安全带及头枕。带子由结实的合成纤维织成，包括斜跨在前胸的肩带 3 和绕过人体胯部的腰带 5。在座椅外侧和内侧地板上各有一个固定点 7 和 8，第三个固定点 1 位于座椅外侧上方，带子绕过 1 的环状导向板 2，伸入卷收器 6 内。乘员胯部内侧装有插扣，由插板 10（松套在带子上）和与固定点 8 相连的锁扣 9 两部分组成。两部分插合后，即可将乘员约束在座椅上；按下锁扣 9 上的红色按钮就能解除约束。卷收器有多种结构型式，紧急锁止式卷收器（ELR）的功能较完备，其在正常情况下使安全带对人体上部不起约束作用；当乘员向前弯腰时，带子可从卷收器 6 经由环

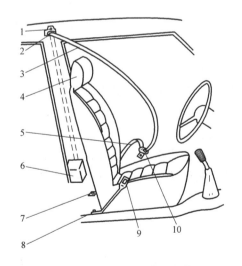

图 4-5 三点式安全带及头枕

1—上固定点 2—环状导向板 3—肩带 4—头枕
5—腰带 6—卷收器 7、8—下固
定点 9—锁扣 10—插板

状导向板 2 拉出；而当乘员恢复正常坐姿时，卷收器又会自动把多余的带子卷起，使带子随时与人贴合；当汽车减速度超过预定数值（如汽车碰撞时）使乘员前弯过快时，卷收器将带子卡住而对乘员产生有效的约束。

预紧式安全带也称预缩式安全带，其特点是在汽车发生碰撞的瞬间，乘员尚未向前移动时，首先拉紧带子，将乘员紧紧地绑在座椅上，然后锁止带子防止乘员身体前倾，有效保护乘员的安全。预紧式安全带中的卷收器，除了具备普通卷收器的收放织带功能外，还具有当车速发生急剧变化时，能够在 0.1s 左右加强对乘员的约束力，因此它还有控制装置和预拉紧装置。

2. 头枕

头枕的功能是在汽车尾部受碰撞或加速度过大时，限制人的头部向后运动的安全装置，它可避免或减轻乘员颈椎受伤。因为严重的颈椎挫扭，可能使人的脊髓神经受伤而导致颈部以下全身瘫痪（高位截瘫），所以头枕是重要的座椅配件。头枕安装在座椅靠背的上部（图 4-5），做成固定式或高度可调节式的，其与靠背组合成的外形应与人体的脊椎曲线相一致。

3. 气囊系统

气囊系统也称安全气囊，即安全气囊防护系统（Airbag Restraint System），其功能是在汽车发生碰撞时，在极短时间（30ms）内在乘员和汽车内部结构之间打开一个充满气体的袋子，利用气囊缓冲减少冲击，避免或减缓乘员二次碰撞以达到保护乘员的目的。

气囊系统（图 4-6）主要由碰撞传感器、气囊组件、电控单元（ECU）及警告与诊断系统等部分组成。一辆车上通常装有 2~4 个传感器，在前左、右挡泥板上方各装一个，称为前安全气囊传感器，有的车在前面保险杠中间还装一个。为了检测侧向碰撞，有的车在汽车的左、右侧还装有碰撞传感器。驾驶人侧气囊组件装置在转向盘内，乘员侧气囊组件一般装置在仪表板右侧。近年来，有些汽车为了提高安全性，还在前、后车门的两侧设置了侧面气囊系统，在前、后风窗玻璃及侧窗处设置气帘，对来自各个方向的撞击提供最有效的保护。

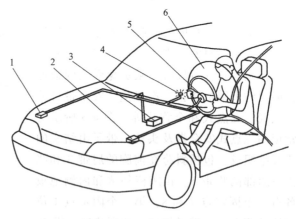

图 4-6 气囊系统
1—右前方传感器 2—左前方传感器 3—中部传感器总成 4—气囊指示灯 5—气体发生器 6—气囊

（1）**传感器** 它用来检测汽车碰撞的强度，并转换为电信号输入气囊 ECU，由 ECU 判定是否展开安全气囊产生保护功能。

（2）**气囊组件** 它由气体发生器、气囊、衬垫等部分组成。气体发生器主要由点火器、点火药粉及气体发生剂组成。气囊一般多用涂附氯丁橡胶或有机硅胶的尼龙布制成，涂层起密封和阻燃作用。在气囊的背面有两个直径为 25mm 左右的泄气孔，当汽车因碰撞

而使气囊充气以保护乘员及驾驶人的头部及胸部时，气囊上的小孔在充气后立即开始排气，这样使气囊变得更柔软，起到更好的缓冲作用，同时也避免气囊妨碍视线及影响人员离开车辆。

（3）电控单元　它主要由微处理器、储能电路、点火电路、电压检测和调节电路以及检测电路等部分组成。电控单元按照控制程序连续对碰撞传感器输入的信号进行运算处理，对汽车是否发生碰撞进行判断。当判定汽车发生碰撞时，控制点火器通过足够大的电流，使点火器点火，引发气体发生器向气囊充气。

电控单元还要对系统的状态进行监测，当发现系统存在故障时，使位于仪表板上的警示灯亮起，向驾驶人发出警示信号。此外，电控单元还能记录汽车在碰撞过程中的减速度，供事故分析时参考。安全气囊系统可弥补安全带的不足，但仅提供补充的约束，因此使用的基本前提是系好安全带。

4. 安全玻璃

安全玻璃的功能是避免汽车正面或侧面碰撞时，乘员因撞击前窗或侧窗玻璃使头部受伤，或因玻璃碎片使脸部和眼睛受伤。目前，汽车上广泛应用的安全玻璃包括钢化玻璃和夹层玻璃两种。

5. 其他安全措施

现代汽车上，门锁和门铰链应有足够的强度，能同时承受纵、横两个方向的撞击载荷而不致使车门开启，以避免乘员被甩出车外而伤亡的危险。此外，在事故结束后门锁应不会失效，使车门仍能打开。

在汽车车身内部，一切可能撞击到人体的构件都应避免有尖角、凸棱或小圆弧过渡的形状，而且室内采用软材料包、垫使车身室内软化，不仅是为了满足舒适性的要求，更重要的是为了满足安全防护性能的要求。

第二节　汽车供电系统

汽车的供电系统由蓄电池、发电机及其调节器组成。在发动机正常工作的情况下，发电机向点火系统及其他用电设备供电，并同时向蓄电池充电。当汽车上的用电设备耗电量过大，所需功率超过发电机额定功率时，蓄电池和发电机同时向全部用电设备供电。当发动机低速运行时，发电机不发电或发出的电压很低，此时汽车用电设备所需的电能完全由蓄电池供给。

一、蓄电池

蓄电池是一个化学电源。在充电时，其靠内部的化学反应将电源的电能转变为化学能储存起来；放电时，再通过化学反应将储存的化学能转变为电能，输出给用电设备。另外，蓄电池还相当于一个较大的电容器，能吸收电路中出现的瞬时过电压（浪涌电压），以保护电子元器件不被击穿，延长其使用寿命。

使用汽油机的汽车，电源电压一般为12V。使用柴油机的汽车所用起动机的电压一般为24V，故常将两个12V蓄电池串联使用。有些柴油机汽车，只有起动机的电压为24V，

其他用电设备的电压仍为 12V。因此，车上装有两个 12V 蓄电池，在起动发动机时，将两个蓄电池串联；起动完毕后，再将两个蓄电池并联。串、并联的转换由专门的转换器来完成，其操纵机构与起动开关联动。近年来，由于汽车用电设备越来越多，汽车供电系统由现在的 12/14V 标准向 36/42V 标准转化，对于 36/42V 蓄电池，车上应装有三个 12V 的蓄电池，以满足电气装置不断增多、电源功率逐渐增加的要求。

目前，在汽车上广泛采用免维护蓄电池（图 4-7）。免维护蓄电池的电解液，由制造厂一次性加注，并密封在壳体内。因此，电解液不会泄漏，也不会腐蚀接线柱和

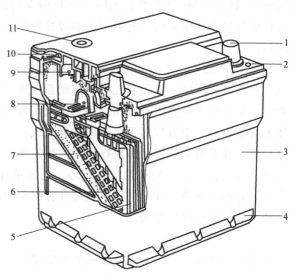

图 4-7　免维护蓄电池

1—电池接线柱　2—模压代号　3—壳体　4—用于安装的下滑面
5—袋状隔板　6—铅钙合金的栅架　7—高密度的活性物质
8—极板连接夹和单体连接器　9—液、气隔板
10—安全通气孔　11—电解液密度观测孔

机体；在使用中不需加注蒸馏水或补充电解液来调节液面高度，无须保养与维护。同时，它具有耐振、耐高温、自放电少、使用寿命长（约为普通蓄电池的 4 倍）等特点。

二、发电机

汽车上的发电机是用来向用电设备供电，并向蓄电池充电的能源装置。为了满足蓄电池充电的要求，车用发电机的输出必须是直流电压；此外，为了向蓄电池充电和向用电设备供电，在汽车运行中发电机的端电压必须保持恒定，因此，车用发电机还必须配有电压调节器。

目前，国内外汽车上使用的发电机几乎都是硅整流交流发电机。

1. 硅整流交流发电机

硅整流交流发电机由一台三相同步交流发电机和硅整流器组成。发电机产生的三相交流电通过整流器进行三相桥式全波整流后，转变为直流电。

硅整流交流发电机的结构如图 4-8

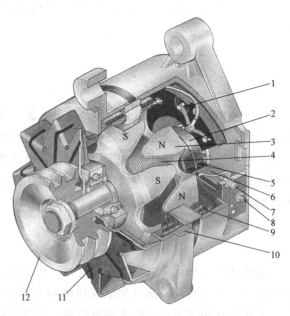

图 4-8　硅整流交流发电机的结构

1—硅二极管　2—集电环　3—爪形磁极　4—励磁绕组
5—电刷　6—电刷架　7—磁场接线柱　8—搭铁接
线柱　9—定子总成　10—前端盖　11—风扇　12—带轮

所示，它由转子、定子、整流器、端盖、风扇和带轮等组成。

（1）**转子** 它由压装在转子轴上的两块爪形磁极 3、励磁绕组 4 和在转子轴上互相绝缘且与轴绝缘的两个集电环 2 组成，作用是建立发电机的磁场。

（2）**定子** 它由内孔带槽的硅钢片叠成的铁心，以及对称地安装在铁心上的三相定子绕组组成。三相定子绕组按星形或三角形联结，按星形联结时，三相绕组的首端与整流器的硅二极管相联，三相绕组的尾端联在一起作为发电机的中性点（图 4-9）；按三角形联结时，将一相绕组的首端与另一相绕组的尾端相联，并接整流器的硅二极管。定子的作用是在发电机工作时，与转子的磁场相互作用产生交流电压。

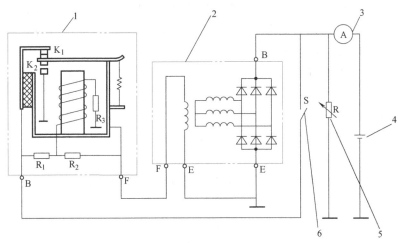

图 4-9 双级振动式调节器与发电机接线原理

1—电压调节器 2—交流发电机 3—电流表 4—蓄电池 5—用电设备 6—点火开关

（3）**整流器** 硅二极管 1（图 4-8）组成三相桥式全波整流电路。在负极接地的发电机中，二极管的壳体为负极，压装在与发电机机体绝缘的元件板上，并与发电机的正极输出端相连，其引线为二极管的正极，称为正极二极管；另外一半二极管的壳体为正极，装在不与机体绝缘的元件板上，或直接压装在电刷端盖上，作为发电机的负极，其引线为负极，称为负极二极管。整流器的作用是将三相定子绕组中产生的交流电转变为直流电。

（4）**驱动端盖和电刷端盖** 驱动端盖和电刷端盖用作发电机的前、后支承。在电刷端盖上装有电刷架 6（图 4-8）和两个彼此绝缘的电刷 5，并通过电刷弹簧使电刷与转子轴上的两个集电环 2 保持接触，电刷的引线或是分别与电刷端盖上的两个磁场接线柱相连（称为外搭铁式交流发电机），或是一个与磁场接线柱相连，另一个在发电机内部搭铁（称为内搭铁式交流发电机）。发电机的整流器总成安装在驱动端盖上，以便于检修。

此外，发电机的前端还装有带轮 12 和叶片式风扇 11，分别用来驱动发电机旋转和强制通风散热。为了提高发电机的散热强度，有效提高发电机的功率，或减小发电机的体积，有些发电机在转子的爪形磁极上加工出风扇叶片，取消了外装式风扇叶轮。

发电机工作时，通过电刷和集电环将直流电压加在励磁绕组 4 的两端，则在励磁绕组中有电流通过，并产生磁场，使转子轴和装在轴上间相排列的爪形磁极被磁化，形成了一

组 N 极和 S 极交错排列的磁极。当转子旋转时，在定子中间形成旋转的磁场，使安装在定子铁心上的三相定子绕组中感应生成三相交流电，经整流器整流为直流电。

发电机的输出电压随发电机转速的升高和磁场的增强而增大。汽车上的发电机是由发动机通过风扇传动带驱动旋转的，发动机的转速变化范围较大，其最低转速与最高转速之比，汽油机约为 1∶8，柴油机约为 1∶5。因此，发电机的端电压也会在很大范围内变化，不符合汽车用电设备使用恒定电压的要求。这就需要对车用发电机的电压进行调节。用来调节发电机电压的装置，称为发电机电压调节器。

2. 发电机电压调节器

发电机工作时，电压调节器在发电机电压超过一定值以后，通过调节励磁绕组的电流强度，使其产生的磁场的强弱变化，以保持发电机端电压稳定。发电机的调节电压一般为 13.5~14.5V（或 13.8~14.8V）。

常用的电压调节器有触点振动式电压调节器、晶体管电压调节器和集成电路电压调节器等多种形式。

（1）触点振动式电压调节器 触点振动式电压调节器简称触点式调节器，是一种机械式电压调节器。常用的触点式调节器有单级振动式调节器、双级振动式调节器和具有充电继电器的双联式调节器等多种形式。图 4-9 所示为双级振动式调节器的电路原理。调节器支架上的两个固定触点和活动臂上的两个活动触点组成两对触点 K_1 和 K_2。K_1 的固定触点通过固定触点支架连接在调节器"火线"接线柱上，K_2 的固定触点搭铁。活动触点臂的另一端用拉力弹簧拉紧，发电机不工作时，使 K_1 闭合为常闭触点，K_2 断开为常开触点。中间的电磁铁上绕有磁化线圈，一端接在附加电阻 R_1 和加速电阻 R_2 之间，另一端通过温度补偿电阻 R_3 搭铁。附加电阻 R_1 和加速电阻 R_2 接在调节器的"火线"接线柱和"磁场"接线柱之间，与触点 K_1 并联。它利用触点的开闭作用，在发电机转速变化时，调节励磁绕组的电流大小，使其产生的磁场的强弱变化来保持发电机端电压稳定。

（2）晶体管电压调节器 利用晶体管的开关作用，控制发电机励磁电路的通或断，调节励磁电流和磁极磁通，在发电机转速变化时保持其端电压恒定。图 4-10 所示为用于 CA1091 型汽车发电机的晶体管电压调节器电路原理。

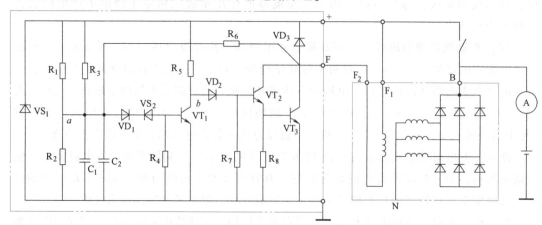

图 4-10 晶体管电压调节器电路原理

（3）**集成电路电压调节器**　集成电路电压调节器的组成和工作原理，与晶体管电压调节器大同小异，但电路中的所有元件都集成在同一个半导体基片上，形成一个独立的、相互不可分割的电子电路，即集成电路。集成电路电压调节器具有体积小、工作可靠、使用中不需保养与维护等特点，在现代汽车上已得到广泛应用。

集成电路电压调节器体积小，外部结构十分简单。它可以安装在发电机外部，也可以安装在发电机内部，与发电机组成一个完整的供电系统，称为内装式调节器。具有内装式调节器的交流发电机称为整体式交流发电机。

目前，在有些采用电子控制燃油喷射发动机的汽车上，还可以取消发电机的电压调节器。发动机工作时，由微机控制系统控制发电机的励磁电流，以调节发电机的端电压，使发电机转速变化时电压保持稳定。

第三节　发动机起动系统

一、起动装置的功用

所谓发动机起动，就是指用外力转动静止的曲轴，直至曲轴达到能保证混合气形成、压缩和燃烧并顺利运行的转速（称为起动转速，通常在 50r/min 以上），使发动机自行运转的过程。

汽车采用电力起动机起动，这种方法操作方便、起动迅速、安全可靠。

二、起动机的组成及工作原理

起动机起动装置主要由直流电动机、传动机构和控制机构组成，其结构如图 4-11 所示。

1. 直流电动机

直流电动机在直流电压的作用下产生旋转力矩，称为电磁力矩或电磁转矩。起动发动机时，它通过驱动齿轮、飞轮的齿圈驱动发动机的曲轴旋转，使发动机起动。它由磁极、电枢、换向器、电刷、机壳与端盖等组成，如图 4-11 所示。

（1）**磁极**　它用来在起动机工作时建立磁场，主要由磁极铁心和固定在铁心上的励磁绕组组成。

（2）**电枢**　它用来在起动机通电时与磁场相互作用而产生电磁转矩，主要由外

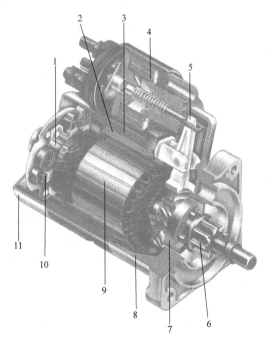

图 4-11　起动机的组成

1—换向器　2—磁铁铁心　3—定子　4—电磁开关
5—拨叉　6—驱动齿轮　7—单向离合器　8—前
端盖　9—电枢　10—电刷　11—后端盖

圆开有槽的硅钢片叠成的铁心和绕在铁心上的电枢绕组组成。

起动机的电枢绕组与励磁绕组一般采用串联方式连接，称为串励式直流电动机。串励式直流电动机工作时，励磁电流与电枢电流相等，可以产生强大的电磁转矩，有利于发动机的起动；它还具有低转速时产生的电磁转矩大，电磁转矩随着转速的升高而逐渐减小的特性，使起动发动机时安全可靠。

（3）换向器 它用来连接励磁绕组与电枢绕组的电路，并使处于同一磁极下的电枢导体中流过的电流保持固定方向。

（4）电刷 它用来将电流引入到电枢绕组中。电刷用铜和石墨粉压制而成，一般含铜 80%～90%、石墨 10%～20%，以减小电刷电阻并增加其耐磨性。电刷装于电刷架内，并用弹簧压紧在换向器的外圆表面；电刷与换向器有较大的接触面积，以尽量减小电刷与换向器之间的接触电阻，并延长电刷使用寿命。

2. 传动机构

起动机的传动机构安装在电动机的电枢轴上，在起动发动机时，将驱动齿轮与电枢轴连成一体，并使驱动齿轮与发动机的飞轮齿圈啮合，将起动机产生的电磁转矩传递给发动机的曲轴，使发动机起动。发动机起动后，飞轮转速提高，带着驱动齿轮旋转，将使电枢轴超速旋转而损坏，因此在发动机起动后，驱动齿轮转速超过电枢轴转速时，传动机构应使驱动齿轮与电枢轴自动脱开，防止电枢轴超速。为此，起动机的传动机构必须具有超速保护装置。

超速保护装置是起动机的离合机构，也称为单向离合器。单向离合器安装在驱动齿轮与电枢轴之间，在接通起动开关起动发动机时，它将驱动齿轮与电枢轴连成一体，将起动机的电磁转矩通过驱动齿轮和飞轮传递到发动机的曲轴，使发动机起动。发动机起动后，它立即将驱动齿轮与电枢轴脱开，防止发动机高速旋转的转矩通过飞轮传递给电枢轴，起到超速保护的作用。起动机常用的单向离合器有滚柱式、弹簧式及摩擦片式等多种形式。

图 4-12 所示为滚柱式单向离合器的组成与工作原理。它由内座圈 2、开有楔形缺口的外座圈 5、滚柱 6 以及装在外座圈孔中的柱塞 11 和柱塞弹簧 12 等组成。驱动齿轮 1 与内座圈 2 连成一体，花键套筒 7 与外座圈 5 连成一体，并通过花键套装在起动机的电枢轴上。

接通起动开关起动发动机时，起动机电枢连同外座圈按图 4-12b 中箭头的方向旋转，滚柱 6 借摩擦力及弹簧推力的作用，楔紧在内、外座圈之间楔形槽的窄端，将内、外座圈连成一体。于是起动机轴上的转矩通过外座圈、楔紧的滚柱传递到内座圈，与内座圈连成一体的驱动齿轮 1 随电枢轴一同旋转，驱动飞轮齿圈 13 而使曲轴旋转使发动机起动。

发动机起动后（图 4-12c），曲轴转速升高，即有飞轮齿圈 13 带动起动机驱动齿轮 1 高速旋转的趋势。此时，虽然驱动齿轮的旋转方向没有改变，但它已由主动轮变为从动轮，而且驱动齿轮和单向离合器内座圈的转速超过外座圈的转速。于是，滚柱在摩擦力的作用下，克服弹簧张力的作用向楔形槽中较宽的一端滚动，使内、外座圈脱离联系而自由相对转动，高速旋转的驱动齿轮与电枢轴脱开，发动机高速旋转的转矩不能传给电枢轴，

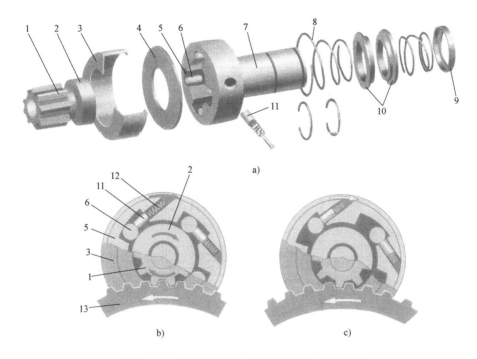

图 4-12 滚柱式单向离合器的组成与工作原理

a) 组成 b) 起动时 c) 起动后

1—驱动齿轮 2—内座圈 3—外壳 4—垫圈 5—外座圈 6—滚柱 7—花键套筒 8—弹簧
9—弹簧座 10—滑环 11—柱塞 12—柱塞弹簧 13—发动机的飞轮齿圈

从而防止了起动机超速。

3. 控制机构

其作用是控制起动机主电路的通断,并控制驱动齿轮与电枢轴的连接。起动机的控制机构也称为操纵机构,有直接操纵式和电磁操纵式两种形式。

(1) 直接操纵式控制机构 由驾驶人通过起动踏板和杠杆机构,直接操纵起动开关接通起动机的主电路,并使驱动齿轮随着电枢轴一同旋转驱动飞轮。

(2) 电磁操纵式控制机构 由驾驶人通过起动开关操纵起动机的电磁开关,或通过起动继电器操纵起动机的电磁开关,接通起动机的主电路,并使驱动齿轮随着电枢轴一同旋转驱动飞轮。电磁操纵式控制机构结构简单、工作可靠、操作方便,广泛用于汽车上。

图 4-13 所示为解放 CA1091 型货车装有组合继电器的起动电路。组合继电器由起动继电器和保护继电器组成,起动继电器的作用是与点火开关配合,控制起动机电磁开关中吸引线圈与维持线圈中电流的通断,以保护点火开关;保护继电器的作用是与起动继电器配合,使起动电路具有自动保护功能,另外还控制充电指示灯。

解放 CA1091 型货车发动机起动电路的工作过程如下:

如图 4-13 所示,当点火开关 5 置于起动档(Ⅱ档)时,起动继电器线圈通电,电流回路为蓄电池正极→熔断器→电流表→点火开关起动触点Ⅱ→起动继电器线圈→保护继电

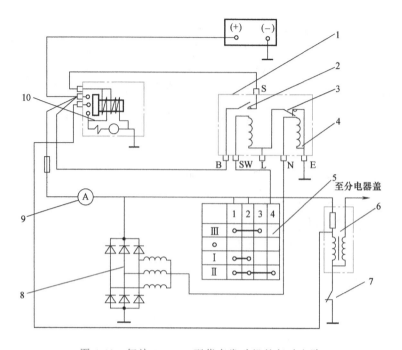

图 4-13　解放 CA1091 型货车发动机的起动电路

1—组合继电器　2—起动继电器　3—充电继电器　4—充电继电器线圈　5—点火开关
6—点火线圈　7—断电器触点　8—发动机　9—电流表　10—起动机

器常闭触点→搭铁→蓄电池负极。起动继电器线圈通电使起动继电器的常开触点闭合，接通了起动机电磁开关电路，使起动机进入起动状态。发动机起动后，松开点火开关，钥匙自动返回点火档（Ⅰ档），起动继电器触点打开，切断了起动机电磁开关电路，电磁开关复位，停止起动机工作。发动机起动后，如果点火开关没能及时返回Ⅰ档，这时组合继电器中的保护继电器线圈由于承受交流发电机中性点的电压，使常闭触点断开，自动切断了起动继电器线圈的电路，触点断开，使起动机电磁开关断电，起动机便自动停止工作。发动机起动后，由于触点的断开，也切断了充电指示灯的搭铁电路，充电指示灯熄灭。在发动机运行时，如果误将点火开关置于起动档，由于在此控制电路中，保护继电器的线圈总加有交流发电机中性点电压，常闭触点处于断开状态，起动继电器线圈不能通电，起动机电磁开关不能动作，避免了发动机在运行中使起动机的驱动齿轮进入与飞轮齿圈的啮合而产生的冲击，从而起到保护作用。

三、汽车起动发电一体化系统

起动机-发电机一体化系统（ISA）将装在传统汽车上各自独立的起动机和发电机集成在一起，实现起动和发电两种功能。ISA 可在城市交通拥堵或遇到交通信号灯时实现快速起动，在汽车加速阶段给发动机提供较强的助力，汽车制动减速时可实现能量回收和减振等功能。目前普遍采用 42V/12V 双电源系统的 ISA 作为过渡方案，既可保证现有 12V电器设备的继续使用，又满足了新型车载电器用电需求。

第四节　汽车照明、信号系统与防盗装置

一、照明灯

为保证汽车夜间行驶安全，在汽车上装有多种照明设备。汽车照明灯系分为装在车身外部和装在车身内部的照明灯两组。GB 4785—2007《汽车及挂车外部照明和光信号装置的安装规定》规定了各种照明灯具的技术要求。

1. 前照灯

前照灯的功能是在夜间或黑暗处（如隧道等）行车时，用来照明汽车前方的道路。对称地安装在汽车前端靠近两侧处，有两灯制和四灯制两种形式：两灯制是在车前左、右各安装一盏前照灯，四灯制是在车前左、右各装两盏。前照灯均采用双丝灯泡，具有远光和近光两种照明方式：远光方式用于前方无其他道路使用者时的远距离照明；近光方式主要是在前方有道路使用者（如会车）以及在城市街道上行驶时，不致使对方眩目或有不舒适感所使用的近距离照明。

前照灯的性能对夜间交通安全影响很大，各国都以法规形式规定了汽车前照灯的标准，其基本要求是：①保证车前有明亮而均匀的照明，使驾驶人能清楚辨认车前100m以内路面上的任何障碍物。随着车速的提高，照明距离要求将越来越高，现代高速汽车前照明灯的照明距离已达200~250m。②具有防止眩目的装置，以防夜间会车时因车灯的光亮使对方驾驶人眩目而造成交通事故。

目前汽车前照灯广泛采用卤钨灯泡和氙气灯泡。近年来在一些高级轿车上，又出现了采用冷光源的 LED 前照灯。

卤钨灯泡是在灯泡内充入惰性气体，再掺进卤族元素（简称卤素，即碘、溴、氯、氟等元素）。氙气灯泡，又称高强度气体放电灯泡，它没有传统灯泡的灯丝，取而代之的是装在石英管内的两个电极，管内充有氙气及微量金属（或金属卤化物），在电极上加上足够高的触发电压后，气体开始电离而导电发光。

LED，即发光二极管，它是将电能直接转化为光能的半导体器件。作为一种冷光源，LED 具有能耗低、寿命长、响应时间快、结构简单、抗振动、耐冲击和体积小等优点，可适用各种造型的汽车。

自适应前照灯系统（Adaptive Front-lighting System，AFS），是指汽车的前照灯能够根据汽车所处的环境条件（包括天气条件、道路条件）、周围照明情况以及自身的状态，自动产生一种符合该环境条件要求的光束，以达到最佳照明效果的一种汽车前照灯系统。其既能满足驾驶人对道路照明的要求，轻松看清道路状况，又能不对道路的其他使用者造成影响，是一种能适应不同环境条件的智能前照灯系统。

如图 4-14 所示，传统前照灯的照射方向与车辆行驶方向保持一致，因而当汽车转弯行驶时，不可避免地会在弯道内侧形成照明的盲区。如果在弯道上有障碍物存在，驾驶人就有可能因为来不及采取有效的避障措施而引发交通事故。而汽车 AFS 在车辆进入弯道时，使其照明方向向弯道内侧转动，以加强弯道内侧的照明。这种 AFS 随动转向灯光系

统，其前照灯的灯光分布明显优于普通灯光系统。

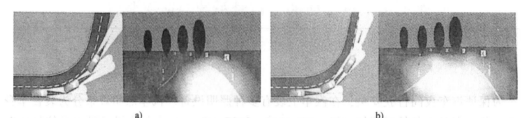

图 4-14　AFS 随动转向灯光系统与普通前照灯灯光系统的比较

a) 无 AFS　b) 有 AFS

2. 前雾灯

前雾灯又称防雾灯，其功能是在雾、雨、雪或灰尘过大等有碍可见度时，改善车辆前方的照明和使迎面来车易于发现车辆。由于黄色光波较长，透雾性较好，在雾中能照亮较远的距离，因此汽车一般采用黄色配光或黄色灯泡。但由于雾的浓度、雾点的大小和性质不同，有时白光的透雾性反而比黄光好。前雾灯的防雾光束应具有垂直面光通量散射角度小、水平散射角度大的特点，能照亮前方 30m 内的区域。

3. 倒车灯

倒车灯用于照明汽车后方道路并向其他驾驶人和行人发出倒车信号（有的还加上倒车蜂鸣器或语音提示）。倒车灯安装在汽车后面，其光色为白色，照射光线的主轴应向下，可以照亮车后 15m 以内的道路。其由变速器控制，当变速杆置于倒档位置时点亮，以提供夜间倒车时的照明，并示意车后的行人及来车。

4. 牌照灯

牌照灯的功能是照亮汽车牌照以供辨认，由控制前照灯和停车灯的开关控制，其中任何一个电路接通牌照灯都应点亮。

5. 内部照明灯

现代汽车的内部采用了各种各样的照明灯，用于内部照明和指示。例如驾驶室和车厢顶灯用于车内照明，仪表板上的照明灯用于照明仪表板等。

6. 其他

汽车上还装备其他具有特定用途的照明灯，如在越野车上装备防空灯；为便于夜间检修发动机而装备的发动机罩下灯等。

二、信号系统

1. 灯光信号

灯光信号又称标识灯，主要要求是必须对其他车辆驾驶人、行人和交通警察给出明确的信号，并能提供不眩目又具有一定亮度的照明。其技术条件参见 GB 4785—2007。灯光的颜色应兼顾灯具数量、安装位置，并满足法规的要求。

（1）**转向信号灯**　转向信号灯（简称转向）分别装在车身前部和后部的左右两侧，若车身的总长超过 9m（包括汽车带挂车），则汽车的左、右两侧面前方也应安装侧面转向灯。转向信号灯的光色为琥珀色，但也可以采用红色或橙色，并以 20～50 次/min 的频

率闪烁，其亮度标准是：人们白天在距离车正面100m或侧面30m处能看清楚，并要求在夜间行驶前照灯打开时，还能容易识别前转向灯闪烁的光亮。当汽车要转弯时打开相应的转弯开关，点亮转向信号灯，提示前后车辆驾驶人、行人和交通警察。

（2）制动灯 制动灯的功能是在汽车行驶时向后方其他道路使用者表示车辆减速或正在制动。制动灯安装在汽车尾部，是车辆重要的外在安全标识，其光色为红色。它由制动踏板控制。在正常情况下，制动灯点亮时，距离车尾不小于100m处的其他车辆应看得很清楚，以便减速行驶或停车。大多数情况下将制动灯装在组合灯具中，为避免制动灯和后位灯混淆，制动灯必须比后位灯亮得多。另外还可安装高位制动灯，它是制动灯的辅助灯具，规定装在汽车后窗中心线附近，其光色为红色，当前后两车靠得太近时，后车的驾驶人能从高位制动灯的状况知道前面车辆的行驶状况，这对防止撞车事故很有效果。

（3）后雾灯 后雾灯的功能是在有雾及能见度低的情况下行驶时向车辆后方其他道路使用者表示车辆存在。其光色为红色，安装在车尾较低的部位，并且要求灯的上缘距离地面不大于1m、灯的下缘距离地面高度不小于250mm。

（4）报警信号灯 这是为汽车在遇到紧急情况时而设置的一种车灯，只有在特殊情况下才使用，如遇车辆途中"抛锚"无法行驶、停车、送病人到医院急救或车队行驶等情况，应及时打开报警信号灯开关，此时前后的左、右转向灯同时一起闪烁，以提醒过往车辆，防止发生意外。

（5）示宽灯 示宽灯又称示廓灯，其功能是表示夜间或视线不良时停着或行驶的汽车轮廓，以引起其他道路使用者的注意。一般在汽车前、后各装两个示廓灯，要求安装在尽可能最高的高度并尽可能靠近车的两侧边缘，以便在夜间行车时向前、后方的道路使用者显示车的高度和宽度。前示廓灯的光色为白色或橙色，后示廓灯的光色为红色。示廓灯的亮度标准是：人们在夜间距车100m以外应能看清。当停车信号灯或尾灯亮时示宽灯也一起点亮，显示车身高度及宽度以保证夜间行驶安全。

（6）位置灯 位置灯是为了在夜间显示车辆存在和宽度的灯具。根据其在车上的安装位置可分为前位灯、后位灯和侧位灯，侧位灯视其安装位置不同又可分为前侧位灯、中侧位灯和后侧位灯。前位灯和前侧位灯安装在汽车前面和前侧面，其功能是从前方观察时显示车辆存在和宽度；后位灯和后侧位灯安装在汽车后面和后侧面，其功能是从后方观察时显示车辆存在和宽度；按规定前、后侧位灯之间的距离不得超过3m，因此，对于车身较长的汽车和挂车等，应在车的中部安装中侧位灯。我国规定前位灯和后位灯为强制采用件，前侧位灯、后侧位灯和中侧位灯为选用件。

（7）车内信号灯 车内信号灯包括前照灯远光工作、手制动、转向、ABS防抱制动系统工作、收放机工作、空调开关工作、前、后雾灯开关以及后风窗除霜等指示灯。

2. 音响信号

现代汽车除灯光信号外，还装有喇叭、蜂鸣器等音响信号，消防车、救护车、警车等还需加装音响报警装置，许多汽车还安装有倒车语音提示。

（1）喇叭 为警告行人和其他车辆驾驶人注意安全，汽车上都装有喇叭。按使用的能源不同，可将汽车用的喇叭分为电喇叭和气喇叭两种。电喇叭又分为单音、双音和三音喇叭，当装有多音喇叭时，为减小通过喇叭按钮开关的电流和减小线路中的电压降，应加

装喇叭继电器；气喇叭分为单音和双音两种，它的声响强度和指向性都比电喇叭强，并有一定的余韵，有利于山区的安全行车，但在城市里一般禁用气喇叭。

（2）倒车蜂鸣器 倒车蜂鸣器是一种间歇发声的小喇叭。当变速杆置于倒档时，倒车开关触点闭和，使倒车灯和倒车蜂鸣器接通，倒车蜂鸣器则按规定的频率蜂鸣。

三、汽车防盗装置

汽车防盗装置的功能是当出现非正常进入汽车现象时发出报警，使车主或保安人员及时制止盗车事故的发生，并使盗窃者不能开动汽车，另外还应使盗窃者放弃盗窃的企图。防盗装置要求工作可靠、盗窃者无法排除而车主操作方便，并应装在隐蔽的地方不易被破坏。

汽车防盗报警装置种类繁多，一般可分为无声和有声报警两大类。无声报警由防盗装置发出电磁波，经调制后由天线发出，此电波盗窃者无法察觉，但车主的接收机能即时接收到，此类装置目前装车较少；另一类是有声报警，其报警声能被车主和周围的人听到，致使盗窃者闻声而逃。图 4-15 所示为汽车防盗系统的组成原理框图。在车主用钥匙锁上车门、防盗系统经 30s 检查期后，指示器开始闪烁，表明系统处于警戒状态。此时系统所有开关处于闭合状态，当用非法手段弄开车锁或撬开车门时，防盗系统发出警报（通常以声响和灯光闪烁的形式发出），大约 1min 后报警结束，但发动机的起动电路仍然被切断。直至车主用车钥匙打开车门后，防盗装置的状态自动解除，发动机起动电路才被接通。

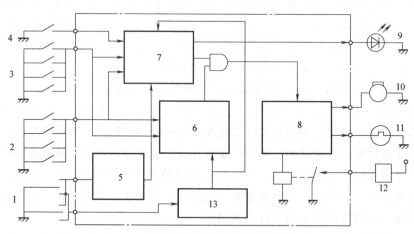

图 4-15 汽车防盗系统的组成原理框图

1—车门钥匙操作开关 2—车门锁合开关 3—车门开启开关 4—车门钥匙插入开关 5—30s 计时器 6—防盗检测电路
7—警示状态设置电路 8—警报电路 9—指示器 10—喇叭 11—灯光 12—发动机起动继电器 13—警报解除电路

目前汽车防盗器按结构可分为机械式、电子式和网络式。

（1）机械式汽车防盗器 采用机械方式，是用转向盘锁、变速器锁和钩锁等，锁定离合器踏板、制动踏板、加速踏板、转向盘或变速杆等来达到防盗的目的，但其只能防盗不能报警，且占用驾驶室空间、使用也不方便。通常只作为汽车辅助防盗器。

（2）电子式汽车防盗器 电子式汽车防盗器也称微机汽车防盗器，是目前应用最广

泛的类型，包括插片式、按键式、电子钥匙式、触摸式和遥控式等。通常具有以下功能：

1）防盗功能。当汽车防盗器处于警戒状态时锁定点火或切断汽车起动电路，使汽车无法起动。

2）报警提示功能。有人动车时发出警报以便制止。

3）警惕提示功能和服务功能等。

电子式汽车防盗器安装隐蔽、功能齐全、无线遥控、操作方便，但需要良好的安装技术和售后服务来保证，且其使用频段被限定在 300~350MHz 的业余频段上，易受干扰而产生误报警。

（3）网络式汽车防盗器　其可分为卫星定位跟踪系统（简称 GPS）和利用车载台（对讲机）通过中央控制中心定位监控系统。GPS 主要靠锁定点火或起动来实现防盗，从技术上讲是可靠的，但还需要政府的支持和社会各方面的配合以及完善的配套设施。随着公路网络的发展，出现了 CAS 防盗系统，其由报警发射、网络接收、监控中心组成，当发生盗车时，CAS 系统能在 15s 内将移动目标的信息传给监控中心，再传给报警指挥中心。

第五节　仪表与开关电路

一、汽车仪表

为了正确了解汽车上有关部分的工作情况，并发现可能出现的故障，汽车装有各种检测仪表。

1. 电流表

电流表串接在充电电路中，用来测量、显示蓄电池充、放电的状态及其电流大小。一般做成双向的，表盘中间为"0"，当发动机向蓄电池充电时示值为"+"；当蓄电池向用电设备放电时示值为"-"。有的汽车用充电指示灯来显示充、放电状态，但是不能显示电流大小。

2. 冷却液温度表

冷却液温度表用来指示发动机冷却液的工作温度是否正常，由安装在气缸盖上的温度传感器和仪表板上的冷却液温度指示表组成。发动机冷起动后必须低速运转，预热升温待冷却液温度达到 50℃ 以上时方可起步行驶，行驶中冷却液的温度应在规定范围内。

3. 机油压力表

机油压力表用来检测发动机润滑系统工作是否正常，由安装在发动机主油道上的油压传感器和仪表板上的机油压力指示表组成，用于指示发动机主油道内机油的压力。汽油车行驶中机油的压力应保持在 294~392kPa 的范围内，而柴油车则应为 392~441kPa。

4. 燃油表

燃油表用来指示燃油箱内储存的燃油量。通常"0"表示燃油箱内的燃油量为 10L 左右（又称备用油量），"1/2"表示燃油箱内约有半箱燃油，"1"表示燃油是满的。有的汽车用刻度盘表示燃油量，红色刻度表示开始使用备用油。

5. 车速里程表

车速里程表是用来指示汽车行驶速度和累计汽车行驶里程的仪表，由车速表和里程表两部分组成。有的车还装有小里程表指示当天（或当次）的行驶里程。

6. 发动机转速表

发动机转速表的作用是测定发动机转速，用来调整、监视发动机的工作状况，以便更好地掌握换档时机利用经济车速。

7. 气压表

气压表用于指示气压制动汽车的制动压力。一般采用双指针式，上指针指示后轮制动用的储气筒气压，下指针指示前轮制动用的储气筒气压。

8. 汽车报警装置

汽车为了保证行车安全和提高车辆的可靠性，安装了许多报警装置。它们一般由传感器（或开关）和红色警告灯组成。通常汽车设置有以下报警装置：

（1）驻车制动指示灯 当驻车制动手柄置于制动位置时驻车制动指示灯亮，以提醒驾驶人在准备汽车起步时及时松开驻车制动手柄，松开手柄后该指示灯熄灭。

（2）气压报警指示装置 当行车制动系统发生故障或管路漏气，储气筒气压下降至一定值时，气压报警指示灯亮，通常伴随发出报警声。行驶中若报警，必须停车检查，排除故障，待报警解除后方可继续行驶。

（3）机油粗滤器堵塞指示灯 当机油粗滤器的滤芯阻力增大，滤芯内外压差达到147kPa 左右时，此指示灯亮，用来提醒驾驶人及时更换滤芯。

（4）电源指示灯 当电源系统发生故障、发电机不发电时此指示灯亮，排除故障后，指示灯熄灭。

（5）润滑报警灯 当发动机机油压力低于一定值时，此报警灯亮。行驶中若润滑报警灯亮，必须停车检查，排除故障，待报警灯熄灭后方可行驶。

（6）燃油指示灯 此指示灯用来表示燃油箱中的燃油量少于规定值，以提醒驾驶人及时加油。

（7）冷却液温度警告灯 该警告灯在冷却液的温度不正常时发出警示信号。

（8）起动预热灯 该指示灯只用于柴油车。天冷起动柴油车时，按下起动预热按钮，此指示灯亮，完成起动后必须关闭此灯。

除上述报警装置外，还有事故报警、发动机故障指示等信号灯；有的汽车还有制动系统指示灯，在处于驻车制动状态时接通点火开关，或制动系统有一管路失效时该灯亮；有的液压制动汽车上还设有制动油液警告灯、钳式制动器制动块磨损报警灯；有的报警装置还有提醒驾驶人注意潜在危险情况的报警信号等。

9. 汽车电子仪表

随着汽车电子化的高速发展，汽车电子仪表作为汽车仪表系的升级换代产品日益迫切，目前已有多种汽车电子仪表装车使用，并有加速普及的趋势。汽车电子仪表多数采用计算机或单片机接收来自传感器的信息，经过计算、处理后驱动汽车仪表显示汽车工况。

10. 汽车组合仪表

通常使用的仪表都具有单独的密封装置，称为分装式仪表。汽车分装式仪表彼此独立，相互影响小，维修方便，但紧凑性差、体积大、安装不方便。为克服其缺点，汽车已普遍采用组合仪表，其共用一块玻璃密封，具有结构紧凑、体积小、便于安装和接线等优点。尤其是采用电子组合仪表，便于采用先进的结构工艺，开发应用高集成度及智能型电子组合仪表。为提高其精度，设计和装配时应采取必要的隔热和磁屏蔽措施，以及相应的补偿环节，以减小附加误差。图 4-16 所示为汽车电子组合仪表的图示符号和一种电子组

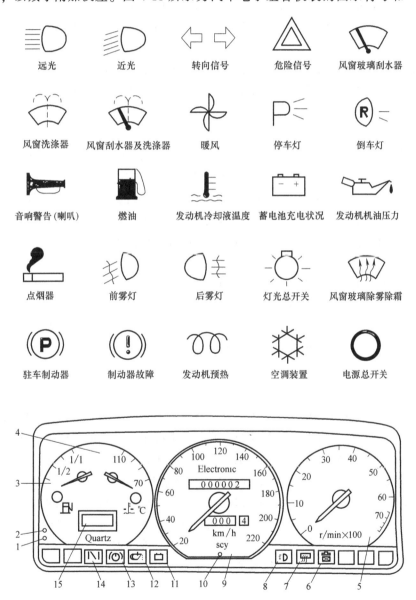

图 4-16　汽车电子组合仪表板

1—时钟的时调按钮　2—分调按钮　3—燃油表　4—冷却液温度表　5—电子式发动机转速表　6—冷却液液面报警灯
7—后窗加热指示灯　8—远光指示灯　9—电子式车速/里程表　10—单程里程计复零按钮　11—充电指示灯
12—机油压力报警灯　13—驻车制动和制动液面报警灯　14—阻风门指示灯　15—液晶锁

合仪表的面板，采用指针、数字及图形等显示方式。

二、开关与组合开关

1. 开关

开关是控制电流最常用的部件，其控制电路的开、停或引导电流流向各电路。汽车常用开关可分为单刀单掷式、单刀双掷式、联动式以及电磁式等。按接通形式又可分为常开式和常闭式，常开式开关处于初始位置时触点是张开的，电流不能通过，当它们受到外力作用而闭合时才接通电路；常闭式开关则相反，只有受到外力作用打开时才停止电流通过。

（1）单刀单掷开关　单刀单掷开关是最简单的开关，其控制电路工作的开、停，最常用的结构是板柄式结构，板柄的作用如同触点，改变位置即直接断开或接通电路。有些单刀单掷开关设计成暂时接触的形式，其有一个保持触点张开的弹簧，只有施加外力触点才闭合，而外力移走后触点即断开，汽车上的喇叭按钮就属于这种结构。

（2）单刀双掷开关　单刀双掷开关有一个输入端、两个输出端，前照灯系统的变光开关就是这种开关，接通远光或近光电路由触点的位置决定。

（3）联动开关　汽车的点火开关有多个工作位置，有的工作位置需同时接通几个用电器，如在发动机起动时（车钥匙转到起动位置），接通点火线圈、起动机继电器和相关指示灯等；发动机转入运行时，开关接通点火线圈和其他附件、指示灯等；当点火开关从起动位置转到运行位置时，点火线圈的供电应保持不间断。

（4）继电器　继电器是电磁开关，其功能是用小电流控制大电流。继电器线圈的电阻很大，它只需很小的电流就能产生足够吸合衔铁的磁力，负载器件所需的电流由继电器触点控制。常开式继电器，线圈通电时触点吸合，接通电流；常闭式继电器，线圈通电时触点断开，切断电流。例如转向灯闪烁继电器，就是使转向灯自动地按一定频率在开与关之间转换。

2. 组合开关

由于汽车上需控制的电器设备很多，开关数量也多。为了减少开关占据的汽车室内空间、方便驾驶，国内外都大力研究开发组合开关，即将多个开关的功能组合在一起形成一个整体。最常见的是与转向柱、转向盘组合在一起。现在开关生产厂还在转向柱上组合了越来越多的功能，如 JK3078 型汽车组合开关组合了转向、变光、灯控、紧急信号和刮水器等的开关；JK/JettaA 型开关组合了转向开关和自动复位机构，以及点火、危险报警、刮水器、洗涤器、变光等开关和防盗锁车机构；JK336 型汽车组合开关包括转向（变道）开关和自动复位机构，以及危险报警、刮水器、变光、洗涤器、点火、蜂鸣器等开关和防盗锁车机构及保护驾驶人安全的三级吸能防冲撞装置等。

三、辅助电器

1. 刮水器

刮水器的功能是在汽车风窗玻璃上来回摆动以清除其表面所附着的水、雾、雪、泥、

灰尘及其他污物，提高在雨天或雪天行驶时驾驶人的能见度，保障行车安全。GB 15085—2013《汽车风窗玻璃刮水器和洗涤器性能要求和试验方法》规定了刮水器的主要性能。刮水器有液动式、气动式和电动式三种，气动式只适用于有压缩空气气源的汽车，电动刮水器应用最广。目前，电动刮水器至少有两种刮刷频率。有的汽车还使用了单速后窗刮水器；有的豪华轿车还装有与前风窗玻璃刮水器一起开动的前照灯刮水器。前风窗玻璃刮水器不工作时应停在最低处，以免影响驾驶人的视野。

2. 风窗玻璃洗涤器

为了更好地清除附在风窗玻璃上的脏物，汽车上又增设了风窗玻璃洗涤器配合刮水器工作，以保持驾驶人的良好视野。其喷嘴安装在风窗玻璃下面，方向可以调节，使水喷在风窗玻璃适当的位置。风窗玻璃洗涤器应与刮水器联合工作，先开动洗涤器后开动刮水器，停止时先停喷水而刮水器继续刮 3~5 次，以达到良好的洗涤效果。

3. 柴油机起动预热装置

其功能是对进入气缸的空气进行预热，以解决冬季柴油机起动困难的问题。在发动机起动之前接通预热开关，电流流过电热塞加热空气使柴油易于燃烧，待发动机起动后应立即断开其电路。

4. 中控台彩色屏

中控台彩色屏是指在中控台上的显示屏，主要显示汽车音响、导航、车辆信息、倒车影像等内容，有单点触控液晶屏和多点触控液晶屏，如图 4-17 所示。

图 4-17 中控台彩色屏

5. 其他辅助电器

除上述电器以外，还有电除霜器、鼓风电动机、电动升降车窗、中央控制门锁、电动调节后视镜以及电动调节座椅等辅助电器。

第六节 汽车空调装置

汽车上安装空调的目的是通过空气调节使汽车车内的温度、相对湿度、清洁度等指标保持在一定的范围内。也就是把车外进入的和车内部的空气，经过加热或冷却在车内循环，从而改变汽车内的空气状态，使驾驶人与乘员感到舒适。

轿车、轻型汽车、中、小型客车及工程机械，空调所需的动力和驱动汽车的动力都来自同一发动机，这种空调系统称为非独立式空调系统；对于大型客车和豪华型大、中客车，由于所需制冷量和暖气量大，一般采用专用发动机驱动制冷压缩机和设立独立的取暖设备，称为独立式空调系统。对于非独立式空调系统，会影响汽车的动力性能，但在制造成本和运行成本上比独立式更经济。汽车安装了非独立式空调后，耗油量平均增加 10%~20%（与汽车的速度有关），发动机的输出功率减少 10%~12%。

汽车空调制冷系统中使用的制冷剂有二氟二氯甲烷（氟利昂 12 或 F12）及 F22。由于 F12、F22 对大气的臭氧层有破坏作用，近年来已用无氟制冷工质（如 F134a 等）替代，以满足环保要求。

一、汽车空调系统的组成

汽车空调系统的组成如图 4-18 所示。

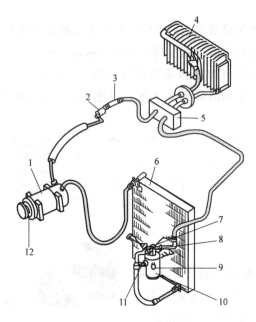

图 4-18　汽车空调系统的组成

1—压缩机　2—缓冲器　3、9—充放气阀　4—蒸发器　5—膨胀阀　6—冷凝器　7—窥视孔　8—易熔塞
10—储液罐　11—高低压组合开关　12—电磁离合器

1. 压缩机

压缩机是压缩和输送制冷剂蒸气的装置，是制冷系统的"心脏"。汽车空调系统常用的压缩机有曲轴式、斜板式和旋转式等。压缩机工作时可把制冷剂气体由低温、低压变为高温、高压，并可维持连续不断的制冷剂循环，完成吸热和放热过程。压缩机由汽车发动机驱动。

2. 冷凝器

冷凝器的作用是散热，它把从压缩机出来的高压高温气态制冷剂冷却凝结为高压液体，在冷凝过程中散发的热量由空气流带走。因而冷凝器应面对迎面风的流动方向安装，即迎着汽车前进时所引起的空气流动方向。一般安装于发动机冷却水箱前面，借助于冷却风扇，及时把热空气吹出车外。

3. 膨胀阀

膨胀阀又称流量控制器，其作用是使来自冷凝器的液态高压制冷剂减压后，根据车室内空调负荷的需要，自动调节膨胀阀的开度，控制流入蒸发器的制冷剂流量。

通常，制冷系统中制冷工质的降压是靠热力膨胀阀来完成的，也称为热力膨胀阀制冷

系统（CCTXV）（图 4-18）。此外，可在制冷系统中用一根固定节流管代替热力膨胀阀，对制冷工质起减压降温作用，该系统称为 CCOT 制冷系统。它是 1974 年美国通用汽车公司首先在轿车中使用的新制冷系统，具有高可靠性、节流装置简单、价格便宜等优点，但节流管易堵塞且只能降压不能调节流量。

4. 蒸发器

蒸发器的功能与冷凝器相反，它把从膨胀阀减压后流出的液态制冷剂蒸发成低压气体，在蒸发过程中，从车室内吸收热量，使车内空气温度降低。经冷却的空气凝结空气中的水分，形成小水珠附着在冰冷的金属管壁或传热片上，使车内的空气保持干燥低温，令人感觉舒适。蒸发器不仅有将通过的空气冷却降温的作用，还具有除湿作用。但在外界的温度很低时，蒸发器上会结霜，此时可通过温度控制和除霜装置除霜，也可将风量开大，使温度升高进行化霜。蒸发器安装在副驾驶一侧杂物箱下方，采用风冷、全铝板带式结构。

5. 储液干燥器及附属装置

制冷剂经冷凝器冷却液化后储存在储液器内，需进行干燥吸湿处理，去除制冷剂中的水分，避免在膨胀管或膨胀阀出口处凝结而造成冰堵，同时水分还会使制冷剂产生强腐蚀性的盐酸及氢氟酸，严重腐蚀管路。此外，由于汽车空调系统在运行中存在强烈振动，空调压缩机的磨损及管路内壁腐蚀颗粒的剥落，会形成一些游离颗粒随制冷剂一起流动，导致系统内机械磨损加剧，同时可能引起系统堵塞，因而空调系统还应有过滤制冷剂的功能，及时滤除制冷剂中的游离杂质。储液干燥器应定期维护，及时更换或烘干硅胶干燥剂，清除滤网上的游离杂质，并清洗滤网，保持储液干燥器对液态制冷剂有效的储存、过滤及干燥功能。

一般小型汽车上的空调系统都是将储液、干燥、过滤三者合为一体，以使结构紧凑、装配方便。储液干燥器一般装于空调系统的高压侧，也有汽车将储液干燥器装于空调系统低压侧蒸发器的出口处，以保证系统中过量的液态制冷剂不进入压缩机。上面安装有起保护作用的低压开关、高压开关及充放气阀，还设置了能够观察制冷系统中氟里昂情况的观察窗及保护系统的易熔塞等。

二、采暖、通风与空气净化

通风装置的功能是在汽车行驶时保证车内空气流动，不断充入新鲜空气、排出有害气体，常用的有自然通风和强制通风两种方式。在冬季还应加热新鲜空气使车内温度适宜。

利用汽车行驶时的迎面气流来进行车内空气交换的通风方式称为自然通风。自然通风既应保证通风又要避免急速的穿堂风使乘员受凉，可依靠车身上的进、出风口、车顶窗和车门上的升降玻璃与三角通风窗实现。进风口常布置在前风窗玻璃下沿或车身前围两侧，出风口通常布置在车身侧面向后部的拐角处。

利用风机将车外空气送入车内的通风方式称为强制通风，如轿车通风系统可利用离心式风机对车室内进行通风换气。在通风系统中还设有吸气门、空气过滤器、空气处理室、送风道和风门等。通风系统将车外的新鲜空气引入车内进行流动，车室内的污浊空气可由排气口抽出车外。显然，强制通风比自然通风更有效，并可用过滤的方法保证空气洁净。

图 4-19 所示为捷达轿车的通风、暖气、冷气联合装置。冷凝器 3 置于汽车发动机散热器的前方，压缩机 4 右侧的带轮由发动机曲轴驱动。带轮与压缩机主轴之间有电磁离合器，在制冷时可使主轴与带轮接合。在压缩机 4 的作用下，制冷工质从储液罐 2 经由高压管道 5 通过膨胀阀 7 进入蒸发器 12，然后经由吸入管道 6 吸入压缩机 4，再通过冷凝器 3 回到储液罐 2。车外空气在风机 10 的作用下从进口 1 经由空气过滤进口 8 流过蒸发器 12 进入分配箱 13，可将冷却的空气导向出风口 11、14 和 15。制冷系统不工作时，分配箱还可将空气导向热交换器 17 使之加热，然后经由各出风口和除霜出口流出。

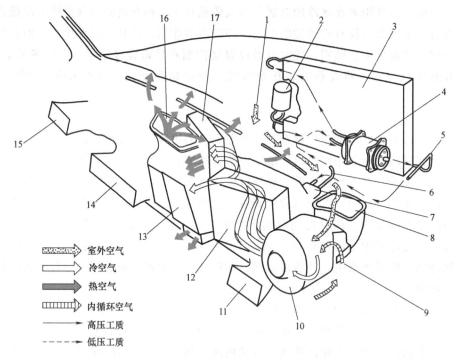

室外空气
冷空气
热空气
内循环空气
高压工质
低压工质

图 4-19 捷达轿车的通风、暖气、冷气联合装置

1—外部空气进口 2—储液罐 3—冷凝器 4—压缩机 5—高压管道 6—吸入管道 7—膨胀阀 8—空气过滤进口
9—内部循环空气进口 10—风机 11—右出风口 12—蒸发器 13—分配箱 14—中出风口
15—左出风口 16—除霜热空气出口 17—热交换器

第七节 汽车电气设备总线路

一、汽车电气设备总线路的组成和特点

汽车电气设备总线路，就是将汽车的电源、起动系统、点火系统、照明、信号、仪表和辅助电器装置等，按照它们各自的工作特性及相互间的内在联系，用导线连接起来构成的整体。

1. 汽车电气设备总线路的基本原则

汽车电气设备总线路由于车辆结构型式、电气设备的品种数量、安装位置、接线方法

的不同而不同，但其一般遵循以下原则：

1）单线制。汽车电气设备线路均采用单线制，即从电源到用电器件只用一根绝缘导线连接，而用汽车底盘、车身、发动机等金属机体作为公共导线（称为搭铁）。根据QC/T 413—2002《汽车电气设备技术条件》，汽车电气系统采用负极搭铁，即蓄电池的负极接在车架上。

2）各用电设备与器件均采用并联连接。

3）电流都经过电流表与蓄电池构成的回路，因此电流表应能测量蓄电池充、放电电流的大小，但对用电量大而工作时间较短的设备，如起动机、电喇叭等除外。

4）必须装有必要的保险装置，防止因短路而烧坏电缆和电气设备。

5）所有低压线必须选用不同颜色的单色或双色绝缘导线，黑色导线只用作搭铁线。

6）应将导线做成线束以便安装和保护导线的绝缘。线束是分支到各电器部件的集束导线，使用线束能减少零散导线数目。线束通常按高压（如点火电路）、大电流（如起动电路）和一般低压（如照明、信号、控制等一般用电装置的电路）等功能划分，并按安装位置分束。

2. 汽车电路组成

图 4-20 所示为汽车的整车电路原理图，该车电路主要由电源电路、起动电路、点火电路、照明和信号电路、仪表电路及其他辅助电路组成。

（1）电源电路　该电路由硅整流交流发电机、电压调节器及蓄电池等组成。其特点如下：

1）蓄电池经电源总开关后负极搭铁，汽车停用时应注意切断总电源开关，以免蓄电池漏电。

2）电流表"−"端接蓄电池的正极，电流表"+"端接交流发电机电枢和用电设备，以便正确指示蓄电池的充、放电及其电流值。

3）发电机的励磁电路由点火开关控制。

（2）起动电路　该电路由起动机、蓄电池及起动继电器组成。其特点如下：

1）起动机的电磁开关由起动继电器控制。

2）起动继电器由点火开关控制。

（3）点火电路　该电路包括点火开关、蓄电池、点火线圈、分电器、火花塞及附加电阻等。其特点如下：

1）点火线圈的附加电阻做成导线的形式，称为附加电阻线，其一端接点火线圈"+"接线柱，另一端接点火开关。

2）起动时，一次电流不经过电流表，直接经过起动开关的蓝色导线流入点火线圈的一次绕组，以短接附加电阻，增大点火线圈的一次电流。

（4）照明和信号电路　该电路用于为汽车外部和内部照明灯具，以及各种信号灯供电。汽车的照明系统装有多达 50 个灯泡，使用了几百米导线，电路中用了许多保护器、继电器、开关和接插件，以保证行车安全及方便驾驶。先进的照明系统有自动前照灯洗涤、前照灯自动变光、自动开灯/延时关灯及进门照明等；有的系统采用了计算机控制和光导纤维；有的还能提供自诊断功能。

汽车工程概论

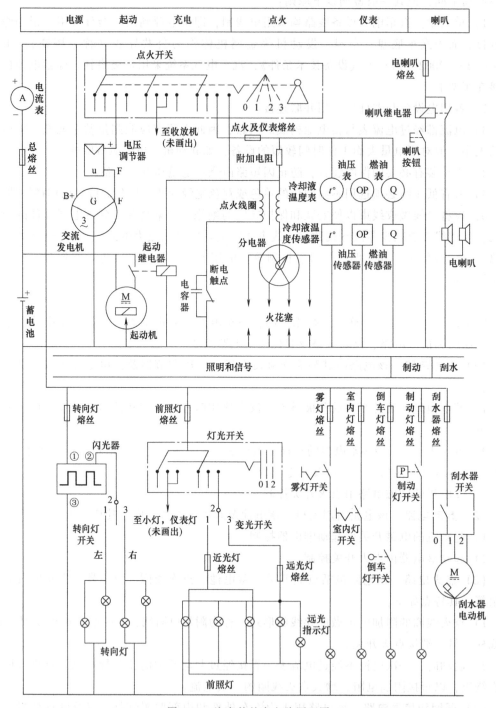

图 4-20　汽车的整车电路原理图

（5）**仪表电路**　该电路包括汽车的各种指示、警告仪表及其传感器，电子仪表系统还包括电控单元，所有仪表和信号电流均经过电流表。

（6）**其他辅助电路**　其他辅助电路包括暖风、洗涤、喇叭等电器的供电电路。

二、汽车电路图

汽车电路图表示各种汽车电器的相互关系以及电路如何接到电源上，以便安装和维修。电路图是查找电气系统的主要工具，可以是整车电气电路，或者是一个系统的电路。电路图包括表示导线路径的接插件，有的电路图还标注了电路所用导线颜色的代号。汽车电路有线路图、原理图和线束图三种表达方法。

（1）**线路图**　传统的汽车电路表达方法是采用线路图。这种图是将汽车电器用外形简图画在汽车上的实际位置，再用线将电源、开关、保险装置等与这些电器一一连接起来。这种画法的特点是电器的外形和实际位置都与原车一致，因此查线时，导线中间的分支、接点很容易找到，线的走向和车上实际使用的线束的走向基本一致，排除故障时方便。但是这种图上线条密集、纵横交错，使读图和查找、分析故障非常困难。

（2）**原理图**　原理图是用标准统一规定的图形符号，把仪表及各种电器，按电路原理合理地连接起来。其特点是由于对线路图作了高度简化，图面清晰，电路简单明了、通俗易懂，电路连接控制关系清楚，对迅速分析排除电气设备的故障非常有利。

当前汽车电路图流行一种"纵向排列式画法"，它也属于电路原理图，这种图的特点是纵向排列，不走折线，图上不出现导线交叉，某一部分电路局限在总线路横向的一个区域内，从左到右按顺序编排（参见图 4-20）。对于部分较复杂的电气设备的线路，图上采用断线加编号表示去向的办法解决，即相同编号的线连接在一起。

（3）**线束图**　线束图是汽车制造厂在把汽车上实际线路排列好，并将有关导线汇合在一起扎成线束以后所作的图。在这种画成树枝样的图上，着重标明各导线的序号和连接的电气设备名称及接线柱的名称、各插接器插头和插座的序号。安装操作人员只要将导线或插接器按图上标明的序号，连接到相应的电器接线柱或插接器上，便完成了全车线路的装接，这种图给安装和维修带来了极大的方便。该图的特点是不说明线路的走向和原理，线路简单。

三、全车线路的识读

识读整车电路图可参照下列步骤进行：

1）首先按照整车电路图中各功能的电路系统分别进行分析。

2）在分析每个电路之前，一定要弄清该电路中所含电气部件的功能及技术参数。如识读喇叭电路时（参见图 4-20），了解喇叭按钮的作用，即当按压喇叭按钮时，喇叭继电器接通，电喇叭工作发出响声。

3）在识读电路图时，应掌握电路中的电流流向是由蓄电池正极流向蓄电池负极；电路中只有当电流流过用电器件时，该用电器件才工作。例如，电动机电路接通电动机就会转动；各照明灯电路中有了电流，相应灯泡就会亮等。

4）应按操纵开关功能及开关工作位置分析该电路相应的工作状态。例如分析刮水器电动机的工作原理，首先应将点火开关转到点火位置使继电器工作，再把刮水器开关调到某一相应的工作位置，然后按电路中的电流流向分析刮水器电动机的工作与自动停位的作

用原理。

5）在图 4-20 中，对一般只含有线圈和触点的继电器，应把它看成是由使线圈工作的控制电路和触点接通的主电路两部分组成的。控制电路中通过的工作电流（也流过继电器线圈）较小，而通过继电器的触点来控制用电量较大的负荷的接通与断开。

6）在有的电路图中，继电器与熔断器都安装在中央配电盒中，用箭头端部的数字表示此导线应接到标有该数字序号的电气部件的相应接线端上。

四、控制器局域网（CAN）技术在汽车上的应用

控制器局域网（Controller Area Network，CAN）是一种串行数据通信总线，在汽车上得到了广泛应用。CAN 是一种多主总线，每个节点机均可成为主机，且节点机之间也可进行通信。通信介质可以是双绞线、同轴电缆或光导纤维，通信速率可达 1Mbit/s，距离可达 10km。CAN 总线系统适合高干扰环境，具有突出的可靠性和较远的传输距离。

目前，汽车网络主要由 2 根 CAN 总线组成。其中一根是应用于各电子控制器和组合仪表信息传输的高速 CAN 总线（速率达 500kbit/s），另一根是用于连接中控门锁、电动门窗、电动后视镜、车灯等电器的低速 CAN 总线（速率为 100kbit/s）。有些高档车辆有第 3 条 CAN 总线，用于卫星导航及智能通信系统。

与其他数据总线传输系统相比，汽车 CAN 总线数据传输系统具有以下突出的优点：

1）将传感器信号线减至最少，使更多的传感器信号进行高速数据传递。

2）电控单元及电控单元插脚最小化应用，节省电控单元的有限空间。

3）组网自由，扩展性强。如果系统需要增加新的功能，仅需软件升级即可，对复杂的汽车网络其优势更为明显。

4）各电控单元可对所连接的 CAN 总线进行实时监测，如果出现故障该电控单元会存储故障码。

5）CAN 数据总线符合国际标准，以便于一辆车上不同厂家的电控单元间进行数据交换。

6）总线利用率高，数据传输距离较长（长达 10km），数据传输速率高（可达 1Mbit/s）.

7）成本相对较低。

思 考 题

4-1　轿车和客车的车身有何特点？

4-2　车内外部防护装置有哪些？它们是如何起到安全防护作用的？

4-3　免维护蓄电池有何特点？

4-4　汽车为什么要装发电机？车用发电机为什么必须配用电压调节器？它们是怎样进行电压调节的？

4-5　起动机的作用是什么？由哪几个主要部分组成？它们是如何工作的？

4-6　汽车上装有哪些照明灯？它们的用途是什么？

4-7　汽车上装有哪些灯光信号？它们的用途是什么？

4-8　汽车防盗器有哪些类型？它们是如何工作的？

4-9　汽车上装有哪些仪表？它们的用途是什么？

4-10　汽车上装有哪些报警装置？它们的用途是什么？

4-11　汽车上装有哪些辅助电器？它们的用途是什么？

4-12　汽车空调由哪几个主要部分组成？它们各有何功用？

4-13　汽车电气设备总线路有何特点？

4-14　汽车电路有几种表达方法？各有何特点？

第五章　新能源汽车

新能源汽车（New Energy Vehicle）是指采用非常规的车用燃料作为动力来源（或使用常规的车用燃料，但采用新型车载动力装置），综合车辆的动力控制和驱动方面的先进技术，所形成的技术原理先进，具有新技术、新结构的汽车。

新能源汽车包括纯电动汽车、混合动力电动汽车及燃料电池电动汽车等类型。

第一节　纯电动汽车

GB/T 19596—2017《电动汽车术语》将纯电动汽车定义为"驱动能量完全由电能提供的、由电机驱动的汽车"。电动机的驱动电能来源于车载可充电蓄电池或其他能量储存装置，纯电动汽车一般采用高效率充电蓄电池为动力源，不需要使用内燃机，因此，纯电动汽车的电动机相当于传统汽车的发动机，蓄电池相当于原来的油箱。纯电动汽车具有以下特点：

1）零排放，无污染。纯电动汽车无内燃机，车辆在行驶时不产生排放污染，可达到零排放。

2）能源效率高、多样化。电动汽车可通过制动能量的回收进一步提高能源的利用效率，同时蓄电池的电能来源多样化，可来自煤炭、天然气、水力、核能、太阳能、风力等的转化，可减少对石油资源的依赖。

3）舒适性好。纯电动汽车的电动机振动小，乘坐舒适性好。

4）结构简单，布置灵活。纯电动汽车机械传动部件少，结构更简单。电池和电动机之间没有机械连接，布置更灵活。

但是目前纯电动汽车的技术还不完善，特别是电池寿命短、使用成本高，电动汽车续驶里程短等，导致纯电动汽车的普及受到了限制。

一、纯电动汽车的基本结构

纯电动汽车动力系统由电驱动系统、能源系统和辅助动力系统三个子系统组成，如图 5-1 所示。

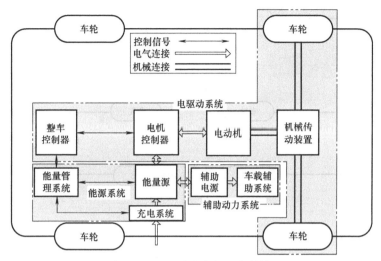

图 5-1　纯电动汽车的基本结构

1. 电驱动系统

电驱动系统由整车控制器、电机控制器、驱动电机（驱动模式下一般称为电动机）、机械传动装置和车轮组成。根据制动踏板和加速踏板信号，控制电机控制器将能源系统提供的电能输送到电动机，电动机将电能转换为机械能，驱动车轮行驶。

整车控制器将制动踏板、加速踏板、车速等车辆状态信号，根据一定的控制算法进行计算处理，向电机控制器发出指令，调整电源通向电动机的电力输入，以控制电动机的转矩、转速和旋转方向。

2. 能源系统

能源系统由能量源、能量管理系统和充电系统构成。其功能是向电动机提供电能、监测电源的使用情况及控制充电系统向蓄电池供电。

能量源通过电机控制器向电动机提供电能，同时也是电动汽车上辅助动力系统、能量管理系统等的电源。能量管理系统主要对电源充放电过程进行有效的监控和管理，提高使用效率。包括采集和监测电池电压、电流、温度等参数，预测和显示电池电量状态、电池内阻等参数，以及充放电控制、能量回收控制等。充电系统用于向蓄电池充电。

3. 辅助动力系统

辅助动力系统包括辅助电源和车载辅助系统。其主要作用是将能量源提供的电压通过DC-DC变换器转换成车内各辅助系统所需电压，向各辅助系统供电。车载辅助系统包括车载电器（照明、仪表、刮水器、电动车窗、电动门锁、音响、空调等）和电控设备（EPS、ABS、ESP、TCS等）。

二、纯电动汽车驱动系统的布置形式

纯电动汽车的驱动系统有多种布置形式，如图 5-2 所示。

（1）**取代发动机式**　与传统汽车的驱动系统布置方式相同，只是用电动机替代发动机，传动系统由离合器、变速器、传动装置和驱动桥组成（图 5-2a）。

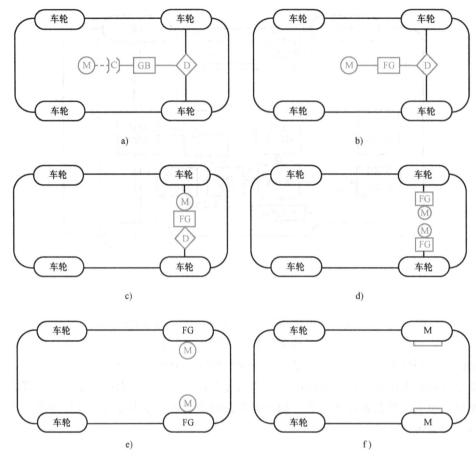

图 5-2　纯电动汽车的驱动系统布置形式

a）取代发动机式　b）取代发动机无变速器式　c）电动机-驱动桥整体式　d）双电动机轴传动式
e）轮毂电动机式　f）轮毂电动机无减速器式

C—离合器　D—差速器　M—电动机　GB—变速器　FG—固定传动比减速器

（2）取代发动机无变速器式　取消离合器、变速器，采用固定传动比减速器，通过控制电动机转速控制车速（图 5-2b）。

（3）电动机-驱动桥整体式　将电动机、固定传动比减速器和差速器集成为一个整体，装在驱动桥上（图 5-2c）。

（4）双电动机轴传动式　采用两个电动机通过固定传动比减速器以轴传动的形式分别驱动两个驱动轮，直接由电动机实现变速和差速作用（图 5-2d）。

（5）轮毂电动机式　将电动机直接装在驱动轮上，由电动机直接驱动车轮行驶（图 5-2e 和图 5-2f）。

三、电动汽车动力蓄电池

动力蓄电池是电动汽车的动力源，也是能量的存储装置。目前车用动力蓄电池有铅酸蓄电池、镍镉电池、镍氢电池和锂离子蓄电池。

1. 电动汽车对动力蓄电池的要求

电动汽车对动力蓄电池有以下要求：

1）能量密度高。为了保证电动汽车具有一定的续驶里程，且降低电动汽车的自重，动力蓄电池应具有较高的能量密度。

2）比功率大。为了保证电动汽车具有一定的起步、加速和爬坡性能，动力蓄电池应有足够大的比功率。

3）循环寿命长。提高蓄电池的循环寿命，可降低电动汽车的运行和使用成本。

4）环境适应性强。动力蓄电池要保证电动汽车在恶劣的环境下工作，要求蓄电池应当具有较高的高、低温特性。

5）充电技术成熟，充电时间短。

6）均匀一致性好。为了满足蓄电池组工作电压和设计容量的要求，蓄电池组需要由很多的单体电池组合而成，由于蓄电池组的使用性能会受到性能最差的某些单体电池的制约，设计上要求各单体电池在容量、内阻、功率特性和循环特性等方面具有高度的均匀一致性。

7）安全环保。能够有效避免因泄露、短路、撞击、颠簸等引起的起火或爆炸等危险事故的发生，确保汽车行驶的安全性。提高蓄电池的回收处理和再生利用技术，防止蓄电池所带来的环境污染及电池中有害物质对人体和环境的伤害。

表 5-1 为美国先进电池联合会（USABC）制定的电动汽车蓄电池的性能目标。

表 5-1 USABC 制定的电动汽车蓄电池的性能目标

性能指标	中期目标	长期目标
质量能量密度/(W·h/kg)	80~100	200
体积能量密度/(W·h/L)	135	300
质量比功率/(W/kg)	150~200	400
体积比功率/(W/L)	250	600
使用寿命/年	5	10
循环寿命/次	600	1000
工作温度/℃	-35~65	-40~85
充电时间/h	<6	3~6
效率(%)	75	80
自放电率(%)	<15(48h)	<15(月)

2. 动力蓄电池的类型

（1）铅酸蓄电池　铅酸蓄电池正极板上的活性物质是 PbO_2，负极板上的活性物质为海绵状 Pb，隔板将正、负极板隔开，防止短路。电解液由蒸馏水和纯硫酸按一定的比例配置而成，其作用是参与正、负极板的电化学反应以及作为离子的传导介质。由于电化学反应，单体铅酸蓄电池正、负极板间会产生 2.0V 的电动势，将多个单体电池串联就可以获得不同电压的铅酸蓄电池。

铅酸蓄电池由于技术比较成熟、成本低廉、性能可靠、维护简便，在早期电动汽车上被广泛采用，但由于其能量密度低、使用寿命短、质量大等原因，逐步被取代。

（2）镍镉电池 镍镉电池比铅酸蓄电池低温工作性能更好，且放电电压平稳、使用寿命长、可靠性卓越、维护成本较低。

由于单体电压只有 1.2~1.3V，要想获得理想电压就必须把多个单体串联起来。镍镉电池的能量密度为 30~50W·h/kg，这与铅酸蓄电池相似。镍镉电池最大的缺点是成本高，且镉有毒。长久来看，通过建立有效的回收机制可以克服镍镉电池对环境造成的影响，但是镍镉电池功率不足是其不能在电动汽车和混合动力电动汽车中应用的另一个重要原因。镍镉电池的缺点促进了镍氢电池的迅速发展，且后者被认为更适合应用于纯电动汽车和混合动力电动汽车上。

（3）镍氢电池 镍氢电池是 20 世纪 90 年代发展起来的一种新型电池。

镍氢电池正极的活性物质为氢氧化镍，负极为储氢合金，电解液是氢氧化钾。

镍氢电池单体电压为 1.2V，按使用要求组成不同电压的镍氢电池组。

镍氢电池能量密度高，可提高电动汽车的续驶里程，比功率是铅酸蓄电池的 2 倍，能够提高电动汽车的加速性能。另外，镍氢电池使用寿命长，耐过充、过放能力强，无铅、镉等污染。

（4）锂离子蓄电池 锂离子蓄电池是目前最新一代的充电电池，锂离子蓄电池按外形形状分为方形和圆形两种。锂离子蓄电池的正极活性材料为锂化金属化合物（如 $LiCoO_2$、$LiNiO_2$、$LiMn_2O_2$），在活性物质中再加入导电剂、树脂黏合剂，并涂覆在铝机体上，呈细薄层分布。负极的活性材料为碳材料（如天然石墨、人造石墨、层状石墨形成的锂碳化物），在活性材料中再加入黏合剂、有机溶剂，并涂覆在铜基上，呈薄层状分布。电解液由锂盐溶解于有机溶剂中制备而得，含有 $LiPF_6$ 的有机电解液，具有良好的导电性、电化学稳定性，而且废弃电池处理简单，因而在目前锂离子蓄电池中最常用。

图 5-3 所示为以碳材料为负极，以含锂的金属氧化物为正极的锂离子蓄电池，其在充、放电过程中，没有金属锂存在，只有锂离子。当对蓄电池进行充电时，电池的正极上有锂离子生成，生成的锂离子经过电解质运动到负极。而作为负极的碳呈层状结构，它有

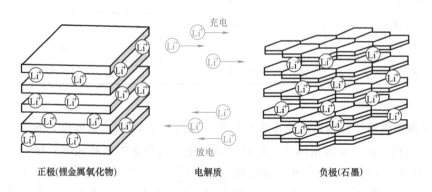

正极(锂金属氧化物)　　　电解质　　　负极(石墨)

图 5-3　锂离子蓄电池的工作原理

很多微孔，达到负极的锂离子就嵌入到碳层的微孔中，嵌入的锂离子越多，充电容量越高。同样，当对蓄电池进行放电时，镶嵌在负极碳层中的锂离子脱出，又运动回正极。返回正极的锂离子越多，放电容量越高。在整个充放电过程中，锂离子往返于正、负极之间。

锂离子蓄电池的优点：

1）工作电压高。锂离子蓄电池的工作电压为 3.6V，是镍氢和镍镉电池的 3 倍。

2）能量密度高。锂离子蓄电池的能量密度为 150W·h/kg，是镍镉电池的 3 倍，是镍氢电池的 1.5 倍。

3）循环寿命长。锂离子蓄电池采用碳阳极，在充放电过程中碳阳极不会生成枝晶锂，从而避免内部枝晶锂导致的短路。在连续充放电 1200 次后容量依然不低于额定值的 60%，在低放电深度下可达几万次。

4）自放电率低。锂离子蓄电池月自放电率仅为 6%~8%，远低于镍镉电池（25%~30%）和镍氢电池（15%~20%）。

5）工作温度范围宽。锂离子蓄电池具有优良的高低温放电性能，可在 -20~+50℃ 范围内工作，高温放电性能优于其他各类电池。

6）无记忆性。可以根据要求随时充电，而不会降低电池性能。

7）无污染。锂离子蓄电池中不含有镉、铅、汞等有害物质，是一种"绿色"化学能源。

（5）超级电容器　超级电容器是一种介于常规电介质电容器与电化学电池之间的储能元件，功率密度大，能在瞬时提供很大的电流和功率，因此超级电容器适合作为车辆的辅助能源，满足电动汽车起动、加速、爬坡时对功率的需求。

双电层电容器由正极、负极、电解液及绝缘层等组成，如图 5-4 所示，绝缘层将电解液一分为二，正极与负极被隔绝。电极处于电解液之中，当对两个电极施加外来电压时，两个电极表面上分别聚集正、负电荷，而电极表面电荷也将从溶液中吸引一部分带异种电荷的离子，使它们聚集在电极/电解液界面的溶液一侧，但离电极有一定距离，生成一个与电极表面电荷数量相等但符号相反的电荷层。由于界面存在位垒，两层电荷不能越过边界互相中和。将这种一层电荷在电极表面，另一层电荷在电解液中的结构称为双电层结构，在两侧电极各有一个双电层，相当于两个电容器串联。

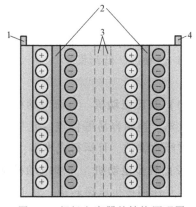

图 5-4　超级电容器的结构原理图

1—正极　2—电解质　3—绝缘层
4—负极

由于超级电容器比功率较大，可发出较大的瞬时功率，从而可以大大增加汽车起动、加速时系统的功率输出，而且可以高效地回收制动能量，因此超级电容器被广泛应用到新能源汽车中，用作起动、制动、爬坡时的辅助动力。

各种蓄电池的性能比较见表 5-2。

表 5-2　各种蓄电池的性能比较

性能指标	铅酸蓄电池	镍镉电池	镍氢电池	锂离子蓄电池	超级电容器
工作电压/V	2.0	1.2	1.2	3.6	可调
工作电流	高	高	高	中	极高
充电时间/h	4~12	4~10	12~36	3~4	10s至几分钟
质量能量密度/(W·h/kg)	35~40	40~60	60~80	90~160	4~40
体积能量密度/(W·h/L)	70	150	200	270	极高
比功率/(W/kg)	<1000	>1000	>1000	>1000	>1000
循环寿命/次	300~500	500~1000	500~1000	600~1200	500000

四、电动汽车驱动电机

驱动电机是电动汽车驱动系统的核心部件，其性能的好坏直接影响电动汽车的性能。

1. 电动汽车对驱动电机的要求

为了满足电动汽车的性能要求和工作环境的复杂性，驱动电机应满足以下要求：

1）低速大转矩特性，保证电动汽车低速时具有足够的加速爬坡能力；高速恒功率特性，满足电动汽车高速行驶的要求。

2）较强的过载能力，以满足短时加速和重负荷爬坡等工况行驶的要求。

3）体积小，质量轻，具有较大的比功率，有利于电动汽车的轻量化。

4）调速范围宽，在整个运行范围内都有较高的效率。

5）可靠性高，能在高温、潮湿等恶劣环境下长期工作。

6）具有高效的制动能量回收性能，提高能量的使用效率。

7）低噪声、低污染。

2. 驱动电机的类型

（1）直流电动机　直流电动机是将直流电能转换成机械能的电动机，具有结构简单、技术成熟、控制容易等特点。几乎所有的早期电动汽车都采用直流电动机，但其效率较低，需经常维护，且运行成本高，因此直流电动机仅用在低功率电动车辆上。

（2）异步电动机　异步电动机又称感应电动机，是由气隙旋转磁场与转子绕组感应电流相互作用产生电磁转矩，从而实现电能转换为机械能的一种交流电动机。异步电动机结构简单，制造、使用、维护方便，运行可靠性高，质量轻，成本低，但调速性能较差，功率因数较低，大多用于工业。

（3）永磁同步电动机　永磁同步电动机是利用永磁体建立励磁磁场的同步电动机。永磁同步电动机具有体积小、质量轻、转动惯量小、比功率大、损耗小及效率高等优点，有利于电动汽车的空间布置，另外，由于其转矩惯量比大、过载能量强，低转速时输出的转矩大，有利于电动汽车的起步加速。因此永磁同步电动机在电动汽车上的应用日益广泛。

（4）**开关磁阻电动机**　开关磁阻电动机是继直流电动机和交流电动机之后，又一种具有发展潜力的新型电动机。开关磁阻电动机由于没有永磁体和转子绕组，结构简单，可在较宽转速和转矩范围内运行，且控制灵活、可四象限运行、响应速度快。但开关磁阻电动机具有转矩波动大、噪声大、需要位置检测器以及系统非线性特性等缺点，因此它的应用仍受限制。

五、电动汽车整车控制系统

电动汽车整车控制系统的控制关系目前没有统一的标准，各大汽车品牌商生产的控制系统之间的整车控制器权限也不尽相同。一般将整车控制系统分为动力系统、底盘电子控制系统、汽车安全控制系统、汽车信息电子控制系统四部分。其中动力系统是新能源汽车独有部分，其余三项为传统汽车与新能源汽车共有，但新能源汽车对应功能也不完全与传统汽车相同。图 5-5 所示为一般电动汽车整车控制系统各子系统之间的控制关系。

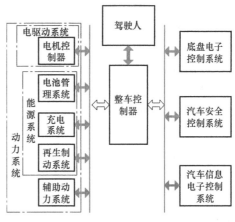

图 5-5　电动汽车整车控制系统

1. 整车控制器

整车控制器是控制系统的核心，承担了数据交换、安全管理和能量分配的任务。根据重要程度和实现次序，其功能划分如下：

（1）**数据交互管理**　整车控制器要实时采集驾驶人的操作信息和其他各个部件的工作状态信息，这是实现整车控制器其他功能的基础和前提。该层接受 CAN 总线的信息，对直接馈入整车控制器的物理层进行采样处理，并且通过 CAN 发送控制命令，通过 I/O、D-A、PWM 提供对显示单元、继电器等的驱动信号。

（2）**安全故障管理**　整车控制器应能对汽车各种可能的故障进行分析处理，这是保证汽车安全行驶的必备条件。对车辆而言，故障可能出现在任何地方，但对整车控制器而言，故障只体现在第一层继承的数据中。对继承的数据进行分析判断是该层的主要工作之一。在检测出错误后，该层会做出相应的处理，在保证车辆足够安全的条件下，给各部件提供可使用的工作范围，以便尽可能地满足驾驶人的驾驶意图。

（3）**驾驶人意图层**　驾驶人所有与驱动驾驶相关的操作信号都直接进入整车控制器，整车控制器对采集的驾驶人操作信息进行正确的分析处理，计算出驱动系统的目标转矩和车辆的需求功率来实现驾驶人的意图。

（4）**能量流管理层**　该层的主要工作是在多个能量源之间进行需求功率分配，这是提高电动汽车经济性的必要途径。

2. 动力系统

电动汽车动力系统包括电驱动系统、能量管理系统和辅助动力系统三部分。电动汽车动力系统的各子系统都有自己的控制器，为分布式分层控制。分布式分层控制可以实现控制系统的拓扑分离和功能分离。拓扑分离使物理结构上各子控制系统分布在不同位置上，

从而减小了电磁干扰,功能分离使各个子系统完成相对独立的功能,从而可以减小子系统的相互影响,并提高容错能力。

(1) 电驱动系统 电驱动系统中需要控制的对象为电机控制器,电机控制器由控制器和功率转换器组成,前者负责执行由主控下达的指令和驱动功率转换器执行操作,而后者是将电功率进行转换以驱动电动机。

控制器根据驾驶人的输入指令进行动作,同时要遵循电机的控制算法。这些电机驱动系统控制算法是计算密集型的,需要快速的处理器及相当多的反馈信号接口。现在的处理器基本都是数字信号处理器,取代了原来的模拟信号处理器。与模拟信号处理器相比,数字信号处理器不仅可以降低漂移和误差,同时短时间内处理复杂算法的能力也有了较大的提高。控制器实际上是一个嵌入式系统,其中微处理器、数字信号处理器通过外围接口电子模块进行信号处理。接口电路由 A-D、D-A 转换器构成,主要用于处理器和其他组件之间的通信。数字 I/O 电路主要用于接收输入数字信号,同时给各个功率半导体器件输出控制信号。

(2) 能量管理系统 能量管理系统(Energy Management System,EMS)主要由电池管理系统、充电系统和再生制动系统组成。如图 5-6 所示,能量管理系统采集从电动汽车各子系统通过传感器收集的运行数据,完成下列功能:选择电池的充电方案、显示蓄电池的 SOC、预测剩余行驶里程、监控电池的动作、调节车内温度、调节车灯亮度以及回收再生制动能量、为蓄电池充电等。

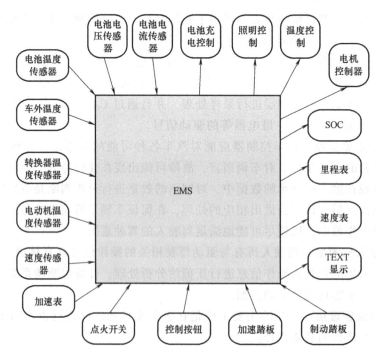

图 5-6 电动汽车的能量管理系统

1) 电池管理系统。蓄电池对电动汽车而言是影响整车性能的一个关键因素,它对续驶里程、加速能力和最大爬坡度等性能都会产生直接影响。由于蓄电池特性的高度非线

性，设置专门的电池管理系统（Battery Management System，BMS）是非常必要的。BMS 一般由传感器（用于测量电压、电流和湿度等）、控制单元和 I/O 接口组成。BMS 最基本的作用是监控电池的工作状态（电池的电压、电流和温度），估计电池的 SOC 和剩余行驶里程，管理电池的工作情况（避免出现过放电、过充电、过热和一致性差），以便最大限度地利用电池的存储能力和循环寿命。BMS 的主要任务及相应的传感器输入和输出控制见表 5-3。

表 5-3　BMS 的主要任务

任务	传感器输入的信号	执行器件
防止过充	电池电压、电流和温度	充电器
避免深放	电池电压、电流和温度	电动机功率转换器
温度控制	电池的温度	冷热空调
电池组件电压和温度的平衡	电池电压和温度	平衡装置
预测电池的 SOC 和剩余行驶里程	电池电压、电流和温度	显示装置
电池诊断	电池电压、电流和温度	非在线分析装置

2）充电系统。根据充电机是装在车内还是车外，充电机可分为车载和非车载两种。

车载充电机一般设计为小功率，其充电时间长（一般为 5～8h）。由于电动汽车车载质量和体积的限制，车载充电机要求尽可能体积小、质量轻（一般小于 5kg）。因为充电机和电池管理系统都装在车上，所以它们之间利用电动汽车的内部线路网络进行通信，而且蓄电池的充电方式已预先设定好。

非车载充电机一般设计为大功率，没有质量和体积的限制。由于非车载充电机和电池管理系统在物理位置上是分开的，它们之间必须通过电线或者无线电进行通信。根据电池管理系统提供的关于电池的类型、电压、温度和荷电状态的信息，非车载充电机选择一种合适的充电方式为蓄电池充电，以避免蓄电池的过充电和过热。

根据电动汽车蓄电池充电时的能量转换方式的不同，充电机又可以分接触式和感应式。前者是将一根带插头的交流动力电缆直接插到电动汽车的插座中给蓄电池充电，而后者则是通过电磁感应耦合的方式进行能量转换给蓄电池充电。接触式充电机具有简单高效的优点，而感应式充电机使用方便，即使在恶劣的气候环境下进行充电也无触电危险，这两种充电机分别适用于户内、户外。车载/非车载充电机和接触式/感应式充电机这两种分类方法并不矛盾，原理上车载和非车载充电机都可以是接触式或感应式的。

3）再生制动系统。在车辆制动时，再生控制算法通过电机回收部分动能，而不至于在车辆制动时浪费掉动能。电机以发电机的模式工作，整车控制器对其发出负转矩指令，并且电机控制其能量转换方向向储能元件一侧运行，将机械能转换成电能，并存储在储能装置中。再生制动系统不仅能使汽车实现无磨损的制动，还可将能量利用率提高。

(3) 辅助动力系统　辅助动力系统的能量来源为独立于主电源的电池，其一般为低压电源 12V 或 24V。工作中其供应除电驱动系统以外的所有辅助系统的能量，在汽车中极其重要。该系统的能量来源为能量源，通过 DC-DC 变换器为辅助电源供电。辅助动力系统中的控制器在检测到辅助电源 SOC 情况之后，判断是否为其充电。

第二节　混合动力电动汽车

GB/T 19596—2017《电动汽车术语》将混合动力电动汽车定义为"能够至少从下述两类车载储存的能量中获得动力的汽车：①可消耗的燃料；②可再充电能/能量储存装置"。

目前最常见的混合动力电动汽车是同时带有内燃机和电动机两种能量转换装置的汽车，称为"油电混合动力电动汽车"。

1. 普通混合动力电动汽车

普通混合动力电动汽车（Hybrid Electric Vehicle，HEV）的动力系统由发动机、电动机/发电机、蓄电池及功率变换器等组成，其结构有串联式、并联式及混联式三种类型。

（1）**串联式**　串联式混合动力电动汽车的系统结构如图5-7所示，它主要由发动机、发电机、蓄电池组、功率变换器及电动机等部件组成。发动机输出的机械能通过发电机转换为电能，转换后的电能一部分经由电动机和传动装置驱动车轮，另一部分则可存储到蓄电池组中去，供汽车加速时或在其他工况下使用。另外，蓄电池也可向电动机提供电能。

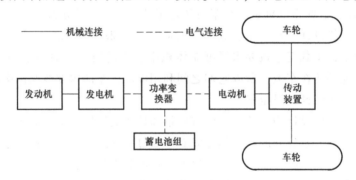

图 5-7　串联式混合动力电动汽车的系统结构

串联式混合动力电动汽车是一种发动机辅助型电动汽车，结构简单，易于控制，布置灵活，电动机是驱动汽车行驶的唯一动力装置，发动机与驱动轮没有机械连接，降低了行驶工况对发动机的影响，发动机可保持在最经济、高效的工况点工作。但是串联式混合动力电动汽车能量传递环节多，能量转换效率较低，较适用于大型客车。

（2）**并联式**　并联式混合动力电动汽车的系统结构如图5-8所示，它主要由发动机、电动机/发电机和蓄电池组等部件组成。并联式混合动力电动汽车采用发动机和电动机两套独立的驱动系统驱动车轮，可以采用发动机单独驱动、电动机单独驱动、发动机和电动机混合驱动三种不同的工作模式。当汽车起步时，由电动机单独驱动；当汽车以中等车速行驶时，由发动机单独驱动；当汽车高速、全力加速或爬陡坡时，驱动功率大，由发动机和电动机共同驱动；当发动机提供的功率大于车辆所需的驱动功率时，或当车辆制动时，电动机/发电机工作于发电机状态，给蓄电池充电。

并联式混合动力电动汽车是一种电力辅助型燃油汽车，具有较好的排放性和燃油经济性，通常用在小型混合动力电动汽车上。

（3）**混联式** 混联式混合动力电动汽车的系统结构如图 5-9 所示，它主要由发动机、发电机、电动机、行星齿轮机构和蓄电池等部件组成。发动机发出的功率一部分通过机械传动输送给驱动桥，另一部分则驱动发电机发电，一般采用行星齿轮机构作为动力分配装置。在汽车低速行驶时，驱动系统主要以串联方式工作；当汽车高速稳定行驶时，则以并联方式工作。

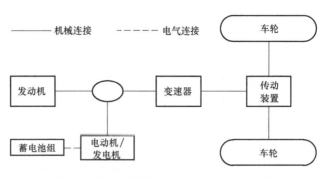

图 5-8 并联式混合动力电动汽车的系统结构

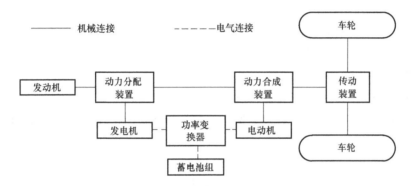

图 5-9 混联式混合动力电动汽车的系统结构

混联式驱动系统充分发挥了串联式和并联式的优点，能够使发动机、发电机、电动机等部件进行更多的优化匹配，从而在结构上保证了在更复杂的工况下使系统在最优状态下工作。

2. 插电式混合动力电动汽车

插电式混合动力电动汽车（Plug-in Hybrid Electric Vehicle，PHEV）是在普通混合动力电动汽车的基础上派生出来的新型车辆，车辆停驶时可以由非车载装置向蓄电池组充电。与普通混合动力电动汽车相比，插电式混合动力电动汽车具有以下特点：

1）可以直接由外接电源充电，而普通的混合动力电动汽车只在车辆行驶时通过发动机为蓄电池充电以及回收制动能量。

2）蓄电池容量相对较大，纯电动行驶里程长。

3）行驶时优先采用纯电模式，电驱动比例较高。

插电式混合动力电动汽车动力系统的结构与普通混合动力电动汽车类似，也可以分为串联式、并联式和混联式，其工作原理也相似。

串联式插电式混合动力电动汽车也称为增程式电动汽车，在日常行驶时，增程式电动汽车类似于纯电动汽车，发动机完全关闭，处于纯电动模式工作；在蓄电池荷电状态 SOC 达到较低水平时，发动机工作，使发电机发电，一部分驱动车辆行驶，多余的电量为蓄电池充电，处于增程模式工作。

第三节　燃料电池电动汽车

将燃料电池作为电源的电动汽车称为燃料电池电动汽车（Fuel Cell Electric Vehicle，FCEV）。燃料电池电动汽车具有以下优点：

1）能量转化效率高。燃料电池的工作过程是化学能转化为电能的过程，不受卡诺循环的限制，能量转换效率较内燃机高 2~3 倍。

2）绿色环保。燃料电池没有燃烧过程，以纯氢作燃料时，生成物只有水，属于零排放。采用甲醇等通过重整器制氢作为燃料电池的燃料，生产物除水之外还有少量的 CO_2，排放很低。

3）续驶里程长。采用燃料电池系统作为能量源，克服了纯电动汽车续驶里程短的缺点，其长途行驶能力及动力性已经接近传统汽车。

4）低噪声。燃料电池属于静态能量转换装置，除了空气压缩机和冷却系统以外无其他运动部件，因此与内燃机汽车相比，运行过程中噪声和振动都较小。

5）布置方便灵活。

因此从能源利用和环境保护角度来看，燃料电池电动汽车是一种理想车辆，但由于燃料电池组生产成本高，技术还不成熟，使用配套不完善等，燃料电池电动汽车的产业化和普及还有待发展。

1. 燃料电池

燃料电池是将燃料与氧化剂的化学能通过电化学反应直接转换成电能的发电装置。图 5-10 所示为氢氧燃料电池原理图，电解质两侧分别为阳极（燃料电极）和阴极（氧化剂电极），作为燃料的氢气通入阳极，阳极为燃料和电解质提供了一个接触面，在催化剂作用下发生氧化反应，氢原子失去电子成为 H^+，阳极电化学反应式为

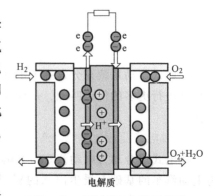

图 5-10　氢氧燃料电池原理图

$$H_2 \rightarrow 2H^+ + 2e^-$$

阳极失去的电子通过外部电路到达阴极，而 H^+ 则经过电解质到达阴极。阴极发生还原反应，通入阴极的氧气与电解质中的 H^+ 吸收外电路的电子，在催化剂的作用下生成水，反应式为

$$O_2 + 4H^+ + 4e^- \rightarrow 2H_2O$$

当外电路接上负载，燃料电池就形成了电流向负载提供电能，燃料电池的总反应式为

$$2H_2 + O_2 \rightarrow 2H_2O$$

燃料电池在化学反应过程中的产物是水，不会产生污染物，同时它的能量转换效率高。因此从能源利用和环境保护方面来看，燃料电池电动汽车是一种理想的车辆，是清洁汽车未来的发展方向。

2. 燃料电池电动汽车的类型

（1）按燃料的来源方式分类　按燃料的来源方式，燃料电池电动汽车可分为直接燃

料式和重整燃料式。

直接燃料式燃料电池电动汽车车载燃料（主要为纯氢，少数使用甲醇等其他燃料）作为燃料电池组的阳极燃料。目前在大多数的燃料电池电动汽车上，仍然以压缩氢气或液化氢气作为燃料。

重整式燃料电池电动汽车使用甲醇、汽油、天然气、液化石油气等燃料，在汽车上通过重整器生成氢气，再将氢提供给燃料电池组作为阳极燃料。

（2）按驱动系统分类 按照驱动系统，燃料电池电动汽车可分为纯燃料电池驱动的燃料电池电动汽车和燃料电池+辅助蓄电池混合驱动的燃料电池电动汽车。

1）纯燃料电池驱动的燃料电池电动汽车。

纯燃料电池驱动的燃料电池电动汽车只有燃料电池一个动力源，汽车所有的功率负荷都由燃料电池承担。图 5-11 所示为纯燃料电池驱动的燃料电池电动汽车的动力系统。纯燃料电池驱动系统将氢气与氧气反应产生的电能供给电动机，电动机将电能转换为机械能经传动系统传给驱动轮，驱动汽车行驶。该系统结构简单，部件少，有利于整车布置，且能量传递效率高；但燃料电池功率大，成本高，对燃料电池系统的动态性能和可靠性要求高，不能进行制动能量回收，因此纯燃料电池电动汽车较少。

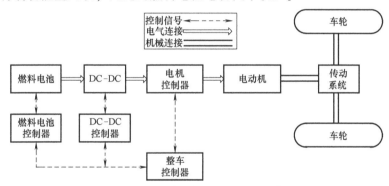

图 5-11 纯燃料电池驱动的燃料电池电动汽车的动力系统

2）燃料电池+辅助蓄电池混合驱动的燃料电池电动汽车。

燃料电池+辅助蓄电池混合驱动的燃料电池电动汽车除了燃料电池外，还配备了辅助源（一般为蓄电池，也有采用超级电容器的），车辆的驱动功率由燃料电池和辅助蓄电池共同承担，如图 5-12 所示。车辆行驶时，蓄电池提供部分功率，降低了对燃料电池功率和动态特性的要求。

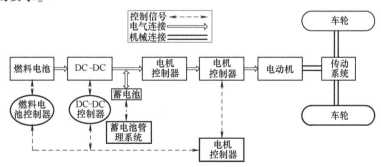

图 5-12 燃料电池+辅助蓄电池混合驱动的燃料电池电动汽车的动力系统

思 考 题

5-1 纯电动汽车动力系统由哪些部分组成？各部分的功能是什么？

5-2 纯电动汽车驱动系统有哪几种布置形式？各具有什么特点？

5-3 电动汽车对动力蓄电池的要求有哪些？

5-4 各类动力蓄电池的结构特点是什么？

5-5 电动汽车对驱动电机的要求有哪些？

5-6 各类电动机的结构特点是什么？

5-7 电动汽车整车控制系统分为哪些部分？

5-8 串联式、并联式、混联式混合动力电动汽车的动力系统分别由哪些部件组成？其工作原理分别是什么？

5-9 燃料电池的工作原理是什么？

5-10 燃料电池电动汽车按驱动系统如何分类？其结构特点分别是什么？

第六章　汽车设计与制造

第一节　汽车设计

一、汽车设计的内容及特点

1. 汽车设计的内容

汽车设计的内容包括整车总体设计、总成设计和零件设计。

整车总体设计又称汽车的总布置设计，其任务是使所设计的产品达到设计任务书所规定的整车参数和性能指标的要求，并将这些整车参数和性能指标分解为有关总成的参数和性能。汽车是一种复杂的机电一体化产品，在整车总体设计工作中，既有汽车各总成之间的联系问题，又有人（驾驶人和乘员）与汽车之间的联系问题，还要考虑汽车与道路之间的联系问题。因此，整车总体设计既需要综合运用各学科的知识，又要从系统工程的角度研究汽车各总成、零部件之间的相互联系、相互制约及相互影响，从整体性、相关性角度解决设计中的问题。解决人车之间的联系问题属于"人—机"工程设计，它在汽车设计工作中占有极重要的位置。例如驾驶操作空间尺寸的布置、车内乘客空间尺寸的布置、座椅尺寸参数与特性参数的选择、车身的外观造型与色彩、仪表板的造型及仪表的选型与布置、车身内饰材料与色彩的选择、汽车的驾驶视野、汽车的驾驶性能与乘坐性能等，这些与人的感觉和视觉有直接联系的方方面面，都会对汽车产品的设计质量、品位和市场竞争力产生巨大的影响。

汽车总成设计的任务，主要是满足整车设计对总成功能和布置的要求，也存在是否易于维修、保养的"人—机"关系问题。零件设计的任务主要是满足总成的设计要求并解决强度、寿命和生产技术问题。为了满足总成的设计要求，还应取得整车的有关性能之间、相关总成的参数之间的理想匹配。

2. 汽车设计的特点和要求

汽车是一种以数十万辆为经济生产规模的大批量、专业化、高水平生产的机电一体化

产品，又是和人们日常接触频繁、使用广泛、与社会和人民生活有密切关系的、高速机动的交通工具，其行驶地区广阔、使用条件复杂多变，在使用中要消耗大量的燃料、润滑油、轮胎及维修用的零配件。为了满足不同的使用要求，应有不同型号、不同品种、不同承载容量的汽车供用户选择。汽车设计应具有以下的特点和要求。

（1）**产品系列化、部件通用化、零件标准化** 由于汽车是产量大、品种及型号多的产品，在设计中实现零件标准化、部件通用化和产品系列化，可简化生产、提高工效，保证产品质量，降低生产成本且方便维修。

"产品系列化"是指制造厂为了能供应各种型号的产品（汽车或总成、部件），同时可以实现大量生产以便提高生产率、降低成本，而将产品合理分档形成系列，并考虑各种变型。例如驱动形式为4×4的越野汽车，加上一根驱动桥则可变成6×6的越野汽车，加上两根则又可变成8×8的越野汽车，成为系列产品；发动机按缸数可分为4缸、6缸或V6缸、V8缸等组成系列。这样即可从较少的基本型衍生出较多的系列产品，以满足不同的需要。

"通用化"是指在同一系列或总质量相近的部分车型上，采用通用的总成或部件，以减少部件类型、简化生产。

"标准化"是指在设计中尽可能采用标准件，以便组织生产、提高质量、降低造价并使维修方便。

（2）**良好的适应性** 为了使所设计的汽车产品在全国及全世界这样的广阔市场上具有竞争力，设计中就要充分考虑提高其适应性，以满足复杂多变的使用条件。特别应注意热带、寒带等不同的气候条件和高原、山区、丘陵、沼泽、沿海等不同的地理条件，以及燃料供应、维修能力等不同的使用环境条件对汽车结构、性能、材料、附件等的特殊要求。例如在高原地区发动机应考虑增压；在热带地区要考虑车厢的隔热、空调或通风；在寒带地区要考虑发动机的冷起动；在山区则应提高汽车的爬坡能力等。

（3）**汽车使用中的安全性、可靠性、经济性与环保要求** 良好的使用性能显然是各种产品的设计者都要追求的目标，汽车设计者更是如此。有所不同的是汽车的使用性能是多方面的（如动力性、燃油经济性、制动性、操纵稳定性、行驶平顺性、乘坐舒适性、通过性以及可靠性、耐久性、维修性和环境友好性等），而且在某些性能之间有时是相互矛盾的。因此，要在给定的使用条件下，协调各种使用性能的要求、优选各使用性能指标，使汽车在该使用条件下的综合使用性能达到最优。

（4）**在保证可靠性的前提下尽量减小汽车的自身质量** 与固定的机械设备不同，作为交通运输工具的汽车其自身质量直接影响其燃油经济性。大批量生产的汽车与单件生产、小批量生产的产品不同，减小其自身质量可节约大量的制造材料，降低生产成本。合理地减小汽车的自身质量将给汽车工业和汽车运输业带来巨大的经济效益。

（5）**外观造型的艺术性** 汽车车身的外形、涂料及色彩是人们评价汽车最直观的因素，特别是轿车市场竞争的重要因素，因而成为汽车设计非常重要的内容。车身造型既是工程设计，又是美工设计。从工程设计来看，它既要满足结构的强度要求、整车布置的匹配要求和生产的工艺要求，又要满足车身空气动力学的要求并有最小的风阻系数；从美工设计来看，它应当适应时代的特点和人们的爱好，要像对待工艺品那样进行美工设计，给

人以美感，起到美化环境的作用。

（6）满足有关标准和法规的要求　除设计图样的绘制与标注应按相关国家标准进行外，汽车设计还应遵守与汽车有关的各种标准与法规。中国汽车工业标准包括与国际基本通用的汽车标准和为宏观控制汽车产品性能和质量的标准，它包括国家标准、行业标准和企业标准。汽车标准又分为强制性标准和推荐性标准。强制性标准主要有整车尺寸限制标准、汽车安全性标准、油耗限制标准、汽车排放物限制标准及噪声标准。为使我国汽车产品进入世界市场，设计时也应考虑到国际标准化组织汽车专业委员会（ISO/TC 22）制定的一些标准和美国标准协会（ANSI）标准、美国汽车工程师学会（SAE）标准、日本工业标准（JIS）、日本汽车标准组织（JASO）标准、日本汽车车身工业协会（JABIA）标准、日本汽车轮胎厂协会（JATMA）标准、日本汽车用品工业协会（JARP）标准以及欧洲经济委员会（ECE）、欧洲经济共同体（EEC）所制定的汽车法规。

（7）汽车设计是考虑人机工程、交通工程、制造工程、运营工程、管理工程的系统工程　汽车是由人来驾驶和乘坐的，因此其设计必须考虑"人—车"关系的要求，即操纵的方便性和乘坐的舒适性。汽车是一种交通工具，其设计必须符合交通工程的要求，如转向盘的左置或右置、灯光与显示系统、车高车宽与轴荷等均要符合交通法规。设计者必须懂得制造工艺，使所设计的零部件制造工艺性好，易于加工，便于装配，适应大批量生产；所设计的汽车使用性能要好，运输效率要高，且便于维修保养，以得到高的运营效益。此外，汽车设计还应符合有关管理部门制定的汽车产品型谱，以及一切与汽车有关的管理法规。

二、汽车设计过程

汽车设计的目标是为汽车市场提供适销对路的商品，因此要考虑企业的市场总体目标、整体效益目标及汽车性能总体目标。其设计过程大致分为以下七大环节：

1. 调查研究与初始决策

调查研究与初始决策的任务是选定设计目标，并制定产品设计工作方针及设计原则。调查研究是决策的前提和基础，其内容包括：老产品的表现及用户意见；当前本行业与相关行业的技术发展，特别是竞争对手的新产品与新技术，以及材料、零部件、设备和工具等行业可能提供的条件；本企业取得的新成果等。

2. 总体方案设计

总体方案设计是根据决策所选定的目标及对开发目标制定的工作方针、设计原则等主导思想提出整车方案设想，因此又称为概念设计或构思设计。概念设计是指从创意、构思、草图到概念样车的全过程，并经过方案论证选出其中最佳者。

3. 绘制总布置草图

总布置草图要求较准确地画出各总成及部件的外形和尺寸并进行仔细的布置；对轴荷分配和质心位置进行计算与调整，以便确定汽车的轴距、轮距、总长、总宽、总高、离地间隙、货厢或车身地板高度等，并使之符合有关标准和法规；进行性能计算及参数匹配等。

4. 车身造型设计及绘制车身布置图

车身造型设计包括外形设计、室内设计、色彩设计、与造型设计有关的零部件设计和标志设计等。其过程是绘制车身外形图、制作整车模型、征求意见、工艺分析评审及风洞试验后做进一步修改，审定后用三坐标测量仪测量车身模型坐标点，并用与之联机的 CAD 系统绘制车身图以及相应的车身布置图。

5. 编写设计任务书

设计任务书是后续的设计、试验及工艺准备的指导和依据。其内容常包括：任务来源、设计原则和设计依据；产品的用途及使用条件；汽车型号及主要技术指标和参数，包括空车及满载下的整车尺寸、轴荷和性能参数，有关的可靠性指标及环保指标等；各总成及部件的结构型式和特性参数；标准化、通用化、系列化水平及变型方案；拟采用的新技术、新结构、新装备、新材料和新工艺；维修、保养及其方便性的要求；生产规划、设备条件及预期制造成本和技术经济预测等。有时也进行国内外同类型汽车技术性能的分析和对比，有的还附有汽车总布置方案草图及车身外形方案图。

6. 汽车的总布置设计

其主要任务是：①根据汽车的总体方案及整车性能提出对各总成及部件的布置要求和特性参数等设计要求；②协调整车与总成之间、相关总成之间、总成与有关部件之间的布置关系和参数匹配关系，使之组成一个在给定使用条件下的使用性能达到最优并满足设计任务书所要求的整车参数和性能指标的汽车。其具体工作如下：

1）绘制汽车总布置图。汽车总布置图是总体方案设计的图面体现，用 1:1 或 1:2 的比例精确地绘出，以便精确控制各部尺寸和位置，为各总成和部件分配准确的布置空间，因此又称为尺寸控制图。要特别注意汽车整体布置的合理性，驾驶室和车厢内部布置应具有视野性好、驾驶操作方便、乘坐舒适、安全及维修方便等特点。

2）根据整车参数和性能指标提出对各总成和部件的设计要求，包括结构型式、特性参数、尺寸与质量限制等；提供整车有关数据与计算载荷等。

3）对相对运动的零部件进行运动校核以避免发生运动干涉。

4）确定有关总成和部件支承的形式、结构参数与特性等，特别是对发动机前后支承、驾驶室支承以及排气管支承等的位置和刚度须精心选择。

5）确定各总成的质心位置，核算汽车空载和满载时的轴荷分配以及整车质心位置。

6）制作模型进行布置空间的校核。通常制作 1:1 的车身内、外模型来检查驾驶操作及上下车的方便性、视野范围、乘坐空间及舒适性等。

7）汽车总成、部件及零件的选型与设计。其任务除了要保证总成和整车的性能指标外，还应考虑零部件自身的强度、寿命及可靠性等问题。

8）设计图样的工艺审查及必要的修改。

9）绘制汽车总装配图。其目的是进行图面装配校核，仔细检查相连接总成及部件的连接关系、连接部分的尺寸与配合以及拆装的方便性；核算与标注汽车整车和有关总成与部件的安装尺寸链，为汽车总装作技术准备并提供依据。

7. 试制、试验、修改与定型

设计完成后投入样品试制时，应考虑在台架试验时有一定数量的零部件和总成，至少

有 3~4 辆样车投入整车室内试验与道路试验。由于试验，尤其是道路试验，始终是考验汽车设计与制造工艺最重要和不可代替的手段，汽车试验在汽车设计定型中起着关键的作用。应按有关标准、法规进行全面的试验，以检查新产品的各项性能指标。试制与试验中暴露出的设计问题应及时解决并记录在案，作为修改设计的依据。注意了解制造和装配中的工艺问题及质量控制情况并及时把关，杜绝不合格的样品装车。要查明整车、总成及零部件的尺寸参数、质量参数、性能参数是否符合设计要求及问题所在，以便修改图样或采取其他措施予以纠正。

三、汽车设计理论与设计技术的发展

面对日益激烈的竞争，各汽车制造商不断提高产品的设计水平。在汽车设计过程中，汽车设计理论对汽车设计实践起指导作用，而汽车设计实践经验的长期积累和汽车生产技术的发展与进步，又使汽车设计理论得到不断的发展与提高。汽车设计技术是汽车产品设计的方法和手段，是汽车设计实践的软件与硬件。

由于汽车是包罗了各种典型机械元件、零部件、各种金属与非金属材料及各种机械加工工艺的典型的机电一体化产品，其设计理论显然是以机械设计理论为基础，涉及许多基础理论、专业基础理论及专业知识，如工程数学、工程力学、热力学与传热学、流体力学、空气动力学、振动理论、机械制图、机械原理、机械设计、工程材料、机械强度、电工学、工业电子学、电控与微机控制技术、液压技术、液力传动、汽车理论（汽车动力学或汽车行驶性能）、发动机原理、汽车构造、车身美工与造型、汽车制造工艺以及汽车维修等。

汽车设计技术经历了由经验设计发展到以科学实验和技术分析为基础的设计阶段，在20 世纪 60 年代中期由于电子计算机技术的发展，又形成了计算机辅助设计（CAD）等新方法，并使设计逐步实现半自动化和自动化。

经验设计是以已有产品的经验数据为依据，运用一些带有经验常数或安全系数的经验公式进行设计计算的一种传统的设计方法。这种设计由于缺乏精确的设计数据和科学的计算方法，使所设计的产品不是过于笨重就是可靠性差。一种新车型的开发往往要经过设计—试制—试验—改进设计—试制—试验等过程，反复修改图样完善设计后才能定型，设计周期长，质量差，消耗大。

随着测试技术的发展与完善，在汽车设计过程中引进新的测试技术和各种专用的试验设备，进行科学实验，从各方面对产品的结构、性能和零部件的强度、寿命进行测试，同时应用近代数学物理分析方法，对汽车产品及其总成、零部件进行全面的技术分析、研究，这样就使汽车设计发展到以科学实验和技术分析为基础的阶段。

电子计算机的出现及其在工程设计中的推广应用，使汽车设计技术飞跃发展，设计过程完全改观。汽车结构参数及性能参数等的优化选择与匹配、零部件的强度核算与寿命预测、产品有关方面的模拟计算或仿真分析、车身美工造型等设计方案的选择与定型以及设计图样的绘制，均可在计算机上进行。采用电子计算机进行分析计算，由于其计算速度很快且数据容量很大，就可采用较准确的多自由度的数学模型来描述汽车在各种工况下的运动；采用现代先进的数学方法进行分析，可获得较准确的结果，因而为设计人员进行创造

性的工作提供了强有力的手段。由于计算机的外部设备及人机联系方面的成就，已可将计算机的快速计算和逻辑判断能力、大容量的数据储存及高效的数据处理能力、计算结果的动态图像显示功能等与人的创造性思维能力及经验结合起来，实现人机对话式的半自动化设计；或与产品设计的专家系统相结合，实现自动化设计。在设计过程中可由电子计算机对有关产品的大量数据、资料进行检索，对有关设计问题进行高速的设计计算，通过计算机屏幕显示其设计图形和计算结果；设计人员也可用光笔和人机对话语言直接对图形进行修改，取得最佳设计方案后，再由与计算机联机的绘图设备绘出产品图样。这种利用计算机及其外部设备进行产品设计的方法，统称为计算机辅助设计（Computer Aided Design，CAD）。CAD 与计算机辅助制造（Computer Aided Manufacture，CAM）、计算机辅助测试（Computer Aided Test，CAT）结合成 CADMAT 系统，将显示出其巨大的功效。

随着计算机技术在汽车设计中的推广应用，一些近代的数学物理方法和基础理论方面的新成就在汽车设计中也日益得到广泛应用。现代汽车设计，除传统的方法外，在计算机辅助设计中，还引进了最优化设计、可靠性设计、有限元分析、计算机模拟计算或仿真分析等现代设计方法与分析手段，通常称为计算机辅助工程（Computer Aided Engineering，CAE）。汽车设计理论与设计技术达到当前的高水平，是百余年来特别是近四十年来基础科学、应用技术、材料与制造工艺不断发展、进步的结果，也是设计、生产与使用经验长期积累的结果。它立足于规模宏大的生产实践，以基础理论为指导，以体现当代科技成就的汽车设计软件及硬件为手段，以满足社会需求为目的，借助材料、工艺、设备、工具、测试仪器、试验技术及经营管理等领域的成就，不断发展进步。

汽车工业在世界范围内展开了激烈的竞争，缩短新车型的设计开发周期、降低成本、提高质量、提高市场竞争力，日益成为各汽车制造商考虑的首要问题。产品的先天质量取决于设计，因此在产品开发的整个过程中，设计是关键。统计表明，产品在包括原材料、制造、使用、维修等各方面的花费即广义成本的 70% 是由设计阶段决定的。并行工程（Concurrent Engineering，CE）作为现代的、先进的产品设计开发模式，是解决上述问题的有效方法，已为各国汽车制造业所采用。所谓并行工程，是集成、并行产品设计及相关过程（包括制造、维修等）的系统工程，它考虑到产品从概念设计、设计定型、制造、使用、维修直至报废这一全过程中的所有相关因素，能解决因设计与制造工艺脱节而引起的设计改动频繁、开发周期长、成本高等矛盾，可最大限度地提高设计质量和开发效率，提高产品的市场竞争力。并行工程的关键是对产品及其相关过程进行集成的并行设计，面向制造与装配的设计（Design for Manufacturing and Assembly，DFMA）是并行工程的重要内容。DFMA 的目标就是在设计阶段就引入制造与装配等工艺（如材料的选择、制造工艺性、装配性等）的约束，使设计方案的修改尽可能地在产品开发的前期进行，减少在制造和装配时发生不利的情况，使产品设计一次成功，避免因在产品开发后期改变设计而造成的巨大浪费。应用虚拟制造（Virtual Manufacturing，VM）技术进行汽车设计，将进一步缩短开发周期，是节省大量人力物力的有效手段。

汽车市场竞争日趋激烈，为充分发挥大规模制造带来的成本节约优势，平台化模式在汽车行业率先得到了应用，而产品的平台化制造则以产品的平台化设计开发为基础。平台化的核心在于实现不同产品间零部件的通用。与传统开发模式相比，平台化模式具有节约

开发成本、分摊制造和采购成本、产品衍生能力强、新品开发时间短以及质量更易保障等优势。同时，通过实施平台化开发战略，企业可以将资源集中于汽车平台的设计开发，即以高水准的平台确保后续衍生车型产品的高水准落地。早在 20 世纪 80 年代，大型跨国汽车企业就提出了汽车产品平台化理念，为汽车产品设计开发与生产制造带来了极大便利，平台化的内涵也在实践中不断成熟和变化。近年来，大众公司率先提出了基于平台化思想的汽车模块化设计理念，与全球制造业"智能制造"发展趋势一致，使兼顾产品成本与消费者个性化需求成为可能。

第二节　汽车制造工艺

汽车制造业是在许多相关联的工业和技术的基础上发展起来的综合性工业。汽车制造厂不仅自己制造零部件，还要外协加工及外购零部件。汽车制造所采用的工艺，从毛坯制造到整车装配，可分为铸造、锻造、冲压、热处理、机械加工、焊接、涂装和装配等工艺。

汽车制造工艺过程的编制通常以总装为核心。汽车制造是大规模生产，为了提高效率通常采用流水作业方式。要求同时加工、制造（或外购）各种零部件，然后装配成部件、总成，最后汇集到总装配线装配成整车出厂。各条流水线之间必须互相协调，其中任何环节出问题都可能影响整个汽车厂的生产。而不同工艺流水作业的程度有一定差异，如铸造、锻造、冲压等工艺的生产周期短，为适应多品种生产，采用容易变换程序进行批量生产的通用生产线更为有利；机械加工与焊接工艺过程，宜采用专用生产线进行流水作业；涂装与装配工艺根据车型、批量而确定等。随着科学技术的进步，新技术、新工艺层出不穷，汽车生产工艺和设备随之不断改进。汽车零部件，甚至冲压件，由专业厂家供应已成为现代汽车工业发展的趋势。汽车制造工艺主要由冲压、焊接、涂装和装配工艺组成，如图 6-1 所示。

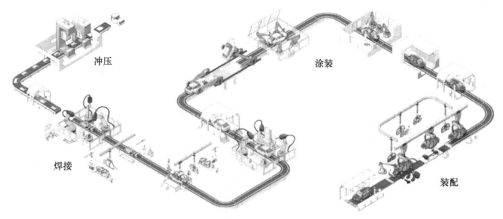

冲压　　　　涂装

焊接　　　　装配

图 6-1　现代汽车制造工艺

一、冲压工艺

汽车（特别是轿车）的车身绝大部分是冲压件，如顶盖、挡泥板、车身侧板、地板、

发动机舱盖板、车门内、外板、行李舱盖板、A 柱、B 柱和保险杠等。汽车冲压件品种繁多、生产批量大，因此必须采用机械化、半自动化或全自动化流水线生产。例如德国奔驰汽车公司辛德尔芬根工厂的冲压车间日产冲压件 1000t，年产 6000 余种达 30 万 t。这些冲压件曲面形状复杂，并要求较高的尺寸精度和较小的表面粗糙度。通常，货车冲压件的型面公差和轮廓公差为 ±1mm，轿车则要求 ±0.5mm，因此要求轿车冲压件的模具制造水平较高。

冲压生产线通常有两种形式，一种是单机联线，另一种是采用多工位压床的生产线。单机联线将压床按工序贯通排列，采用机械手、传动装置或机器人完成上、下料和零件传送工作，其有独立同步式和全自动同步式两种形式。独立同步式生产线的压床各自独立运转，由输送带控制生产节拍，利用柔性中间存储装置使各压床组形成独立同步机组，其性能比较灵活；全自动同步式生产线的送料、运转等作业同步连续进行，工作效率高。例如沃尔沃公司的一个轿车车身制造厂，其冲压车间有 18 条冲压生产线，其中有 4 条线为全自动生产线，每条生产线配置 5、6 台压床，工作节拍为 6～10s。近年来，汽车冲压件生产出现了多工位压床生产线，多工位压床有 5 工位、6 工位、8 工位等规格，是目前最先进、自动化程度最高的冲压设备。由于其占地面积小、电力消耗低、生产效率高，其作业成本比单机联线流水线低得多。先进的多工位压床采用可编程控制，自动化程度更高。例如日本本田公司装备的 4800t 多工位压床，使生产效率由原来 7～8 件/min 提高到 14～15 件/min。

二、焊接工艺

车身制造与一般机械制造不同，车身几乎全部由冲压件焊接而成。车身焊接常称为焊装，是指将冲压零件组装、焊接成符合产品设计要求的白车身（即未经涂装的车身）。现以图 6-2 为例说明现代汽车车身焊装工艺和特点。

车身焊装过程先将整个车身分成总成进行焊装（如地板总成、发动机舱总成、左、

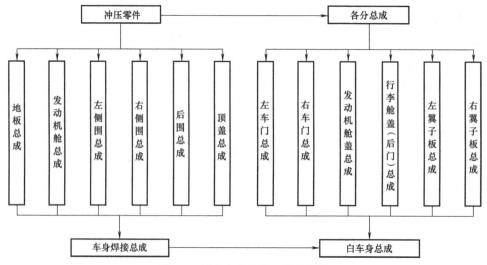

图 6-2　轿车车身焊装工艺流程图

右侧围总成、后围总成、顶盖总成、左、右车门总成、发动机舱盖总成、行李舱盖总成、左、右翼子板总成等），然后再将这些总成焊装成白车身。小总成一般在单机上焊装，大总成和车身焊装在流水线上完成。生产线上配备各种焊接设备和工具、夹具、机械化运输系统、生产过程控制及质量检测与控制系统、安全防护设施等。生产线之间的运输常用悬挂式输送机和搬运机械手等完成。车身焊装多采用电阻焊，主要是点焊和凸焊，其生产率高、成本低，约占总焊接量的90%。所用的设备有悬挂式点焊机、固定点焊机、多点焊机、螺柱式焊机和焊接机器人等。由于采用焊接机器人（图6-3）可使焊接质量稳定并减轻工人的劳动强度，因此普及度越来越高，并出现了机器人焊装线和无人操作机器人焊装车间。激光焊接技术的发展，以及点焊逆变电源变压器等，将进一步推进自动化焊接技术的发展。

图6-3　轿车车身焊接机器人

为了能在同一条焊装线上生产不同品种且工艺相似的车身，现已出现了柔性焊装线，通常采用机器人点焊和更换夹具来实现混流生产。

车身焊装时，各大总成和白车身均要进行严格的质量检验。例如，在生产线上设置自动检测机检查装配、焊接质量和尺寸要求，在白车身完成后用三坐标测量机进行抽检等。

三、涂装工艺

汽车涂装的目的是起保护、装饰和标志等作用，以及对车内隔热、消声、抗振密封等特殊作用。因此，轿车、客车车身和货车驾驶室的涂装不仅装饰性要求高，还要求具有良好的力学性能、高的耐候性和耐腐蚀性。装饰性要求包括涂层光亮、平滑、丰满、美感好等；为了适应汽车行驶中的振动和应变，要求涂层具有一定的硬度、良好的韧性和耐磨性；耐腐蚀性要求包括外观锈蚀、穿孔腐蚀、结构损坏腐蚀等出现的使用时间，如加拿大

规定这三种腐蚀出现的使用时间应分别为 5 年、10 年和 20 年，此外还要求能耐汽油、机油和沥青的腐蚀，在这些介质中浸泡一定时间不产生软化、变色、失光、溶解或印斑等现象，并要求与清洗剂或肥皂接触后不留痕迹等。

车身涂装工艺因汽车级别不同而有区别。例如，货车和轻型汽车进行底漆、面漆两次涂装；而轿车则常需要经头道底漆、二道底漆、面漆三次涂装；高级轿车有时采用四次涂装。图 6-4 所示为轿车车身涂装工艺示例。

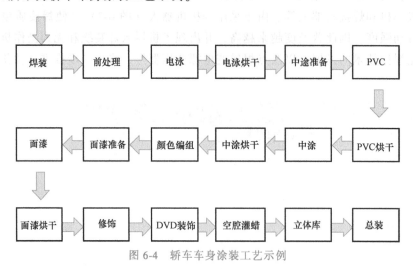

图 6-4　轿车车身涂装工艺示例

前处理是在车身金属基体表面形成磷化膜，以提高金属基体的防锈能力及其与底漆的结合能力。前处理工序包括脱脂、磷化、清洗等内容。一般采用喷淋方式，也有和浸渍移动方式并用的。

电泳是把工件和电极浸入水溶性树脂制成的电泳漆中，在直流（或交流）电场的作用下，涂料在工件上沉积形成均匀涂膜的一种先进的涂装方法。电泳按电源可分为直流电泳和交流电泳；按涂料沉积性能又可分为阳极电泳和阴极电泳；按工艺方法还可分为定电压法和定电流法。目前应用较广泛的是直流电源定电压的阳极电泳。电泳作头道底漆时，其目的是防锈。与喷涂相比较，电泳涂装可使钢板接合部与车身各处都有漆料附着，可显著提高防锈能力，并且可通过调整通电时间和电压来控制漆膜厚度。

涂防声胶的目的是缓和汽车行驶时由发动机和路面产生的振动与噪声，防护从路面上带起的砂砾、石块、水、泥、尘埃及热气等对车身的撞击与侵袭。胶膜厚度一般为 2 ~ 3mm。涂胶部位包括地板内面、车轮上方拱形地板、翼子板内面等。有时也包括发动机舱盖和车门内表面。地板内面涂胶可用自动喷涂装置；其他部位则使用手提式空气喷枪或无气喷枪喷涂。

面漆喷涂是车身涂装的最终工序，一般多用空气喷涂，也可采用静电喷涂、自动化涂装等。涂装金属漆时，为了保持金属光泽、防止铝粉变色，有时未等金属漆干燥，即在其上再涂一层透明漆，称为"湿碰湿"法。

成品车的防护涂装目的在于对向用户运送或保管中的成品车加以短期保护，所用的涂装方法有空气喷涂和无气喷涂等两种。

为了提高质量、加快节奏，涂装生产线多采用往复式喷涂机、喷漆机器人等，构成自动化程度较高的生产线。由于轿车面漆的返修率较高，通常在车间安排一条生产线供返修使用。

四、装配工艺

汽车的装配可分为组装、部装和总装，现代汽车厂一般只进行总装。总装是整个汽车制造过程的最后环节，提高装配精度是保证汽车质量的关键。零件的加工精度是达到装配精度的基础，但装配精度也取决于装配的工艺和技术，特别是装配生产线的先进程度等。此外，装配车间的环境条件，如温度、湿度、清洁度、照明、噪声、振动以及其他条件对装配质量也有影响；由于目前装配过程还需要大量的手工劳动，装配质量的保证，还要依靠装配工人的技术水平和高度责任感。

汽车总装工作的内容，因车型及生产纲领的不同而有区别。其主要包括整车装配、饰件装配、检验调整、性能试验及试车等。总装的基本任务，可概括为将汽车的动力-传动系统、车身内饰、车身外饰以及电子装置等部分装配成整车。

总装的组织形式一般可分为固定式装配和移动式装配两种。固定式装配，是将汽车各总成或部件的全部装配工作安排在一个固定的工作地点进行装配，装配过程中位置不变，装配所需要的零部件都汇集在工作地点附近，由一组工人去完成。这样的装配，需要较大的生产面积和技术水平较高的工人，装配周期也比较长。这种装配形式仅适用于小批量生产（如汽车改装），或单件生产（如新产品试制）。移动式装配，是将汽车总成或部件置于装配线上，通过连续或间歇的移动使其顺次经过各装配工作地点，以完成全部装配工作。采用移动式装配时，装配内容分得较细，每个工作地点重复完成固定的工序，广泛采用专用的设备及工具，因此生产率很高，适用于成批大量生产。它是目前广泛采用的汽车总装的组织形式。图6-5所示为轿车装配线的一部分。

图 6-5 轿车装配线

总装线一般是由以下四部分组成：

(1) 内饰装配线 内饰装配线的主要任务是将仪表板、座椅、加热与冷气设备、车

顶及侧壁内饰件、车门饰件等部件安装到车身或驾驶室内。

（2）底盘装配线 底盘装配线的主要任务是将发动机、离合器、变速器、传动轴、前、后桥（包括悬架系统）、转向系统、制动系统、散热器及车轮等部件安装到车架上。

（3）外饰装配线 外饰装配线主要是将散热器护栅、前大灯、风窗玻璃、门窗玻璃、保险杠、后灯组合、反射镜、标识器和电子装置等部件安装到汽车上。

（4）车辆行驶性能检查调整线（简称检测线） 检测线主要是对装配完毕的整车、车轮定位以及动力性能、经济性能、侧滑性能、制动性能等整车性能进行检查、测试和调整，以保证出厂的汽车达到质量要求。图6-6所示为东风汽车集团总装配厂检测线工艺布置简图。

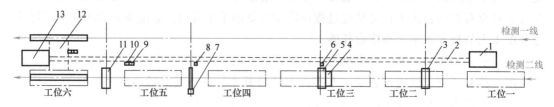

图 6-6　东风汽车集团总装配厂检测线工艺布置简图

工位一—外观检查及登录工位　工位二—速度表检测工位　工位三—轴重及制动力检测工位　工位四—灯光检测及调整、声级检测工位　工位五—侧滑检测、废气检测及调整工位　工位六—底盘检查及报告单打印工位　1—登录室　2—电缆沟　3—速度表试验台　4—称重台　5—制动试验台　6—踏板力计　7—前照灯检测仪　8—声级计　9—烟度计　10—CO/HC分析仪　11—侧滑试验台　12—底盘检查连通地沟　13—主控室

第三节　汽车工程材料

汽车工程材料是指生产汽车过程中所用的材料。汽车工程材料可分为金属材料和非金属材料两大类。

一、金属材料

金属材料分为黑色金属和有色金属。黑色金属是指钢铁材料；有色金属是指除钢铁材料以外的所有金属材料，如铝、铜、镁及其合金。

1. 钢铁材料

钢铁材料在我国汽车工业生产中仍占主流地位。其最大的特点是价格低廉，生产工艺成熟，便于加工，因而得到广泛应用。汽车用钢铁材料有钢板、结构钢、特殊用途钢、烧结合金及铸铁等。一辆中型货车上的钢铁材料约占汽车总重的3/4。

在汽车零件中，冷冲压零件占总零件数的50%~60%。汽车冷冲压零件采用的材料有钢板和钢带，其中主要是钢板，包括热轧钢板和冷轧钢板。热轧钢板主要用来制造一些承受一定载荷的结构件，如保险杠、制动盘、纵梁等；冷轧钢板主要用来制造一些形状复杂、受力不大的机器外壳、驾驶室、轿车的车身等覆盖零件。近年开发的加工性能良好、强度（屈服强度和抗拉强度）高的薄钢板——高强度钢板（图6-7），由于其可降低汽

自重、提高燃油经济性而在汽车上获得应用，如用于制造车身外面板（包括车顶、前围、后围、发动机舱盖、车门、行李舱等）、保险杠、B柱、门槛梁、前纵梁、支架及发动机框架等。

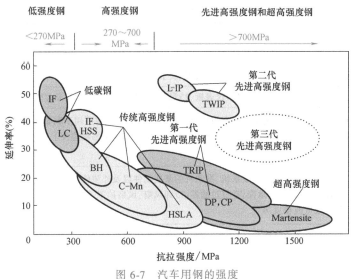

图 6-7　汽车用钢的强度

2. 有色金属

有色金属因具有质量小、导电性好等特点，在现代汽车上的用量呈逐年增加的趋势。例如，铝合金材料具有密度低、强度高和耐蚀性好的特性，是轻量化轿车应用较多的材料。根据国际铝协统计，2006 年每辆轿车的铝合金平均用量为 121kg，约占整车自重的10%；预计到 2020 年将增长到 180kg。此外，采用新型镁合金制造的凸轮轴盖、制动器等零部件，可以减轻自重和降低噪声。采用铝、镁、钛等轻金属替代钢铁材料以减轻自重，是轿车轻量化的发展方向。

二、非金属材料

非金属材料包括塑料、橡胶、玻璃、陶瓷、合成纤维、胶黏剂、摩擦材料及涂装材料等。

1. 塑料

塑料是一种以有机合成树脂为主要成分的高分子材料，也可根据需要加入各种增强材料、填料、增塑剂、固化剂、稳定剂、着色剂和阻燃剂等。汽车上常用的塑料有聚丙烯（PP）、聚乙烯（PE）、聚苯烯、ABS、聚酰胺、聚甲醛、聚碳酸酯及酚醛树脂等。其具有强度、韧性和耐磨性较好，价廉、耐腐蚀、降噪声、美观、质量轻等特点，对汽车的安全性、舒适性、经济性等方面有较大的改善，如用塑料制作汽车保险杠、高档车用安全玻璃、汽车内饰件、仪表面板等零部件，比用钢铁材料更具有安全性，并可降低造价。汽车用主要塑料及其使用场合见表 6-1。塑料在汽车工业中的应用日趋广泛，使用量持续增长。从 1977 年到 2001 年，单车塑料用量由 76kg 提高到 115kg，增幅达 50%，2013 年则

已经超过 150kg，占汽车总重的 12%～20%。塑料的成型是将分装、粒状、溶液或分散体等各种物态的塑料物料转变为所需形状的制品。成型的方法包括注射、压制、浇铸、挤出、吹塑及真空等。

表 6-1　汽车用主要塑料及其使用场合

塑料名称	使用场合
聚氨酯(PU)	汽车的主要内饰材料
热固型泡沫塑料	用于制造汽车坐垫、汽车仪表板、扶手、头枕等缓冲材料
热塑性塑料	用于制造汽车保险杠、仪表板、挡泥板、前端部、发动机舱盖等大型部件
聚氯乙烯(PVC)塑料	在汽车上的用量占汽车用塑料总量的 20%～30%，主要用于制造各种表皮材料和电线包皮，如聚氯乙烯人造革用于汽车坐垫、车门内板及其他装饰覆盖件上；氯乙烯地毯则用于货车驾驶室等部件
聚丙烯(PP)	主要用于通风采暖系统、发动机的某些配件以及外装件、汽车转向盘、仪表板、前、后保险杠、加速踏板、蓄电池壳、空气过滤器、冷却风扇、风扇护罩、散热器格栅、转向机套管、分电器盖、灯壳及电线覆皮等
聚乙烯(PE)	用于制造汽油箱、挡泥板、转向盘、各种液体储罐、车厢内饰件以及衬板等
ABS 树脂	用于散热器护栅、驾驶室仪表板、控制箱、装饰类、灯壳及嵌条类
丙烯树脂(PMMA)	用于灯及玻璃类
聚酰胺(尼龙 PA)	用于制造燃烧油过滤器、空气过滤器、机油过滤器、正时齿轮、水泵壳、水泵叶轮、风扇、制动液罐、转向油罐、刷水器齿轮、前大灯壳、百叶窗、轴承保持架、熔丝盒及速度表齿轮等
聚甲醛(POM)	用于制造各种阀门(如排水阀门、空调器阀门)、各种叶轮(如水泵叶轮、暖风器叶轮、油泵轮)、轴套及衬套(如行星齿轮和半轴垫片、钢板弹簧吊耳衬套)、轴承保持架等机能结构件、各种电器开关及电器仪表上的小齿轮以及各种手柄及门锁等
聚碳酸酯(PC)	用于制造保险杠、刻度板、加热器底板
聚酯树脂(UP)	用于制造挡泥板、车身装饰件、轮毂防尘罩、加热装置及驾驶室仪表板
饱和聚酯 聚对苯二甲酸丁醇酯(PBT)、聚对苯二甲酸乙二醇酯(PET)	用于制造后窗通风格栅、车尾板通风栅、前挡泥板延伸部分、灯座、车牌支架等车身部件，分电器盖、点火线圈架、开关、插座等电器零件，冷却风扇，以及刮水器杆、油泵叶轮和壳体、镜架、各种手柄等机能结构件

2. 橡胶

汽车用橡胶具有高弹性、高耐磨性等特点，主要用于制造汽车轮胎、内胎、防振胶垫、软管、密封带及输送带等零部件。

目前，汽车载重轮胎以天然橡胶为主，而轿车轮胎则以合成橡胶为主。天然橡胶在许多性能方面优于通用型合成橡胶，其主要特点是强度高、弹性好，发热和滞后损失小，耐撕裂，以及有良好的工艺性、内聚性和黏着性。采用天然橡胶制成的轮胎耐刺扎，特别是对使用条件苛刻的轮胎，其胎面上层胶大多采用天然橡胶制造。在轮胎用合成橡胶中，丁基橡胶具有优良的气密性和耐老化性。用它制造的内胎，气密性比天然橡胶内胎好，使用中不必经常充气，轮胎使用寿命也相应提高。它也是无内胎轮胎密封层的最好材料。

车用胶管（水、气、燃油、润滑油、液压油等的输送管），采用丁腈橡胶、氯丁橡胶

等材料制造，以保证其与各种工作液接触后，性能不会恶化。

车用胶带多用氯丁橡胶制作，以减少噪声、提高使用寿命，并且耐磨损。

车用橡胶密封件多采用丙烯酸酯橡胶、硅橡胶等材料制作，以满足气密性好、耐热、耐老化等要求。

对于汽车门窗玻璃密封条，多采用乙丙橡胶制造，也有将氯丁橡胶或丁苯橡胶与乙丙橡胶并用的，可达到经久耐用的目的。

3. 玻璃

汽车用玻璃是安全性能高的钢化玻璃和夹层玻璃。钢化玻璃是普通玻璃经过高温淬火处理的特种玻璃，即将普通玻璃加热到一定温度后，迅速冷却进行特殊钢化处理。其性能特点是具有很高的温度急变抵抗能力，强度也较高。钢化玻璃在受到冲击破碎时，在破碎前瞬间的临界状态，沿玻璃晶界产生裂纹，碎片小而无棱角，不会造成人体伤害，常用于汽车后窗玻璃和侧窗玻璃。

夹层玻璃又称为安全玻璃。它是将两片以上的平板类玻璃用聚乙烯醇缩丁醛塑料衬片黏合而成的，具有较高的强度。在夹层玻璃受到破坏时，会产生辐射状或同心圆形裂纹，碎片不易脱落，而且不影响玻璃的透明度，不产生折光现象，常用于汽车的前窗玻璃。各国已制定有关法规，规定轿车的前窗必须安装夹层玻璃。

汽车玻璃常常会加入一些微量元素，制成有颜色的玻璃，如蓝色、茶色、褐色等。它们吸收了阳光中的部分紫外线和红外线，降低了玻璃的透明度，可防止外界对车内的窥视。

除霜玻璃，是在玻璃夹层中安装加热电阻丝，当气候变冷使玻璃表面结霜时，可以用电加热玻璃使霜融化，由于其操作方便，常被用作现代轿车的后窗玻璃。

反光玻璃，在玻璃表面涂有一层具有反光特性的物质，用作汽车后窗时，当后面车辆的车灯照在上面时，即可反光以提高车辆的安全性。

近年来，又开发出一些新的车用玻璃品种，例如，在汽车上采用的新型电控液晶变色玻璃，采用这种玻璃制成的"智能车窗"，能够自动调节光线的辐射和穿透强度，从而控制车内光线的柔和度。

4. 陶瓷

陶瓷属于无机非金属材料，具有耐高温、硬度高、脆性大等特点。在汽车上最早应用陶瓷材料制造的零部件是火花塞、车窗玻璃。现代汽车中，陶瓷的用途得到大大拓展，一部分陶瓷作为功能材料，被用于制作各种传感器，如爆燃传感器、氧传感器及温度传感器等部件，以满足汽车电子化急剧发展的需要；另一部分陶瓷则作为结构材料，用于替代金属材料制作发动机和热交换器零件。近年来，一些特种陶瓷用于制造发动机部件或整机、涡轮部件等，可以达到提高热效率、降低能耗及减轻自重的目的。

5. 摩擦材料

汽车摩擦材料主要由骨架材料、黏结剂和填充材料组成。骨架材料一般采用钢纤维摩擦材料、玻璃纤维摩擦材料、陶瓷纤维摩擦材料、芳纶纤维摩擦材料及碳纤维摩擦材料等，其黏结剂多用酚醛树脂，也有相当一部分使用了含橡胶、腰果油、聚乙烯醇或其他高分子材料成分的改性酚醛树脂。填充材料多采用重晶石、硅灰石、氧化铝、铬铁矿粉、氧

化铁及铜、铅等粉末。

目前，摩擦材料的生产多采用模压法，即将各种组成材料经混合、热压、研磨后得到摩擦材料。有的采用辊压法、一步成形法或其他加工方法。

三、汽车材料的发展和新型汽车材料

现代汽车要满足安全、舒适、自重轻、污染排放低、能耗小及价格低等要求，首先就要从材料方面考虑。随着现代新技术和新材料的不断开发应用、现代社会生活水平和环保意识的提高，汽车轻量化和节能减排已成为汽车工业发展的主流方向。

对于汽车工程材料来说，其总的发展趋势是：结构材料中钢铁材料所占比例逐步下降，有色金属、陶瓷材料、复合材料、高分子材料等新型材料的用量有所上升，在性能可靠的条件下，尽可能多地采用铝合金、复合材料等轻质、新型材料取代钢铁材料。汽车上采用纤维增强聚合物基复合材料（FRP）、铝合金或纤维增强金属基复合材料（PRM）取代原有的钢结构零件；采用新型高强度陶瓷材料制造汽车发动机部件乃至整机；运用碳纤维增强树脂基复合材料（CFRP）制造传动轴等。这些措施，使汽车向轻量化、高效、节能、低噪声、高舒适度以及高安全性方向发展。大量新材料，如高分子材料、复合材料等的迅速发展，为现代汽车的发展提供了必要的条件。复合材料、陶瓷材料、特殊用途材料（耐蚀、耐高温、隔光、隔热材料等）的用量呈增长趋势。常用的新型汽车材料有复合材料、泡沫铝板、稀土金属、记忆金属及稀土永磁材料等。

1. 复合材料

由于单一材料难以最大程度地满足汽车结构的性能要求，利用多种材料混合结构的设计理论、方法和相应工艺，不同部位采用不同的材料，充分发挥各种材料的优势，可以实现选材与零部件功能的最优组合，这种多材料混合结构零部件的应用是未来汽车重点发展方向。复合材料是指由两种或两种以上不同材料组合而成的材料，它在强度、刚度、耐蚀性等方面比单纯的金属材料、陶瓷材料和聚合物材料等都优越，在汽车零部件上的应用越来越广泛。常用的纤维增强复合材料包括玻璃纤维增强复合材料和碳纤维增强复合材料。

（1）**玻璃纤维增强复合材料** 玻璃纤维增强复合材料是由玻璃纤维与热固性树脂或热塑性树脂复合的材料，通常又称玻璃钢。它是 20 世纪 40 年代发展起来的第一代复合材料。由于玻璃钢比强度高、耐腐蚀性好，现已用玻璃钢制造各种汽车的车身、底盘、车窗、车门、车座、发动机舱盖、驾驶室、挡泥板及蓄电池框架等，可以减轻自重，提高车辆的质量利用系数（载质量/车自重）。

（2）**碳纤维增强复合材料** 碳纤维增强复合材料是以碳纤维或其织物为增强相，以树脂、金属、陶瓷等作为基体制成的。目前有碳纤维/树脂、碳纤维/碳、碳纤维/金属、碳纤维/陶瓷等复合材料，其中以树脂基碳纤维增强复合材料应用最为广泛。树脂基碳纤维增强复合材料中采用的树脂有环氧树脂、酚醛树脂及聚四氟乙烯树脂等。与玻璃钢相比，其强度和弹性模量高、密度小。它还具有较高的冲击韧度和疲劳强度，优良的减摩性、耐磨性、导热性、耐蚀性和耐热性。它主要用于发动机系统中的推杆、连杆、摇杆、水泵叶轮，传动系统中的传动轴、离合器片、加速装置及护罩，底盘系统中的悬置件、弹簧片、框架、散热器以及车身的顶篷内外衬、地板、侧门等。纤维增强复合材料（FRP）

具有质量轻、耐冲击、便于加工异形曲面、美观等优点，常用于制造车身外装板件，如车顶导流板、前窗窗框等；采用纤维增强金属（FRM）制造柴油机的活塞顶、连杆、缸体等零件，可提高零件的耐磨性、热传导性、耐热性以及减小热膨胀等。

预计碳纤维复合材料的应用可使汽车车身、底盘减重40%~60%。宝马2013年量产的 BMW i3 纯电动汽车，其外壳材料为碳纤维增强复合材料、底盘材料为铝合金，比传统同类型汽车减重250~350kg。但由于碳纤维成本过高，碳纤维增强复合材料在汽车中的应用仍然有限，仅在一些 F1 赛车、高级轿车、小批量车型上有所应用，如宝马的 Z9 和 Z22 的车身、M3 系列车顶篷和车身，以及福特的 GT40 车身、保时捷 911 GT3 承载式车身等。随着碳纤维生产工艺和回收技术的发展日益成熟，碳纤维复合材料在汽车工业的应用会更加广泛。

2. 泡沫铝材

泡沫铝材具有优良的性能，如密度小，吸收冲击能力高，耐高温、防火性能好、不可燃烧且在受热状态下不会释放有毒气体，抗腐蚀及耐热性强，消声性能好，导热率低，电磁屏蔽性好、电阻大、有过滤能力，易加工及可进行涂装表面处理等，并可以完全回收和再生利用。据测算，汽车车身构件大约有20%可用泡沫铝材制造，既可以节约能源，又可以减轻对环境的污染。

3. 稀土金属

稀土元素是指元素周期表中第 IIIB 族镧系元素以及与镧系元素的化学性质相近的钪和钇。将稀土掺入钢和铸铝合金中可明显改善其性能，如稀土掺入 16MnRe 可以显著改善其韧性和塑性，特别是其横向韧性和塑性，提高冲压性能；稀土掺入 09MnRe 可显著提高汽车用钢的塑性；在铝硅合金中加入千分之几的稀土，能显著改善其加工性能，已有多种牌号的产品用于活塞、齿轮箱、气缸和仪器仪表等器件、部件。

4. 记忆金属

形状记忆金属具有在低温下变形后在较高温度可以恢复原形的功能，其能够在以下方面发挥作用：温度自反馈供油器、齿轮箱减振垫片、发动机风扇和车内空调自控装置以及车门和发动机防盗装置以及记忆合金储能弹簧等，可以改善轿车的安全性、舒适性、工作稳定性、节能性以及自动化程度。

5. 稀土永磁材料

稀土永磁材料是已知的综合性能最高的永磁材料。电机是汽车中不可缺少的部件，高级轿车上的电机多达几十台，钕铁硼永磁材料用于制造电机可以实现汽车电机"钕铁硼化"，其体积小、电效率高，因而可降低汽车自重，增加舒适性，提高安全性，降低排放以及提高整车性能。我国研制的稀土永磁材料性能已接近或达到国际先进水平。

第四节　汽车试验

理论研究和试验研究密切结合是现代科学技术的一个显著特点，两者互相依赖、相辅相成，加速了科学技术的发展。由于汽车的使用条件复杂、汽车工业所涉及的技术领域极为广泛，致使许多理论问题研究得还不够充分，因此汽车工业特别重视试验研究。如前所

述，汽车的设计、制造过程始终离不开试验，无论是设计思想和理论计算、初步设计、技术设计、汽车定型还是生产过程，都要进行大量的试验。最后，在客户购买了汽车并使用的过程中，车辆交通管理部门还要定期对车况进行测试，以确保行车安全性。

除了某些研究性试验外，汽车产品试验均应遵循一定的标准、规范，其对试验条件、试验方法、测试仪器及其精度、结果评价等均有限定，以确保试验结果的再现性和可对比性。表 6-2 列出了我国现行汽车定型试验规程。不同国家，甚至不同厂商的试验规范可能不同，因此在查看某种产品的试验数据时，必须弄清试验所依据的规程或标准。

表 6-2 我国现行汽车定型试验规程

标准号	试验规范	应用范围
GB/T 1332—1991	载货汽车定型试验规程	总质量在 1.8t 以上的货车
GB/T 13043—2006	客车定型试验规程	M2、M3 类客车
QC/T 252—1998	专用汽车定型试验规程	专用汽车新产品定型试验

一、汽车整车性能试验

汽车整车性能试验是为测定汽车的基本性能进行的试验。

1. 动力性能试验

动力性能试验是指对汽车最高车速、加速和爬坡性能三个动力性指标进行实际试验测定。最高车速试验的目的是测定汽车所能达到的最高车速，我国规定的测试区间是 1.6km 试验路段的最后 500m。加速试验一般包括起步到给定车速、高速档或次高速档，从给定初速加速到给定车速两项试验内容。爬坡试验包括最大爬坡度与爬长坡两项试验，最大爬坡度试验最好在坡度均匀、测量区间为 20m 以上的人造坡道上进行，如果人造坡道的坡度对所测车辆不合适（如坡道过大或过小），可采用增、减载荷或变换档位的办法做试验，再折算出最大爬坡度；爬长坡试验主要用来检查汽车能否通过坡度为 7%~10%、长 10km 以上的连续长坡，试验中不仅要记录爬坡过程中的换档次数、各档使用时间和爬坡总时间，还要观察发动机冷却系统有无过热、供油系统有无气阻或渗漏等现象。

2. 燃油经济性试验

燃油经济性试验，通常为道路试验或汽车测功器（即转鼓试验台）试验，后者能控制大部分的使用因素、重复性好、能模拟实际行驶的复杂情况、能采用各种测量油耗方法，还能同时测量排放。图 6-8 所示为转鼓试验台的主要构成。其中，转鼓模拟道路路面、飞轮模拟汽车当量惯性、增速箱使飞轮和加载装置不至过大、加载装置模拟汽车行驶阻力、鼓风机防止轮胎和发动机过热。另外，利用控制系统对试验工况进行控制，并通过测量系统可以测量汽车的动力、垂直力、车速、燃油经济性以及排放等参数。

3. 制动性能

汽车制动性能的优劣直接影响汽车行驶的安全性，一般用制动效能和制动效能的稳定性进行评价。常进行制动距离试验、制动效能试验、热衰退和恢复试验、浸水后制动效能衰退和恢复试验等。

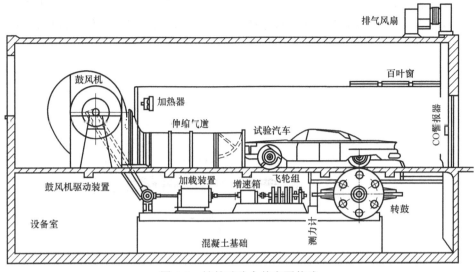

图 6-8 转鼓试验台的主要构成

4. 操纵稳定性

操纵稳定性的试验类型较多，如用转弯制动试验评价汽车在弯道行驶制动时的行驶方向稳定性；用转向轻便性试验评价汽车的转向力是否适度；用蛇形行驶试验评价汽车转向时的随从性、收敛性、转向力大小、侧倾程度和避免事故的能力；用侧向风敏感性试验考察汽车在侧向风情况下直线行驶状态的保持性；用抗侧翻试验考察汽车在为避免交通事故而急剧打转向盘时汽车是否有侧翻的危险；用路面不平度敏感性试验来检查汽车高速行驶时承受路面干扰而保持直线行驶的能力；用汽车稳态回转试验确定汽车稳态转向特性等。

5. 平顺性

平顺性主要是根据乘坐者的舒适程度来评价的，因而又称为乘坐舒适性，其评价方法通常根据人体对振动的生理感受和保持货物的完整程度制定。典型的有汽车平顺性随机输入行驶试验和汽车平顺性单脉冲输入行驶试验，前者用以测定汽车在随机不平的路面上行驶时，其振动对乘员或货物的影响，后者用以评价汽车行驶中遇到大的凸起物或凹坑时冲击振动下的平顺性。

6. 通过性试验

通过性试验一般在汽车试验场和专用路段上进行。

7. 安全性试验

安全性试验的项目有很多，而且通常耗资巨大，特别是碰撞安全试验。汽车碰撞通常可分为正面碰撞、侧面碰撞、后面碰撞，还有滚翻和撞行人等情况，既可以进行实车碰撞试验，也可以进行模拟试验或撞车模拟计算。但不少国家或厂商规定新车型必须经过实车碰撞试验，以验证其抗撞安全性。在碰撞试验中需用假人（又称人体模型）进行试验，美国等国家为人体模型制定了标准。对人体模型的要求是：质量、尺寸分布，骨骼主要关节动作等尽量逼近真人，又要容易测定各部位的加速度、载荷和变形；人体模型价格较高，因此也要求具有高的耐用性。当进行车内装置（如安全带、座椅、转向盘及仪表板等）抗冲撞能力试验时，为节省开支常用撞车模拟装置进行，它以装有人体模型的平台

车代替实车，模拟以一定初速运动的汽车撞击固定壁后部件的减速度特性，从而研究冲击能量的吸收情况。图 6-9 和图 6-10 所示分别为轿车的正面碰撞试验和侧面碰撞试验。

图 6-9　正面碰撞试验

图 6-10　侧面碰撞试验

二、汽车总成与零部件试验

尽管汽车零部件种类繁多，但其试验无非涉及性能、强度、耐久性等内容。发动机是汽车中最重要的总成，其性能试验主要有功率、怠速、空转特性、负荷特性、调速特性、起动、机械效率、多缸工作均匀性、排放和噪声等试验。对发动机的重要零部件（如曲轴、连杆、活塞等运动件和缸盖、缸体等固定件）应进行强度试验，整机和重要部件常需进行耐久性试验，重要部件的耐久性可在专门的部件试验台上进行，整机的耐久性试验则在发动机台架上进行。为了缩短试验时间，通常强化试验条件，如在额定工况、全负荷最大转矩工况、超负荷超转速工况下运转。耐久性试验前后要全面测量尺寸和性能，以便评价磨损情况和动力性、经济性、排放等指标的稳定程度。许多汽车承载系统的寿命都与"道路—汽车"系统产生的随机振动特性有关，因此可以按载荷谱提供激振力（或位移）的电子液压振动试验台，成为许多零部件试验中不可缺少的加载工作台。图 6-11 所示为用激振设备进行汽车零部件试验研究。

图 6-11　汽车零部件试验研究

三、大型试验设施

汽车试验场和汽车风洞是汽车试验的两种大型试验设施。

1. 汽车试验场

汽车试验场，又称试车场，是重现汽车使用中遇到的各种各样的道路条件和使用条件、进行汽车整车道路试验的场所。为满足汽车的试验要求，将实际存在的各种各样的道路经过集中、浓缩、不失真的强化形成典型化道路。汽车试验场的主要试验设施是集中修筑的各种各样的试验道路，如高速环行跑道、高速直线跑道、可靠性强化试验路段、耐久性试验跑道、爬坡试验路段以及特殊试验路段（如噪声试验路段、比利时路、搓板路、随机波形路、扭曲路、越野路及涉水路等），还有专用于操纵稳定性试验和碰撞试验的场地，为汽车试验提供了稳定的路面试验条件。汽车在试验场试验比在试验室或一般行驶条件下的试验更严格、更科学、更迅速、更实际。汽车试验场的规模大小、试验道路的类型和长短也不尽相同，而且随着汽车技术的发展，不断会提出修筑新的试验设施的要求。表6-3 列出了国内外有代表性的汽车试验场的情况。图 6-12 所示为东风汽车集团襄樊汽车试验场的布置示意图。

表 6-3　有代表性的汽车试验场

试车场名称	总面积/km²	高速环道		
		形状	长度/km	设计车速/(km/h)
通用，Milford	16 2	圆形	7.2	177
福特，Romeo	15.6	长圆形	8.0	225
克莱斯勒，Chelsea	16	长圆形	7.6	225
大众	10.6	电话听筒形	20.5	190

(续)

试车场名称	总面积/km²	高速环道		
		形状	长度/km	设计车速/(km/h)
TRC①，Ohio	30	长圆形	12	225
海南汽车试验场	0.68	电话听筒形	6.0	120
襄樊汽车试验场	1.93	长圆形	5.3	160
定远汽车试验场	2.39	长圆形	4	120
交通部公路交通试验场	2.4	长圆形	5.5	190

① TRC，美国交通研究中心（Transportation Research Center Inc.）

汽车试验场的主要功用是：①汽车产品的质量鉴定试验；②汽车新产品的开发、鉴定和认证试验；③为试验室的零部件试验或整车模拟试验以及计算机模拟确定工况和提供采样条件；④汽车标准及法规的研究和验证试验等。

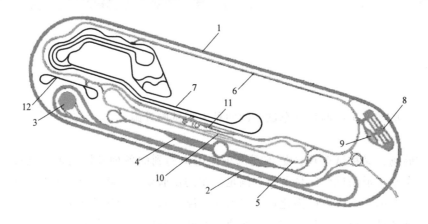

图 6-12　襄樊汽车试验场的布置示意图

1—高速环道　2—综合试验路　3—圆广场　4—1#综合路　5—比利时环道　6—2#环道
7—2#综合路　8—标准坡道　9—自卸车试验区　10—溅水池　11—涉水池　12—灰尘洞

2. 汽车风洞

汽车行驶时，周围的空气与其产生相对运动，形成气流。汽车行驶的速度越快，该气流对汽车影响的作用越大。汽车的空气动力特性影响其经济性、动力性、操纵稳定性、视野、污染、振动、汽车噪声、车身内室的通风换气、汽车空调及汽车重要部位的热状态等。随着高速公路的发展，高速行驶是汽车常用的工况。因此，汽车的空气动力特性成为汽车主导地位的特性。例如，汽车行驶车速超过 100km/h，其行驶阻力主要是空气阻力，决定了汽车燃料消耗、加速性能及最大车速等。因此，现代汽车设计中必须考虑空气动力对汽车的作用，研究其对汽车主要使用性能的影响，以此指导汽车新产品的造型和结构设计工作。

风洞是用来研究汽车空气动力特性的重要设施，有开式风洞（又称直流式风洞）和闭式风洞（又称回流式风洞）两种基本形式。直流式风洞的特点是气流从大气中吸进，再从风洞的后部排到大气中去，直流式风洞里的气流受自然风的影响较大，噪声普遍很高

（图 6-13）。回流式风洞又分单回流式风洞和双回流式风洞（图 6-14）两种，其特点是空气沿封闭路线循环流动，气流不受自然风的影响，流态稳定。为了获得准确的汽车空气动力学数据，目前已从按比例缩小的模型风洞试验向整车风洞试验发展。图 6-15 所示为汽车整车风洞试验。

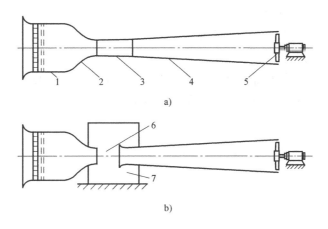

图 6-13　直流式风洞

a）闭门试验段　b）开口试验段

1—稳定段　2—收缩段　3—试验段　4—扩压段　5—风扇　6—试验段　7—密闭室

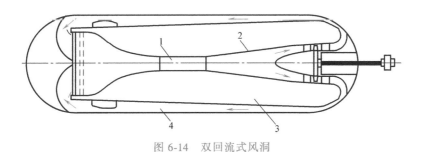

图 6-14　双回流式风洞

1—试验段　2—扩压段　3—环形回流道　4—静止空气空间

图 6-15　汽车整车风洞试验

思 考 题

6-1　汽车设计有何特点和要求？

6-2　汽车设计大致有哪些步骤？

6-3　现代汽车的制造工艺主要有哪些？

6-4　汽车总装线一般由哪些部分组成？主要完成哪些任务？

6-5　汽车用金属材料和非金属材料主要有哪些？它们的用途是什么？

6-6　汽车产品主要有哪些试验？它们的用途是什么？

第七章 汽车的使用

汽车在使用过程中涉及的因素众多，汽车的使用寿命与使用性能能否充分发挥与汽车各种运行材料（包括燃料、润滑材料、工作液、轮胎等）的使用密切相关。

第一节 汽车的性能及评价指标

汽车的主要性能包括动力性、燃油经济性、制动性、操纵稳定性、平顺性和通过性。

一、汽车的动力性

汽车的动力性是指汽车在良好路面上直线行驶时由汽车所受到的纵向外力决定的、所能达到的平均行驶速度。汽车的动力性是汽车最基本、最重要的性能。汽车的动力性直接影响汽车的运输效率。

汽车的动力性指标有最高车速、加速时间及爬坡能力。

1. 汽车的最高车速 u_{amax}

汽车的最高车速是指汽车满载在水平良好的路面上所能达到的最高行驶速度（km/h）。此时发动机的节气门全开，变速器应挂入最高档。

2. 汽车的加速时间 t

汽车的加速时间表示汽车的加速能力。加速性越好，平均车速就越高，即动力性越好。汽车的加速能力对汽车平均行驶速度有很大影响，特别是高级轿车，对加速时间特别重视。

常用原地起步加速时间与超车加速时间来表示汽车的加速性能。原地起步加速时间是指汽车由 1 档或 2 档起步，并以最大的加速强度（包括选择恰当的换档时机）逐步换档至最高档后到某一预定的距离或车速所需的时间。超车加速时间是指用最高档或次高档由某一较低车速全力加速至某一较高车速所需的时间。超车加速性能影响超车行驶的安全性。

一般常用 $0 \rightarrow 402.5m$（1/4mile）或 $0 \rightarrow 400m$ 的秒数来表示汽车的原地起步加速时间，也有用 $0 \rightarrow 96.6km/h$（60mile/h）或 $0 \rightarrow 100km/h$ 所需的时间来表明汽车的原地起步加速时间。对超车加速能力还没有一致的规定，采用较多的是最高档或次高档由 30km/h 或

40km/h 全力加速至某一较高车速所需的时间，也有用加速过程曲线即车速-时间关系曲线来全面反映加速能力的。

3. 汽车的爬坡能力 i_{max}

汽车的爬坡能力用最大爬坡度来评定。最大爬坡度 i_{max} 是指汽车满载（或某一载质量）时用 1 档在良好路面上等速行驶所能克服的最大道路坡度。

轿车经常行驶于较好的平坦路面上，因而一般不强调它的爬坡能力；而且轿车最高车速高，发动机功率较大以保证良好的加速能力，爬坡能力自然较好。货车在各种路面上行驶，应具有足够的爬坡能力，一般 i_{max} 在 30%（16.7°）左右。越野汽车对爬坡能力的要求更高，其最大爬坡度可达 60%（30°）左右或更高。

二、汽车的燃油经济性

汽车的燃油经济性是指在保证动力性的条件下，汽车以尽量少的燃油消耗量经济行驶的能力。燃油经济性好的汽车，可以降低汽车的使用费用，减小国家对石油的依赖性，并能节约石油资源；同时也降低了发动机产生的 CO_2（温室效应气体）的排放量，起到防止地球变暖的作用。

（一）燃油经济性的评价指标

汽车的燃油经济性常用一定工况下汽车行驶百公里的燃油消耗量或一定燃油能够使汽车行驶的里程数来衡量。各国有不同的评价方法和指标。

在我国和欧洲，燃油经济性的指标为行驶 100km 的燃油消耗量升数，其单位为 L/(100km)，其数值越大，燃油经济性越差。在美国则采用每加仑燃油能行驶的英里数作为评价指标，其单位为 MPG 或 mile/USgal，其数值越大，燃油经济性越好。

等速行驶百公里燃油消耗量是常用的一种评价指标，它表示汽车在一定载荷（我国规定轿车为半载，货车为满载）下，以最高档在水平良好的路面上等速行驶 100km 的燃油消耗量。常测出每隔 10km/h 或 20km/h 速度间隔的等速百公里燃油消耗量，然后在图上连成曲线，称为等速行驶百公里燃油消耗量曲线，用它来评价汽车的燃油经济性。图 7-1 所示为某汽车在不同车速下测得的等速百公里燃油消耗量曲线。

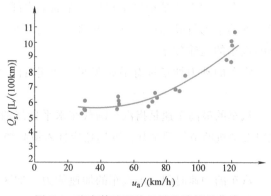

图 7-1　汽车等速百公里燃油消耗量曲线

但是，等速行驶工况并没有全面反映汽车的实际运行情况，特别是在市区行驶中频繁出现的加速、减速、怠速及停车等行驶工况。图 7-2 给出了联合国欧洲经济委员会（ECE）、美国及我国法定的商用车与城市客车测定燃油经济性的循环行驶工况图。

ECE 规定以 L/100km 计的"1/3 混合油耗"来评定汽车的燃油经济性：

$$\frac{1}{3}\text{混合} = \frac{1}{3}\text{ECE} + \frac{1}{3} \times 90\text{km/h} + \frac{1}{3} \times 120\text{km/h}$$

EPA 规定以 mile/gal 计的"综合燃油经济性"来评定汽车的燃油经济性：

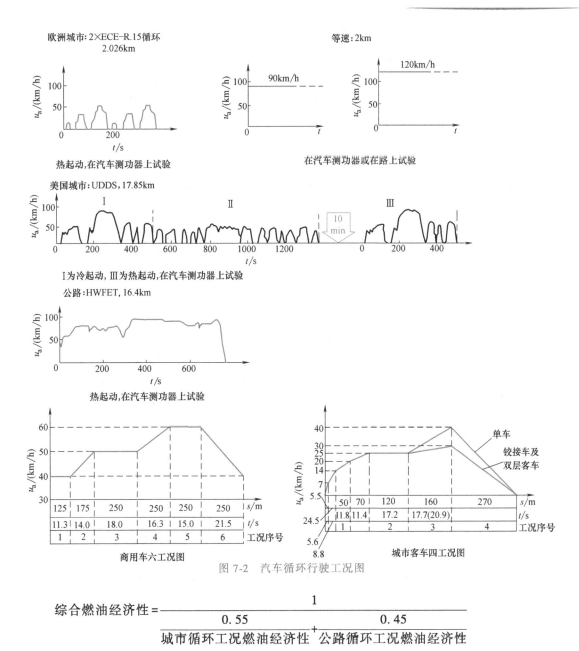

图 7-2　汽车循环行驶工况图

$$综合燃油经济性 = \cfrac{1}{\cfrac{0.55}{城市循环工况燃油经济性} + \cfrac{0.45}{公路循环工况燃油经济性}}$$

汽车的燃油经济性是汽车的主要性能之一。在汽车运输成本中，燃油消耗费用占 20% ~ 30%。因此，提高燃油经济性，不仅是提高汽车运输经济效益的需求，也是当前世界性节能和节省资源的需求。

为了节约能源，不少国家制定了限制汽车油耗的法规，从而促进了燃油经济性的不断提高。随着技术的进步，近年来发动机燃油经济性的提高，汽车自重的降低，汽车空气阻力和轮胎阻力的降低，传动效率的提高，都使汽车的经济性有了大幅度的提高。

（二）提高汽车燃油经济性的主要方法

1. 使用方面

（1）**行驶车速**　由图 7-1 可以看出，汽车在接近于中等车速时燃油消耗量最低，高速

时随车速增加而迅速增加。这是因为在高速行驶时，汽车的行驶阻力增大所致；而低速时，由于发动机的负荷率低而导致油耗量增大。

（2）档位选择　在一定道路上，汽车选用不同的档位行驶，油耗量是不相同的。显然，在同一道路和车速条件下，虽然发动机发出的功率相同，但档位越低，后备功率越大，发动机负荷率越低，油耗越大。

（3）挂车的使用　汽车拖带挂车后，虽然汽车总的燃油消耗量有所增加，但分摊到每吨货物上的油耗却下降了。拖带挂车后节省燃油的原因有两个：一是带挂车后阻力增加，发动机负荷率增加，使燃油消耗率下降；二是汽车列车的质量利用系数（即装载质量与整车整备质量之比）增大。

（4）正确的维护与调整　汽车的调整与维护会影响发动机的性能与汽车行驶阻力。例如，一般驾驶人常用滑行距离来检查底盘的技术状况。当汽车的前轮定位正确、制动器摩擦片与制动鼓有正常间隙、轮胎气压正常、各相对运动零件表面光洁、间隙恰当并充分润滑时，底盘的行驶阻力减小，滑行距离大大增加。

2. 汽车结构方面

（1）缩减轿车外形尺寸和减轻车重　大型汽车费油的原因是大幅度地增加了滚动阻力、空气阻力、坡度阻力和加速阻力。一般认为，一辆汽车的质量若能减小 10%，可节油 3%~4%。减轻汽车车重的方法主要有合理设计，使用铝与复合材料代替钢材。

（2）发动机　在汽车各总成中，发动机是对燃油经济性最有影响的部件。目前看来，提高发动机燃油经济性的主要途径有提高现有汽油机的热效率与机械效率，扩大柴油机的应用范围，采用增压以及电子计算机控制技术的应用。

（3）传动系统　传动系统档位增多，也就增加了汽车处于最佳经济工作状况的机会，有利于燃油经济性的提高。特别是近年来，无级变速器的应用可使发动机在任何条件下都处于最佳经济工况。

（4）汽车外形与轮胎　空气阻力的大小主要取决于汽车外形，降低空气阻力系数是降低空气阻力、节约燃油的有效途径。汽车对轮胎提出各种要求，如耐磨性、耐久性及要求其保证动力、经济等各种使用性能。目前公认子午线轮胎的综合性能最好，由于它滚动阻力小，可有效降低油耗。

三、汽车的制动性

汽车的制动性是指汽车在行驶时能在短距离内停车且维持行驶方向稳定性和在下长坡时维持一定车速的能力。

制动性是汽车的主要性能之一，是汽车行驶安全的保证，制动性直接关系到人们生命财产的安全。

汽车制动性有制动效能、制动效能的恒定性及制动时的方向稳定性三方面评价指标。

1. 制动效能

制动效能是指汽车迅速减速直至停车的能力。通常用汽车在良好的路面上，汽车以一定初始速度制动到停车，所产生的制动减速度 a_j（m/s²）、制动距离 s（m）来进行评价。

2. 制动效能的恒定性

汽车连续较长时间制动（如下长坡）或高速制动时，制动器温度增加，制动减速度减小，制动距离增大，制动效能下降。制动效能的恒定性，主要是指抗热衰退性，即在高速制动或下长坡连续制动时制动效能的稳定程度。抗热衰退性与制动器摩擦副材料及制动器结构有关。盘式制动器由于具有良好的热稳定性，其应用日益广泛。

3. 制动时的方向稳定性

制动时的方向稳定性，是指汽车在制动时维持直线行驶或按照预定弯道行驶的能力，即不发生跑偏、侧滑或失去转向能力的性能。它对交通安全影响极大。

（1）**制动跑偏**　它是指汽车制动时自动向左或向右偏驶。

（2）**失去转向能力**　它是指弯道制动时汽车不再按照原来的弯道行驶而沿切线方向驶出；直线行驶制动时，虽然转动转向盘但汽车仍按直线方向行驶的现象。

（3）**侧滑**　它是指汽车制动时某一车轴的车轮或两轴的车轮发生横向滑动的现象。特别是在高速制动时后轴侧滑，常会使汽车发生不规则的急剧回转运动（俗称"甩尾"）而部分或完全失去操纵，这是十分危险的。

跑偏现象多数是由于汽车技术状况不正常造成的，主要是左、右车轮制动器的制动力不等。这些问题经过维修调整一般是可以消除的。汽车左、右轮制动力相差通常要求不大于 8%。在结构方面，如果制动时由于悬架导向杆系与转向系拉杆在运动学上不协调造成汽车跑偏，则需要修改结构设计。

失去转向能力的主要原因是汽车的前轴抱死。由于前轴抱死，汽车侧向附着系数接近 0，当需要转向时，转向盘的转向力矩即使传递到转向轮，由于没有侧向附着系数，得不到足够的转向力，汽车不能转向行驶，故失去转向能力。失去转向能力对于汽车而言是十分危险的，在弯道上制动，如山区的盘山公路，会因为丧失转向能力而翻下悬崖；同时若道路上存在障碍物，汽车也会因为丧失转向能力而发生碰撞事故。

侧滑是由于车轮抱死后拖滑，无法抵抗侧向干扰力造成的。当汽车制动且转向盘固定不动时，若前轮先抱死拖滑而后轮仍在滚动，则在侧向力作用下前轮将发生侧滑，汽车会发生类似转向的运动，此时汽车质心 C 处（图 7-3a）产生的离心力 F_j 与前轮侧滑方向相反，将起到防止前轮侧滑的作用，使汽车处于稳定状态；当后轮发生抱死拖滑而前轮滚动时，侧向力的作用则会使后轮侧滑造成汽车的回转运动。并且这时汽车质心处产生的离心力（图 7-3b）与后轴侧滑方向相同致使侧滑加剧，反过来又使 F_j 加大，形成恶性循环。因此，后轮先抱死造成后轮侧滑，导致汽车的不稳定状态。

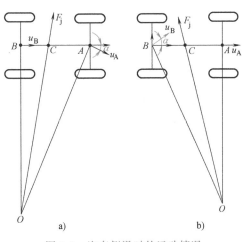

图 7-3　汽车侧滑时的运动情况

a）前轴侧滑　b）后轴侧滑

防止汽车侧滑，提高制动时的方向稳定性的主要措施是合理分配前、后轴制动器制动力的比例，使前、后轴车轮尽可能同时或后轴后于前轴抱死，甚至使后轮在制动过程中不

可能抱死。在现代汽车的制动系统中采用各种制动液压调节装置（如限压阀、比例阀和防抱死制动装置等）来达到上述目的。防抱死制动系统（ABS）可将滑动率控制在最优区间，既可防止车轮被制动抱死，提高汽车的方向稳定性，又能缩短制动距离，提高制动效能。ABS 在现代汽车上已被广泛采用。

四、汽车的操纵稳定性

汽车的操纵稳定性通常包括互相联系的两个部分，一个是操纵性，另一个是稳定性。操纵性是指在驾驶人不感到过分紧张、疲劳的条件下，汽车能遵循驾驶人通过转向系统及转向车轮给定的方向行驶；稳定性是指汽车受到外界干扰（路面不平或侧向风等）时，汽车能抵抗干扰而保持稳定行驶的能力。汽车的操纵稳定性直接影响汽车驾驶操纵方便的程度和高速行驶的安全性。

随着道路的改善，特别是高速公路的发展，汽车以 100km/h 或更高车速行驶的情况是常见的。现代轿车设计的最高车速一般常超过 200km/h，有的运动型轿车甚至超过 300km/h。因此，汽车的操纵稳定性日益受到重视，成为现代汽车的重要使用性能之一。

汽车的操纵稳定性涉及的问题较为广泛，它需要采用较多的物理量从多方面进行评价。表 7-1 列出了汽车操纵稳定性的基本内容及主要评价指标。其中，评价汽车操纵稳定性基本的、重要的指标是转向盘角阶跃输入下的汽车稳态转向特性。

表 7-1 汽车操纵稳定性的基本内容及主要评价指标

基本内容	主要评价指标
1. 转向盘角阶跃输入下的稳态响应——转向特性 转向盘角阶跃输入下的瞬态响应	稳态横摆角速度增益——转向灵敏度 反应时间、横摆角速度波动的无阻尼圆频率
2. 横摆角速度频率响应特性	共振峰频率、共振时振幅比、相位滞后角、稳态增益
3. 转向盘中间位置操纵稳定性	转向灵敏度、转向力力特性-转向盘转矩梯度、转向功灵敏度
4. 回正性	回正后剩余横摆角速度与剩余横摆角、达到剩余横摆角速度的时间
5. 转向半径	最小转向半径
6. 转向轻便性 原地转向轻便性 低速行驶转向轻便性 高速行驶转向轻便性	转向力、转向功
7. 直线行驶性能 直线行驶性 侧向风稳定性 路面不平度稳定性	转向盘转角之和（累计值） 侧向偏移 侧向偏移
8. 典型工况性能 蛇行性能 移线性能 双移线性能——回避障碍性能	转向盘转角、转向力、侧向加速度、横摆角速度、侧偏角、车速等
9. 极限行驶能力 圆周行驶极限侧向加速度 抗侧翻能力 发生侧滑时的控制能力	极限侧向加速度 极限车速 回到原来路径所需时间

汽车的稳态转向特性分为三种类型：不足转向、过多转向和中性转向。在汽车以一定转向盘转角，在不同速度下做等速圆周运动，如果随车速的增大，汽车行驶的圆周半径不变，则汽车具有中性转向特性；如果汽车行驶的圆周半径不断增大，则汽车具有不足转向特性；如果汽车行驶的圆周半径不断减小，则汽车具有过多转向特性。实践和理论分析表明，为了使汽车在不同行驶条件下都有良好的操纵稳定性，汽车在设计时应具有适当的不足转向量。这是因为过多转向的汽车在达到临界车速时将失去稳定性，十分危险；而汽车具有中性转向时，当运行条件发生变化时，就可能使中性转向特性变为危险的过多转向特性。

一般来说，汽车的稳态特性主要取决于前、后轴荷的分配、轮胎的特性以及悬架、转向和传动系统的结构型式和参数。

五、汽车的行驶平顺性

汽车行驶时，由路面不平以及发动机、传动系统和车轮等旋转部件激发汽车的振动。通常路面不平是汽车振动的基本输入，因此平顺性主要针对路面不平引起的汽车振动，其频率范围为 $0.5 \sim 25\mathrm{Hz}$。

（一）汽车行驶平顺性的概念

汽车的行驶平顺性主要是保持汽车行驶过程中产生的振动和冲击环境对乘员舒适性的影响在一定界限之内，因此平顺性主要根据乘员主观感觉的舒适性来评价，对于货车还包括保持货物完好的性能，它是现代高速汽车的主要性能之一。

汽车是由数个具有固有振动特性的振动系统组成的。这些系统包括各车轮和各悬架弹簧及弹性减振坐垫等弹性元件。这些弹性元件可缓和路面对汽车的冲击，使乘员舒适并减少货物损伤。但同时，路面不平会激起汽车的振动。当这种振动达到一定程度时，将使乘员感到不舒适和疲劳，或使运载的货物损坏。振动引起的附加动载荷将加速有关零件的磨损，缩短汽车的使用寿命。车轮载荷的波动还影响地面与车轮之间的附着性能，因而关系到汽车行驶的安全性。

研究汽车平顺性的目的是要控制振动的传递，尽可能使乘员感到舒适。这就要求对诸如人对振动的反应、汽车振动系统的传递特性和作为振动"输入"的路面不平度的统计规律等方面作较为深入的研究。

（二）汽车行驶平顺性的评价方法

汽车平顺性的评价包括客观和主观两种方法。

1. 客观评价方法

客观评价采用各种仪器设备，对影响汽车振动的各环节进行测量和分析，主要包括随机的路面不平度输入特性、轮胎特性、悬架减振特性、人体-座椅系统特性以及各类弹性阻尼元件和悬架及非悬架质量构成的振动系统特性。一般的客观评价指标如下

1）车身传递到人体的加速度。

2）悬架弹簧的动挠度。

3）车轮与路面之间的动载荷。

2. 主观评价方法

主观评价主要依据乘员主观感觉的舒适性进行评价。人体对振动的反应取决于振动频率、振动强度、作用方向和持续作用的时间。由于每个人的心理和身体状况都不相同，对振动的敏感程度差异很大。尽管多年来在此方面进行了许多试验研究工作，但难以得到公认的评价方法和指标。

国际标准化组织在综合大量有关人体全身振动研究成果的基础上，制定了国际标准《人体处于全身振动的评价》（ISO 2631），后来经过多次修订和补充，此标准对于评价长时间作用的随机振动和多输入点轴向振动环境对人体的影响方面，能与主观感觉很好地吻合。标准提到了主观指标的几个特性，分别如下：

1）垂直方向振动频率为 $4\sim12.5\mathrm{Hz}$ 时，人体反应比较敏感，其中人体内脏共振频率约为 $4\sim8\mathrm{Hz}$；脊椎系统敏感频率为 $8\sim12.5\mathrm{Hz}$。

2）左右和前后方向敏感频率为 $0.5\sim2\mathrm{Hz}$，大约在 $3\mathrm{Hz}$ 以下，水平振动比垂直振动更敏感，且汽车车身部分系统在此频率范围产生共振，故应对水平振动给予充分重视。

六、汽车的通过性

汽车的通过性是指汽车能以足够高的平均车速通过各种坏路及无路地带和克服各种障碍物的能力。

汽车的通过性主要取决于地面的物理性质及汽车的结构参数和几何参数。汽车在松软路面上行驶时，由于车轮与地面之间的附着力要比在硬质路面上的附着力小得多，其遇到的滚动阻力要比在硬路面上的大得多。因此，汽车的驱动与附着条件常得不到满足，从而降低了汽车的通过能力。

影响汽车通过性的几何参数如图 7-4 所示。

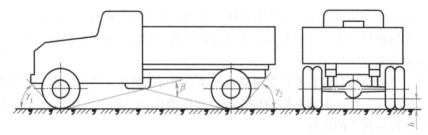

图 7-4　影响汽车通过性的几何参数

（1）**最小离地间隙 h**　汽车满载、静止时，支承平面与汽车上的中间区域最低点之间的距离即为最小离地间隙。它反映汽车无碰撞地通过地面凸起的能力。

（2）**纵向通过角 β**　汽车满载、静止时，分别通过前、后车轮外缘作垂直于汽车纵向对称平面的切平面，当两切平面交于车体下部较低部位时所夹的最小锐角即为纵向通过角。它表示汽车能够无碰撞地通过小丘、拱桥等障碍物的轮廓尺寸。β 越大，顶起失效的可能性越小，汽车的通过性越好。

（3）**接近角 γ_1**　汽车满载、静止时，前端凸出点向前轮所引切线与地面间的夹角即为接近角。γ_1 越大，越不易发生触头失效。

（4）离去角 γ_2 汽车满载、静止时，后端凸出点向后轮所引切线与地面间的夹角即为离去角。γ_2 越大，越不易发生托尾失效。

（5）最小转弯直径 d_{min} 当转向盘转到极限位置、汽车以最低稳定车速转向行驶时，外侧转向轮的中心平面在支承平面上滚过的轨迹圆直径即为最小转弯直径。它在很大程度上表征了汽车能够通过狭窄弯曲地带或绕过不可越过的障碍物的能力。d_{min} 越小，汽车的机动性越好。

现代各种汽车通过性几何参数的数值范围见表 7-2。

表 7-2　汽车通过性几何参数范围

汽车类型	最小离地间隙 h/mm	接近角 γ_1/(°)	离去角 γ_2/(°)	最小转弯直径 d_{min}/m
4×2 轿车	120~200	20~30	15~22	7~13
4×2 轿车、吉普车	210~370	45~50	35~40	10~15
4×2 货车	250~300	25~60	25~45	8~14
4×4、6×6 货车	260~350	45~60	35~45	11~21
6×4、4×2 客车	220~370	10~40	6~20	14~22

第二节　汽车燃料

燃料通常是指能够将自身储存的化学能通过化学反应（燃烧）转变为热能的物质，汽车燃料主要有汽油和轻柴油。随着汽车结构、性能和运行条件的变化，以及引进国外新型汽车和先进汽车技术等，对汽车燃料也提出了更高的要求。另外，燃料的新品种、新规格也在不断增多。因此，合理使用与节约汽车用燃料，对充分发挥汽车的使用性能、保证安全运行、节约能源、减少环境污染、降低运输成本都有着重要的意义。近年来，随着全球石油危机和环境保护意识的增强，正在开发多种多样的代用燃料。

一、汽油的牌号与选用

1. 汽油的牌号

汽油的牌号是以汽油的抗爆性（辛烷值）表示的。牌号越大，则辛烷值越高，抗爆性越好。根据 GB 17930—2016《车用汽油》，按研究法辛烷值将车用汽油（Ⅳ）分为 90号、93 号和 97 号三个牌号，将车用汽油（Ⅴ）、车用汽油（ⅥA）、车用汽油（ⅥB）分为 89 号、92 号、95 号和 98 号四个牌号。

2. 汽油的选用

（1）根据汽车制造商规定选用汽油 根据汽车出厂规定选用汽油是最常用的方法。在随车提供的汽车使用说明书中一般都有明确的规定和说明。汽车使用说明书是汽车制造商为保证汽车能正常、可靠地行驶，充分发挥和保持良好的技术性能，延长汽车使用寿命而提供给用户的使用须知，是汽车使用技术（包括燃油和润滑油的选用）的主要依据。

如果不按照使用说明书规定的要求选用规定牌号的汽油，所产生的危害是很大的。若高压缩比的发动机选用低牌号的汽油，发动机极容易产生爆燃，发动机爆燃过久，容易造成活塞烧顶、环岸烧损、活塞环断裂等故障，加速了机件的损坏；若低压缩比的发动机选用高牌号的汽油，不仅成本增加，而且对发动机也不好。

(2) 根据发动机压缩比选用汽油　压缩比为 7.5~8.0 的汽油机应选用 89 号车用汽油；压缩比为 8.0~8.5 的汽油机应选用 89 号或 92 号汽油；压缩比在 8.5 以上的汽油机应选用 95 号或 98 号汽油。

国产汽油辛烷值的离散度比较大，油品质量级别较低。因此，按规定牌号使用汽油时，如果所用牌号汽油的抗爆性不能满足该车型要求，则应选用更高一级牌号的汽油。

(3) 根据汽车使用条件选用汽油　在选用汽油牌号时，还要考虑发动机使用条件、海拔高度、大气压力等因素。经常处于大负荷、大转矩、低转速状况下使用的汽油机（如拖挂运行的汽车），容易产生爆燃，应选用较高辛烷值的汽油（指与在正常使用条件下的汽车相比）；高原地区由于大气压力小，空气稀薄，汽油机工作时爆燃倾向减小，可适当降低汽油的牌号。经验表明，海拔每上升 100m，汽油辛烷值可降低约 0.1 个单位。

二、柴油的牌号及其选用

1. 柴油的牌号

GB 19147—2016《车用柴油 V》按凝点将柴油分为 5 号、0 号、-10 号、-20 号、-35 号、-50 号六种牌号。

2. 柴油的选用

车用柴油按照当地当月风险率为 10% 的最低气温选用，见表 7-3。某月风险率为 10% 的最低气温值，表示该月中最低气温低于该值的概率为 10%。

表 7-3　车用柴油牌号的选用

车用柴油牌号	适用于风险率为 10% 的最低气温在下列范围内的地区
5 号	8℃ 以上
0 号	4℃ 以上
-10 号	-5℃ 以上
-20 号	-14℃ 以上
-35 号	-29℃ 以上
-50 号	-44℃ 以上

三、汽车代用燃料

长期以来，石油燃料一直是汽车的主要能源，然而随着汽车保有量的增加以及石油储量的逐渐减少，能源危机日益加剧。因此，如何降低油耗和开发新的能源已成为汽车技术

发展的重要课题。另一方面，随着世界汽车保有量的持续增长，汽车对环境的污染也日趋严重。因此，为保护环境和节约能源，各国都投入了大量的人力和时间来研究、开发各种汽车代用燃料。现阶段常用的代用燃料有天然气、液化石油气、醇类燃料（甲醇、乙醇）及氢气等。

1. 天然气

天然气的主要成分是甲烷（CH_4），作为汽车代用燃料具有辛烷值高、与空气混合均匀、气缸积炭少、排放污染小以及不稀释润滑油等优点，而且供气简单，发动机无须做较大的改进，因而是较为理想的汽车燃料，也是世界公认的"清洁燃料"，受到越来越多国家的重视。

但天然气不易液化，通常是经压缩后使用，也称为压缩天然气（CNG），因而携带量少，行驶里程短，需要建立许多充气站，只适用于短途运输。

2. 液化石油气

液化石油气是从石油的开采和加工中得到的可燃气体，主要由丙烷、丁烷以及其他气体混合而成。石油气通常经加压使其液化后储存在高压容器中使用，以液化石油气为主要燃料的汽车称为液化石油气汽车，也可简称为 LPG 汽车。

液化石油气作为汽车燃料，其热值和辛烷值均高于汽油，有较好的抗爆性，使用液化石油气的发动机，可采用较大的压缩比来提高其热效率。液化石油气混合均匀，燃烧性能好，不会破坏润滑油的性能，而且它不含铅和硫化物，排放污染很小，使用较为广泛。

3. 醇类

醇类燃料主要是指甲醇（CH_2OH）和乙醇（C_2H_5OH），在 20 世纪 40 年代就被用作内燃机的燃料。由于它们是一种可再生的燃料，燃烧产物中基本没有炭烟，NO_x 的排放浓度也很低，且有害排放成分较少。

醇类燃料的资源非常丰富，甲醇可从天然气、煤、石脑油、重质燃料、木材和垃圾等物质中提炼。乙醇可利用发酵的方法，从甘蔗、玉米、薯类等农作物及木质纤维素中提取，这些原料不仅储量较大，而且大都可以再生。

醇类燃料的热值低，甲醇的热值只有汽油的 48%，乙醇的热值只有汽油的 64%。因此，与燃用汽油相比，在同等的热效率下，醇的燃料经济性低。但醇类燃料的辛烷值比汽油高，普通汽油与 15%~20% 的甲醇混合，辛烷值可以达到优质汽油的水平。

醇类燃料作为汽车燃料可以单独使用，也可与汽油混合使用。单独使用时，发动机须经过改造，而混合使用时，发动机无须做大的改进，因而在实际应用中，大多是混合使用。通常甲醇与汽油混合时，甲醇占 10%~20%；乙醇与汽油混合时，乙醇占 10%~15%。

醇类燃料的不足之处主要是与汽油的互溶性差，遇水容易分层，需要添加助溶剂；低温时雾化性能差，发动机不易起动；对金属有腐蚀性，零件磨损较大，其中甲醇还具有毒性，进入人体会引起中毒。

4. 氢气

氢气汽车是指用氢气作燃料的汽车。氢气的来源主要是从水中通过裂解制取，或者来源于各种副产品。虽然氢气本身的天然储量不大，但作为氢的来源——水资源却十分丰富，而且氢燃烧后生成的物质还是水，能形成资源的快速循环。氢气作为汽车用燃料的主

要优点是燃烧热效率高，燃料经济性好。但氢气的密度低，在气缸中占据的容积相对较大，因此它的标态体积热值低，影响了燃氢时的动力性。

氢气作为汽车燃料最大的问题是氢的制取和携带。氢气的制取方式有很多，但成本都非常高，目前还没有找到比较好的解决办法。因此氢气汽车仍处于研究探索阶段，真正应用的很少。但随着石油资源的减少和人类科技的不断进步，氢气汽车仍具有很大的发展潜力。

第三节　汽车润滑材料及工作液

汽车在正常行驶过程中，许多零部件间产生相对运动，加之受载荷和温度的作用，会引起零部件的磨损。磨损是车辆发生故障和损坏的主要原因之一。为减缓零部件的磨损，减少故障，延长车辆的使用寿命，最大限度地发挥车辆的应有功率，必须正确使用润滑材料。

汽车润滑材料主要包括发动机润滑油（机油）、汽车齿轮油和汽车润滑脂等。

汽车发动机润滑油的主要功用是对发动机摩擦零件间（曲轴、连杆、活塞、气缸壁、凸轮轴、气门）进行润滑，除此以外，性能优良的发动机润滑油还应具有冷却、洗涤、密封、防锈和消除冲击负荷的作用。

汽车齿轮油是用于变速器、前后桥中的齿轮及转向器等传动装置零件摩擦处的润滑油。它可以降低齿轮及其他部件的磨损、摩擦，分散热量，防止腐蚀和生锈，对保证齿轮传动装置正常运转和延长齿轮寿命十分重要。

汽车润滑脂是指稠化了的润滑油。与润滑油相比，润滑脂蒸发损失小，高温高速下的润滑性好，附着能力强，还可起到密封作用。

汽车用制动液、减振器液、冷却液及制冷剂等，统称为汽车用工作液。

制动液是汽车液压制动系统中传递压力的工作介质，俗称"刹车油"，是液压油中的一个特殊品种。发动机冷却液是用于发动机冷却系统的冷却介质，其中防冻冷却液不仅具有防止散热器冻裂的功能，还具有防腐蚀、防锈、防垢和高沸点（防开锅）的功能，可以有效地保护散热器，改善散热效果，提高发动机效率，保障汽车安全行驶。

减振器油是汽车减振器的工作介质。它利用液体流动通过节流阀时产生的阻力起到减振作用。

制冷剂是汽车空调器的工作介质。它在空调器的系统中循环，不断地被压缩和膨胀，在膨胀蒸发时吸热，达到制冷的目的。

一、发动机润滑油的牌号及选用

1. 发动机润滑油的牌号

GB 11121—2006《汽油机油》将汽油机油按质量等级分为 SE、SF、SG、SH、GF-1、SJ、GF-2、SL 和 GF-3 九个品种，每个品种按照 GB/T 14906 或 SAE J300 划分黏度等级。

GB 11122—2006《柴油机油》将柴油机油按质量等级分为 CC、CD、CF、CF-4、CH-4 和 CI-4 六个品种，每个品种按照 GB/T 14906 或 SAE J300 划分黏度等级。

通用内燃机油的品种、规格可在 GB 11121—2006《汽油机油》规定的九个汽油机油品种和 GB 11122—2006《柴油机油》规定的六个柴油机油品种中进行组合，任何一个通用内燃机油的品种、规格都应同时满足其汽油机油品种、规格和柴油机油品种、规格所有技术指标的要求。

发动机润滑油的产品标记包括质量等级、黏度等级和用途三部分。

例如，SE 30 汽油机油是指使用等级为 SE 级，黏度等级为 30 的汽油机油；SF 10W—30 汽油机油是指质量等级为 SF 级，低温动力黏度等级为 10W 级，100℃运动黏度为 30 级的多级汽油机油；CC 30 柴油机油是指质量等级为 CC 级，黏度等级为 30 的柴油机油；SE/CC 30 通用内燃机油是指汽油机/柴油机通用机油，它符合 SE 级汽油机油和 CC 级柴油机油的使用性能。

2. 发动机润滑油的选用

由于汽油机与柴油机工作条件的差异，使用的机油也不相同。即使同属汽油机或柴油机，其工作负荷、转速也会相差很大，在使用机油的级别上也会有差异。

（1）汽油机油的合理选用

1）根据发动机的压缩比及附加装置，选用汽油机油的质量等级。发动机的热负荷和机械负荷越大，对机油的要求越高，因此要求使用质量等级高的机油。汽油机压缩比越高，其发动机的热负荷和机械负荷越大，要求汽油机油的质量等级越高。

2）根据发动机工作的环境温度选择汽油机油的黏度等级。黏度是发动机润滑油的重要指标，确定汽油机油的质量等级后，选择合适的黏度就显得更为重要。黏度过大或过小都会引起能源浪费、磨损增加。汽油机油黏度等级的选用原则是根据发动机工作的环境温度来决定，冬季寒冷地区应选用黏度小的汽油机油；夏季或全年气温较高的地区应选用黏度适当高一些的汽油机油。

（2）柴油机油的合理选用

1）根据发动机的强化系数确定柴油机油的质量等级。柴油机的热负荷和机械负荷是影响机油质量变化的主要因素，柴油机负荷越大，工作温度就越高，工作强度越剧烈，要求使用柴油机油的质量也越高。选择柴油机油的质量等级时，可按发动机的强化系数来决定。强化系数小于 50 时，可选用 CC 级柴油机油；强化系数为 50～80 时，可选用 CD 级柴油机油；强化系数为 80～120 时，可选用 CF、CF-4 级柴油机油；强化系数大于 120 时，可选用 CH-4、CI-4 柴油机油。

2）根据发动机工作的环境温度选择柴油机油的黏度等级。柴油机油黏度等级的选择与汽油机油一样，要根据使用的环境温度来选择。一般在严寒地区为保证冬季顺利起动，应选用多级油。

3. 使用发动机润滑油的注意事项

1）遇到下列情况之一时，使用等级应酌情提高一级。如汽车长期处于走走停停使用状态，长期低温、低速行驶，长时间高温高速下工作，工作于灰尘大的场所，满载并拖挂车长时间行驶。

2）一般使用等级较高的油可代替使用等级较低的油，但绝不能用使用等级低的油代替使用等级高的油，否则会导致发动机早期磨损和损坏。

3）应注意用油的地区或季节的变化，及时换用适宜的黏度级别。使用中应尽量选用多级油。不同黏度等级的油不能混用。

4）应结合使用条件换油。换油时应在较高温度下进行，并将废油放净，同时必须注意严防水分、杂质的混入。

二、齿轮油的牌号及选用

1. 齿轮油的牌号

（1）普通车辆齿轮油（GL-3）　普通车辆齿轮油分为 80W-90、85W-90 及 90 三个牌号，主要适用于中等速度和负荷、比较苛刻的手动变速器和弧齿锥齿轮驱动桥的润滑。它以石油润滑油、合成润滑油及它们的混合组分为原料，并加入抗氧剂、防锈剂、抗泡剂和少量极压剂等制成。

（2）中负荷车辆齿轮油（GL-4）　中负荷车辆齿轮油主要有 80W-90、85W-90 及 90 三个牌号，适用于在低速高转矩、高速低转矩下操作的手动变速器、弧齿锥齿轮（特别是各种车用准双曲面齿轮）的润滑，以及规定使用 GL-4 质量等级的后桥主减速器的润滑。它由精制矿物油加抗氧剂、防锈剂、抗泡剂和极压剂等制成。其规格在 JT/T 224—2008《中负荷车辆齿轮油》中已有规定。

（3）重负荷车辆齿轮油（GL-5）　重负荷车辆齿轮油主要有 75W-90、80W-90、80W-110、80W-140、85W-90、85W-110、85W-140、90、110 和 140 十个牌号，适用于高速冲击负荷、高速低转矩和低速低转矩下操作的各种齿轮，特别是轿车和其他各种车辆的准双曲面齿轮的润滑。它由精制的矿物油加入抗氧剂、防锈剂、抗泡剂和少量极压剂等制成。其规格在 GB 13895—2018《重负荷车辆齿轮油》中规定。

2. 齿轮油的选用及注意事项

（1）齿轮油的选用

1）根据齿轮的工作环境选用使用等级。通常进口轿车、中外合资生产的轿车及大负荷货车的驱动桥准双曲面齿轮，其接触压力在 3000MPa 以上，滑动速度超过 10m/s，油温达 120~130℃，工作条件十分苛刻，必须使用重负荷车辆齿轮油（GL-5）；而接触压力在 3000MPa 以下，滑动速度在 1.5~8m/s 之间的驱动桥准双曲面齿轮，因工作条件不太苛刻应选用中负荷车辆齿轮油（GL-4），如东风 EQ1092、北京 BJ2023S 等汽车的驱动桥；弧齿锥齿轮因齿轮接触压力和滑动速度较低，可选用普通车辆齿轮油，负荷较大的汽车可选用中负荷车辆齿轮油，如解放 CA1091、跃进等汽车的驱动桥。

手动变速器、分动器和转向器等，其工作负荷较小，如无特殊要求，为简化用油品种，可与驱动桥使用同一种齿轮油。对有含铜零件的变速机构，因齿轮油中的硫对其有腐蚀作用，可采用柴油机油。

2）根据季节、气温选用黏度等级。齿轮油的低温黏度决定了传动机构在低温下的操作性能。通常长江流域及其他冬季气温不低于-10℃的地区，全年可使用 90 号油；长城以北冬季气温不低于-26℃的寒区，全年可用 80W-90 号油；黑龙江、内蒙古、新疆等冬季最低气温在-26℃以下的严寒区，冬季应使用 75W 号油，夏季应换用 90 号油；其他地区全年可用 85W-90 号油。

（2）使用注意事项

1）使用等级高的齿轮油可以用于要求较低的车辆上，但绝不能将使用等级低的齿轮油用于要求高的车辆上，否则会使齿轮产生严重的磨损和损坏。

2）在保证润滑的前提下，应选用黏度等级较低的齿轮油；尽可能选用多级油，以避免季节换油造成的浪费。

3）严防水分混入，以免极压抗磨添加剂失效。

4）齿轮油的换油期一般为 $(4 \sim 5) \times 10^4$km 一次，换油时应将废油放尽。

三、汽车常用润滑脂的品种及选用

润滑脂是将稠化剂分散于基础油中所形成的一种稳定的固体或半固体润滑剂产品，其中可以加入旨在改善润滑脂某种特性的添加剂及填料。润滑脂在常温下可附着于垂直表面不流失，并能在敞开或密封不良的摩擦部位执行润滑任务。

1. 汽车常用润滑脂的品种

（1）钙基润滑脂　钙基润滑脂是由动植物油与石灰制成的钙皂稠化矿物润滑油，加入水作为胶溶剂而制成的。根据 GB/T 491—2008《钙基润滑脂》，钙基润滑脂按锥入度大小分为 1 号、2 号、3 号和 4 号，号数越大，脂越硬，滴点也越高。钙基润滑脂的特点是不溶于水，抗水性较强，且润滑、防护性能较好，但其耐热性较差，在高温、高速部位润滑时易造成油皂分离。因此，钙基润滑脂最高使用温度一般不高于 60℃，且使用寿命较短。钙基润滑脂在汽车上主要用于底盘的摩擦部位、水泵轴承、分电器凸轮、变速器前球轴承等部位。换油期一般为汽车行驶里程达 5000km 左右更换一次。

（2）钠基润滑脂　钠基润滑脂是由动植物油加烧碱制成的钠皂稠化矿物润滑油制成的，外观为深黄色至暗褐色的纤维状均匀油膏。根据 GB/T 492—1989《钠基润滑脂》，钠基润滑脂按锥入度的大小，分为 2 号和 3 号。钠基润滑脂的特点是滴点较高（160℃），耐热好，适用于 $-10 \sim 110$℃温度范围内一般中等负荷部件的润滑，并有较好的承压抗磨性能。但它的耐水性很差，因而不能用于潮湿和易于与水接触的摩擦部位，如用于离发动机很近、温度较高的风扇离合器等部位。

（3）汽车通用锂基润滑脂　汽车通用锂基润滑脂是由天然脂肪酸锂皂稠化低凝点润滑油，加有抗氧剂、防锈剂制成的。汽车通用锂基润滑脂的特点是滴点高（180℃），使用温度范围广，可以在 $-30 \sim 120$℃温度范围内长期使用，而且具有良好的胶体安定性、抗水性和防锈性。汽车通用锂基润滑脂适用的地区较广，可广泛用于汽车轴承及各摩擦部位。其换油周期为 15000km。目前，进口汽车和国产新车普遍推荐使用这种润滑脂。

此外，汽车常用的润滑脂还有石墨钙基润滑脂，它具有良好的抗水性和抗碾压性能，主要用于汽车钢板弹簧、半拖挂货车转盘等承压部位的润滑。

2. 润滑脂使用注意事项

1）不同种类的润滑脂不得混用，否则易使润滑脂变软和胶体安定性下降。换用新润滑脂时，须将原润滑脂擦净，不然将加速新润滑脂氧化变质。

2）润滑脂一次加入量不要过多，否则会使运转阻力增加，工作温度升高。

3）一般情况下，润滑脂与润滑油不能混用。

四、制动液的牌号及选用

制动液是液压制动系统中传递制动压力，使车轮制动器实现制动作用的一种功能性液体。

1. 汽车制动液规格

我国汽车制动液执行标准为 GB 12981—2012《机动车辆制动液》。标准按照制动液产品的使用工况温度和运动黏度不同，将制动液分为 HZY3、HZY4、HZY5 和 HZY6 四种规格。

2. 制动液的选用和使用注意事项

（1）制动液的选用 合成型制动液是按等级来划分的，选用时应严格按照车辆使用说明书的规定，选用合适等级的制动液，以确保行车安全。若国产车使用进口制动液或进口车使用国产制动液，应根据其对应关系正确选用。总之，使用汽车制动液时，应遵循以下原则：

1）选用的制动液产品质量等级应等于或高于汽车制造商规定的制动液质量等级。

2）所选用的制动液产品类型应与汽车制造商规定的制动液产品类型相同。

3）尽量选择正规厂家生产的、性能稳定、质量有保证的制动液产品。

4）一定要选择、使用合成制动液。

（2）使用注意事项

1）各种制动液不能混合使用，以防止混合后分层而失去作用。若换用其他制动液，应彻底清洗制动系统。

2）应保持制动液清洁，防止水分、矿物油和机械杂质混入。

3）汽车制动液多以有机溶剂制成，易挥发、易燃，应密封保存并注意防火。

4）汽车制动液的更换周期，一般是 50000km 或 2 年。

五、液力传动油的牌号及选用

液力传动油又称汽车自动变速器油（Automatic Transmission Fluid，ATF），是用于汽车自动变速器中液力变矩器、液力偶合器的工作介质。

1. 液力传动油的牌号

目前，我国液力传动油现行标准是中国石油化工集团公司的企业标准，将液力传动油分为 6 号普通液力传动油和 8 号液力传动油两种。6 号和 8 号液力传动油都是以轻质矿物油或合成油为基础油，加入抗氧剂、防锈剂、抗磨剂和油性剂等调制而成。8 号液力传动油具有良好的黏温性、抗磨性和较低的摩擦系数，相当于国外 PTF（Power Transmission Fluid）-1 类油中的 GMDEXRON II 规格，适用于各种装备自动变速器的汽车。6 号液力传动油比 8 号油具有更好的抗磨性，但黏温性稍差，相当于国外 PTF-2 类油，适用于内燃机车和重型货车等的液力变矩器和液力偶合器。

2. 液力传动油的选用和注意事项

（1）液力传动油的选用 应严格按车辆使用说明书的规定，选用适合品种的液力传

动油。轿车和轻型货车应选用8号油，进口轿车要求用DEXRON Ⅱ型自动变速器油的均可用8号油代替。重型货车、工程机械的液力传动系统则应选用6号油。全液压的拖拉机、工程机械应选用拖拉机传动、液压两用油。

（2）使用注意事项

1）要经常检查油液平面。油液平面应在自动变速器量油尺上、下两刻线之间，不足时应及时补充。若发现油面下降过快，则可能是出现漏油，应及时予以检查排除。

2）应按车辆使用说明书的规定期限，及时更换液力传动油和过滤器或清洗滤网，同时拆洗自动变速器油底壳，并更换密封垫。

3）应注意保持正常的工作油温，因油温过高会加速油的氧化变质，引起故障。

六、汽车其他工作液

1. 汽车冷却液

汽车冷却液是汽车发动机冷却系统用的循环介质。在可燃混合气的燃烧过程中，气缸内的气体温度可达到1700~2500℃，为保证汽车发动机正常工作，必须对在高温条件下工作的零件进行冷却。

发动机冷却液由软水、防冻剂和各种添加剂组成。其中，防冻剂可以降低冷却液的冰点，以适应低温严寒季节的需要，目前比较适宜的防冻剂主要有乙二醇和丙二醇两种。

我国现行的石油化工行业标准NB/SH/T 0521—2010《乙二醇型和丙二醇型发动机冷却液》将发动机冷却液分为乙二醇型轻负荷和重负荷、丙二醇型轻负荷和重负荷发动机冷却液四种类型。每种类型又分为浓缩液和-25号、-30号、-35号、-40号、-45号及-50号六个不同牌号的冷却液。

汽车发动机冷却液产品质量的选择应以汽车制造商推荐为准。轿车与货车、汽油车与柴油车以及不同型号的同类汽车，发动机的技术特性、热负荷情况、冷却系统的材料均有不同。正因如此，目前国内外的汽车发动机冷却液配方有很多，产品的性能指标和试验方法水平不一。因此，汽车发动机冷却液的选择要区别发动机的类型、性能的强化程度和冷却系统材料的种类，除了保证发动机冷却液能降温、防冻外，还要考虑防沸、防腐蚀和防水垢等问题。另外，还要注意区别是一级品还是合格品，是浓缩液还是已调配好的发动机冷却液。若采用浓缩液，应根据产品说明书规定的比例，用蒸馏水或去离子水掺兑，不能使用河水、井水及自来水。

2. 减振器油

减振器油就是车辆减振器的工作介质，主要用于各种货车前桥及轿车前、后桥的减振器内。

目前多数国产汽车推荐使用克拉玛依炼油厂和按上海石油公司企业标准生产的减振器油。前者特点是凝点很低，有良好的黏温性，适合在寒区使用；后者的凝点不高于-8℃，适合在高温区使用。

3. 汽车空调器油

空调系统有相对运动的零件，因此空调系统中必须保持一定量的润滑油。制冷剂在制冷工作循环时，蒸发温度可能低至-30℃，一般润滑油无法保持良好的润滑作用，故必须

选用经过精炼、无硫、无气泡、无水分、无其他有害杂质的高级空调器润滑油。

国产冷冻机润滑油执行 GB/T 16630—2012，将冷冻机油分为 DRA、DRB、DRD、DRE、DRG 五个品种，适合汽车空调使用的是 DRD、DRE。使用汽车空调器油时，应根据制冷压缩机的种类、工况和制冷剂的类型进行正确选用。

第四节　轮胎的使用

轮胎的使用与汽车能源的消耗具有密切的关系，对延长轮胎使用寿命起到了不可忽视的作用。轮胎的气压与能耗密切相关，轮胎对滚动阻力有很大的影响。轮胎气压过低，则轮胎变形增大，滚动阻力增加。对驾驶人来讲，经常检查轮胎气压，确保轮胎气压符合标准，是汽车保养中很重要的一项工作。

汽车轮胎的合理使用按照 GB/T 9768—2017《轮胎使用与保养规程》进行。

一、保持轮胎的适宜气压

各种汽车轮胎都有规定的气压，在使用中应严格按照规定的轮胎气压充气。

在使用中一周内轮胎气压下降 10~30kPa，如气门嘴有故障，轮胎气压降低更多。因此，必须经常检查。安装轮胎压力监控系统的汽车可以在行车过程中对轮胎气压进行实时监控，当某一轮胎胎压异常时发出报警。

保持轮胎气压符合标准是减小磨损、消除隐患及延长使用寿命的重要措施。在具体应用上，还可根据安装位置和实际负荷予以调整。例如长头汽车前轴负荷较轻，若汽车前轴负荷低于两个前胎的最大负荷，轮胎气压可减小 20~30kPa。汽车在拱形路面行驶时，双胎并装的轮胎，可将外挡轮胎气压略微提高 20~30kPa，以适应路面形状，使内外挡轮胎均衡承受负荷。但提高外挡的气压还要参照双胎的搭配情况而定，如外挡胎比内挡胎的成色新、直径大，就不宜提高了。

二、防止轮胎超载

汽车应按原厂规定的吨（座）位装载货物或乘客，随意增加汽车装载质量会引起轮胎超载。汽车超载时轮胎的损坏与在低压下行驶的损坏相似，轮胎变形增大，接地面积增加，磨损加剧更甚。轮胎超载还会使胎体发热，胎温升高，造成橡胶老化加速，缩短寿命。试验表明，轮胎超载 20%，使用寿命缩短 30%；超载 40%，寿命缩短 49%。因此，在装载货物时，既要防止超载，使全部轮胎超负荷，又要防止装载不均衡，使个别轮胎超载。

三、定期换位

汽车在运行中，前、后、左、右轮胎的工作条件及承载、受力情况不同，磨损程度也各有差异。一般来说，前轮是从动轮，负荷较小，磨损比后轮轻；后轮外挡胎比内挡胎磨损大。为使全车轮胎磨损均匀，一般应按照规定的周期对轮胎进行换位。轿车轮胎每行驶

8000~10000km 进行一次换位；载货汽车子午线轮胎每行驶 12000~15000km 进行一次换位，斜交轮胎每行驶 8000~10000km 进行一次换位。

　　轮胎换位的基本方法有循环换位法和交叉换位法等，如图 7-5 所示。一次更换轮胎的位置，不能使所有轮胎从轮胎的一侧换到另一侧的换位方法，称为循环换位法。仅一次更换轮胎的位置，便可实现所有轮胎从汽车的一侧完全换到另一侧的换位方法，称为交叉换位法。

　　进行轮胎换位应注意以下事项：

　　1）轮胎换位方法选定后，不再变动。

　　2）对有方向性花纹的轮胎，换位后不能改变旋转方向。

　　3）轮胎换位后，应规定重新调整轮胎气压。

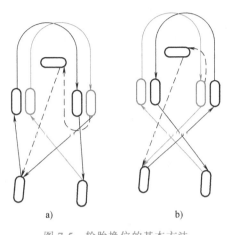

a)　　　　　　　　　　b)

图 7-5　轮胎换位的基本方法

a）循环换位法　b）交叉换位法

四、合理搭配

　　轮胎使用还应合理搭配。厂牌、规格、结构不同，新旧成色差别较大的轮胎，不宜混装在同一汽车上，尤其不可装在同一车轴或双轮并装，以免个别轮胎磨损加剧，造成早期损坏。斜交轮胎与子午线轮胎、无内胎轮胎与有内胎轮胎不应同车混装。同一轮胎的内、外胎，也要成色、尺寸相符。内胎过大，易发生皱褶损坏；内胎过小易爆破。

　　车辆轮胎替换时，替换的规格应与车辆出厂时的原配轮胎规格相同，或符合 GB/T 26278—2017《轮胎规格替换指南》。换用新轮胎时，一般应优先同时更换前轴一对轮胎，后轴可装用旧胎。因为新胎表面有过硫现象，磨损较快，一般前轮负荷较后轮轻，磨损比后轮轻 20%~30%；而且前轮是转向轮，使用新胎利于安全。装用旧胎时，要使用同样规格、花纹和新旧成色接近的轮胎。在不得不新旧搭配又须双胎并装的情况下，新旧胎的磨损程度相差不得超过 3mm。同时，应将新胎装在外挡，旧胎装于内挡，以便与车桥承载后的弯曲变形和一般拱形路面相适应，使内外挡轮胎尽可能承载均匀。

　　要尽量避开夏季更换新胎。因为夏季气温高，轮胎工作时温度高，新胎胎冠厚，不易散热，橡胶容易磨损。

　　在同一车上的轮胎花纹要尽量一致。不同的轮胎花纹对汽车性能有不同的影响，尤其是在高速公路上行驶的汽车，一定要注意轮胎花纹的选择。轿车前、后轴应当选用相同形式的胎面花纹。货车通常前轴选用纵向花纹，驱动轴或后轴选用混合型或横向花纹，或者前、后轴都选用相同的混合型或纵向胎面花纹，这样有利于汽车的操纵稳定性。

五、掌握车速，控制胎温

　　轮胎超速行驶，会产生驻波现象，轮胎温度急剧升高，导致帘布层断裂和胎面剥落现象，甚至造成爆胎。每个轮胎都有最大行驶速度，行车中要严格按照规定速度行驶，不得

超速。夏季行驶应增加停歇次数，如轮胎发热或内压增高，应停车休息散热。严禁放气降低轮胎气压，也不要泼冷水降温。

思 考 题

7-1 汽车的使用性能及评价指标有哪些？

7-2 我国车用汽油的牌号是如何划分的？现有哪几种牌号？如何选用？

7-3 我国车用柴油规格是如何划分的？如何选用？

7-4 汽车用润滑材料有哪些？如何选用？

7-5 汽车工作液有哪些？如何选用？

7-6 轮胎的使用应注意什么？

第八章 汽车营销与维修

一、汽车营销的功能和基本内容

随着改革开放的深入及我国经济的快速发展，我国的汽车工业早已由计划经济时代过渡到市场经济时代，已由卖方市场转变为买方市场，汽车企业之间的竞争变得越来越激烈，市场竞争离不开市场营销。随着商品经济的发展和市场竞争的日益激烈，汽车营销也越来越受到重视。汽车营销是指进行汽车市场调研、分析与竞争研究，为企业生产经营决策提供咨询，并进行汽车产品营销策划。汽车营销作为汽车企业的一种活动，有以下四项基本功能：

(1) 发现和了解消费者的需求 现代市场营销观念强调市场营销应以消费者为中心，没有消费者，产品就没有存在的意义，企业的一切努力在于满足、维持及吸引消费者。汽车企业也只有通过满足消费者的需求，才可能实现企业的目标。因此，发现和了解消费者的需求是市场营销的首要功能。

(2) 指导企业决策 企业决策正确与否是企业成败的关键，企业要谋得生存和发展，很重要的是做好经营决策。企业通过市场营销活动，分析外部环境的动向，了解消费者的需求和欲望，了解竞争者的现状和发展趋势，结合自身的资源条件，指导企业在产品、定价、分销、促销和服务等方面做出相应的、科学的决策。

(3) 开拓市场 通过企业市场营销活动，针对消费者的当前需求和潜在需求进行调查、了解与分析，充分把握和捕捉市场机会，积极开发产品，建立更多的分销渠道及采用更多的促销形式，开拓市场，增加销售。

(4) 满足消费者的需要 满足消费者的需求与欲望是企业市场营销的出发点和中心，也是市场营销的基本功能。企业通过市场营销活动，从消费者的需求出发，并根据不同目标市场的客户，采取不同的市场营销策略，合理组织企业的人力、财力、物力等资源，为

消费者提供适销对路的产品，搞好售后服务，让消费者满意。

汽车营销的基本内容如图 8-1 所示。

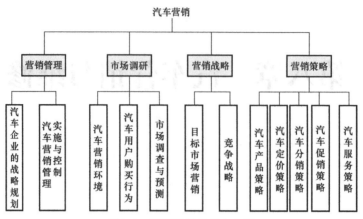

图 8-1　汽车营销的基本内容

二、汽车销售渠道

汽车企业生产出来的产品，只有通过一定的市场营销渠道，才能在适当的时间、地点，以适当的价格供应给广大消费者或用户，从而克服生产者与消费者之间的差异和矛盾，满足市场需求，实现企业的市场营销目标。

在庞大的汽车流通领域，汽车销售的渠道类型多种多样。不同的汽车企业，从自身的特点出发，采取各自不同的汽车销售渠道，如图 8-2 所示。

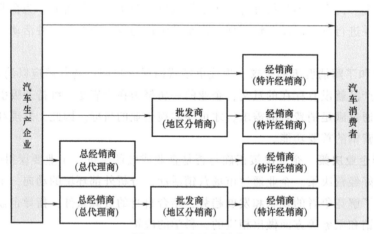

图 8-2　汽车销售渠道

1. 汽车生产企业直售型

汽车生产企业不通过任何中间环节，直接将汽车销售给消费者。这是最简单、最直接、最短的销售渠道。其特点是产销直接见面，环节少，利于降低流通费用，便于及时了解市场行情，迅速开发与投放满足消费者需求的汽车产品。但这种销售渠道模式需要生产企业自设销售机构，因而不利于专业化分工，难以广泛分销，不利于企业拓展市场。

2. 汽车生产企业转经销商直售型

汽车生产企业先将汽车卖给经销商，再由经销商直接销售给消费者。这是经过一道中间环节的销售渠道模式。其特点是中间环节少、渠道短，有利于生产企业充分利用经销商的力量，扩大汽车销路，提高经济效益。我国许多专用汽车生产企业、重型车生产企业都采用这种分销方式。

3. 汽车生产企业经批发商转经销商直售型

汽车生产企业先把汽车批发销售给批发商（或地区分销商），再由其转卖给经销商，最后由经销商将汽车直接销售给消费者。这是经过两道中间环节的销售渠道模式，也是销售中的传统渠道模式。其特点是中间环节较多，渠道较长，不仅有利于生产企业大批量生产，节省销售费用，也有利于经销商节约进货时间和费用。这种分销方式在我国的大、中型汽车生产企业的市场营销中较为常见。

4. 汽车生产企业经总经销商转经销商直售型

汽车生产企业先委托并把汽车提供给总经销商（或总代理商），由其销售给经销商，最后由经销商将汽车直接销售给消费者。这也是经过两道中间环节的销售渠道模式。其特点是中间环节较多，但由于总经销商（或总代理商）不需要承担经营风险，易调动其积极性，有利于开拓市场，打开销路。

5. 汽车生产企业经总经销商与批发商后转经销商直售型

汽车生产企业先委托并把汽车提供给总经销商（或总代理商），由其向批发商（或地区分销商）销售汽车，批发商（或地区分销商）再转卖给经销商，最后由经销商将汽车直接销售给消费者。这是经过三道中间环节的销售渠道模式。其特点是总经销商（或总代理商）为生产企业销售汽车，有利于了解市场环境，打开销路，降低费用，增加效益。但有中间环节多、流通时间长的不足。

三、汽车营销模式

由于汽车生产企业的实际情况和所处的发展阶段不同，其所选择的营销体制也有所不同。目前，主要有以下四种营销模式：

（1）专卖店模式 专卖店一般实行单一品牌为主、"三位一体"（即销售、服务、配件）或"四位一体"（即销售、服务、配件、信息反馈，代表有 4S 店）的销售方式，在为用户提供良好售后服务的同时，也提供了自身的服务功能和盈利能力。汽车专卖店具有规范性、全程性和排他性等特点。品牌专卖是市场经济、市场竞争发展到一定程度的必然产物，由于其投入大，对汽车生产企业和经营企业的实力要求较高。自 1999 年广州本田的第一家 4S 店开始运营，汽车 4S 店模式开始普及，成为我国汽车销售及售后服务的主渠道。

（2）汽车超市模式 汽车超市与专卖店的最大不同之处是：它可以代理多家品牌，也就是一家商店可以提供多种品牌的选择和服务。另外，在有些汽车商店还可以休息和娱乐。汽车超市的特点是以汽车服务贸易为主体，并千方百计向外拓展服务，促使服务效益最大化。

（3）汽车交易市场 将许多 3S、4S 汽车专卖店集中在一起，提供多种品牌汽车的

销售和服务，同时还提供汽车销售的其他延伸服务，如贷款、保险、上牌等。汽车交易市场的优势在于消费者拥有更为自由的购车环境，有更多的选择机会，同时可以享受购车的一条龙服务。汽车交易市场还带来规模效应，统一的维修和配件供应，使经销商的运作成本降低，而消费者可以买到更低价格的汽车。但从市场管理的角度来看其难度较大。

（4）汽车大道模式　汽车大道模式是以美国和欧洲部分国家等汽车生产大国为代表的目前最先进的汽车营销模式。即在方便顾客进入的快速路两侧，建立若干品牌的专卖店，形成专卖店集群。汽车大道集汽车交易、服务、信息、文化等多种功能于一体，具有规模大、环境美、效益好、交易额大、影响大等特点，体现了国际汽车营销由单一专卖店向集约化、趋同性方向发展的趋势。

2017年7月1日，《汽车销售管理办法》施行，促进了汽车市场健康发展，维护了公平公正的市场秩序，保护了消费者的合法权益。与此前的《汽车品牌销售管理实施办法》相比，以往的4S店单一模式被打破，开启了汽车流通和后市场多元化竞争的时代。

汽车销售的方式主要有上门推销、展厅专卖、信贷销售、租赁销售和网络直销等方式。

（1）展厅专卖　随着消费者需求格局的变化，汽车市场环境的改善，社会居住习惯的变化和分销系统投入资金的制约等，传统的上门推销方式已发展成展厅专卖。

（2）信贷销售　在国外，尤其是西方发达国家，购买大件耐用品，一般都采用贷款方式。汽车的销售，一般都有金融机构参与，而各大汽车公司都有自己的金融机构。新车销售很大一部分是通过分期付款方式实现的。用户可以向银行申请贷款，也可以向汽车公司的金融机构贷款，但最后都转交给银行。用户用贷款买车，汽车生产厂商就可以在售车时全部收回车款，以保证资金的正常运转。银行和汽车公司的金融机构也可以为代理商贷款，以收购旧车和租赁汽车。西班牙贷款购车占比高达80%，美国、英国的占比均为70%，德国、日本的占比分别为60%和50%。我国从1998年10月起，已允许商业银行开展汽车消费信贷业务。汽车消费贷款的实质是贷款人向申请购买汽车自用或租赁经营的借款人发放人民币贷款，实行"部分自筹、有效担保、专款专用、按期偿还"的原则。借贷双方应根据此原则依法签订借款合同。中国汽车信贷产业趋于成熟，平均年增长率稳定在5%~8%，目前贷款购车占比已超过35%。

（3）租赁销售　20世纪90年代以来创造的分级租赁销售，是一种新的促销手段，它与传统的租赁不同。它将车辆的整个寿命期分成不同阶段，顾客只需要购买其中的任意阶段的使用权或所有权即可。因此，即使是购买新车，顾客所花费的钱也较少，根本不用考虑车辆的"残余价值"，价格优势十分明显。

（4）网络直销　汽车生产厂商或汽车经销商将互联网技术和直销优势巧妙地结合起来进行销售，直接实现营销目标。网络直销最大的优点是能跨越时空和地域的限制，直接为世界各地的顾客提供服务，这种打破传统营销方式的新模式正对当前的汽车销售产生革命性的影响。网络直销可以使顾客能更具体地比较各种汽车产品，使顾客越过经销商而得到更多的实惠，并能满足不同顾客个性化的需求，同时也使汽车生产厂商节省大量的人力、物力和财力，从而提高其竞争能力。

四、汽车售后服务

汽车售后服务泛指客户接车前、后，由汽车销售部门为客户所提供的所有技术性服务工作。它可能在售前进行（如整修车辆等），也可能在售时进行（如车辆美容和按照客户要求即时进行的附件安装和检修，以及根据企业的需要为客户所进行的培训、发放技术资料等），但更多的是在车辆售出后，按期限所进行的质量保修、日常维护、维修、技术咨询以及配件供应等一系列服务工作。

1. 售后服务网络

由于汽车使用的普及性、销售的广泛性以及产品技术的复杂性，单凭汽车制造商自身的力量，是不可能做好售后服务的，必须建立一个覆盖面广、服务功能完善的售后服务网络，实行 24 小时免费呼叫，才能快捷、高效地满足客户的要求，实现全方位服务。客户提出售后服务要求时，制造商不需要去直接面对客户，而是由中间代理商协调双方的意见。因此，国内外各大汽车公司，都在组织一个十分庞大的服务网，遍布主要汽车市场的城市和乡村，这个网络代表生产厂商完成针对客户的全部技术服务工作。

2. 客户档案

建立客户档案的目的在于及时与客户联系，了解客户的需求、客户汽车和配件的使用情况及存在的问题，并对客户的要求做出答复。

3. 客户的备品供应

一辆汽车由上万个零件组装而成，汽车在使用中，都会对备件有需求。按备件的使用性质通常分成以下五类：

（1）消耗件　它是指在汽车运行中，一些自然老化、失效和到期必须更换的零件。如各种传动带、胶管、密封垫、电器零件（火花塞、传感器、继电器）、各种滤芯、轮胎及蓄电池等。

（2）易损件　它是指在汽车运行中，一些因自然磨损而失效的零件。如轴瓦、活塞环、活塞、凸轮轴瓦、缸套、气阀、导管、主销、主销衬套、轮毂、制动鼓、离合器摩擦片、各种油封、钢板销及套等。

（3）维修件　它是指在汽车一定的运行周期内必须更换的零件，如各种轴、齿轮类及各类运动件的紧固件，以及在一定使用寿命内必须更换的零件（如一些安全紧固件、转向节和半轴套管等）。

（4）基础件　基础件通常是指组成汽车的一些主要总成零件，价值较高，原则上它们应当是全寿命零件，但可能会因使用条件而造成损坏，通常应予修复，但也可以更换新件。如曲轴、气缸体、气缸盖、凸轮轴、车架、桥壳及变速器壳等。

（5）肇事件　它是指汽车肇事通常损坏的零件。如前梁、车身覆盖件、驾驶室、传动轴及水箱等。

由于备件运输的难度较大，为保证售后服务网络、备件营销、客户的备件需求，备件的供应也已实现网络化。以生产基地作为中心库，在全国或地区的交通、通信发达地区和企业产品集中销售的地区建立备品分库，各分库的进货、储备、发货受总库指挥，向辖区内的服务网点供货。

4. 汽车产品的质量保证

汽车产品的质量保证在我国，俗称"三包"，即包修、包换、包退。质量保证包括以下内容：

（1）受理用户索赔要求，并向企业反馈用户质量信息 售后服务网络的第一线受理索赔，做出赔偿决定，由售后服务部总部赔偿。

质量保证带有极强的政策性和技术性。用户有《中华人民共和国产品质量法》《中华人民共和国消费者权益保护法》等政策、法律的保护，有国家技术监督部门的技术监督和社会舆论的保护，使得企业的生产经营活动必须遵守有关的法律和法规，并接受社会舆论的监督。从技术方面看，汽车的复杂性使得其故障和事故后的状态千差万别，故障和事故的责任认定没有一个明确的界线，交通管理部门和技术监督部门很难简单地用法令的形式来处理，往往会出现用户和企业或经销商纠缠不清的现象。在所有企业的质量保证管理规定中都明确，只对企业本身质量原因引起的直接损坏零件赔偿，不负担相关损失赔偿，并保留最终技术仲裁权。

公司产品质量担保的内容：

1）质量担保期限。家用汽车产品"三包"的有效期限不低于 2 年或者行驶里程 50000km，以先到者为准。

2）车辆出现故障，只有特约维修站有权受理质量担保申请，而且故障一旦出现用户应立即与特约维修站联系并由维修站排除，所发生的一切费用，均由维修站向汽车企业结算。

3）对售出的汽车及配件进行质量担保。

4）如果出现故障后在非特约维修站修理过，或安装未经汽车公司认可的零件、未按汽车公司许可的方式对车辆进行改装、用户没有遵守车辆的使用规定（使用说明书、维修保养计划等），汽车公司将不承担质量担保。

（2）汽车召回 所谓汽车召回制度，就是投放市场的汽车，发现由于设计或制造方面的原因，存在缺陷，不符合有关的法规、标准，有可能导致安全及环保问题，制造商必须及时向国家有关部门报告该产品存在的问题、造成问题的原因以及改善措施等，提出召回申请，经批准后对在用车辆进行改造，以消除事故隐患。制造商还有义务让用户及时了解有关情况。一些企业为了树立和维护自己的形象，对于因质量缺陷而导致的质量隐患会积极主动地提出召回。实行缺陷汽车召回制度，可以有效避免因汽车自身存在的问题造成安全事故。汽车召回制度在欧美日等实施较早，我国在 2004 年，国家质检总局等四部委联合发布《缺陷汽车产品召回管理规定》，针对 M1 类车辆（驾驶人座位在内，座位数不超过 9 座的载客车辆）开始实施汽车产品召回。2012 年又针对我国境内生产、销售的汽车和汽车挂车制定了《缺陷汽车产品召回管理条例》，并于 2013 年 1 月 1 日起施行。

五、汽车保险

汽车保险（我国称为机动车保险）是指对机动车辆由于自然灾害或意外事故所造成的人身伤亡或财产损失负赔偿责任的一种商业保险，是以机动车辆本身及其第三者责任等为保险标的的一种运输工具保险，其保险客户，主要是拥有各种机动交通工具的法人团体

和个人；其保险标的，主要是各种类型的汽车，但也包括各种专用车辆等。

车辆保险可分为交强险和商业险两大类，商业险还可以具体分为基本险（也称主险）和附加险两个部分，而基本险又分为车辆损失险和第三者责任险。

1. 交强险

交强险全称机动车交通事故责任强制保险，是中国首个由国家法律规定实行的强制保险制度。《机动车交通事故责任强制保险条例》规定：交强险是指由保险公司对被保险机动车发生道路交通事故造成本车人员、被保险人以外的受害人的人身伤亡、财产损失，在责任限额内予以赔偿的强制性责任保险。

下列六种情况下交强险可以办理退保：被保险机动车被依法注销登记的；被保险机动车办理停驶的；被保险机动车经公安机关证实丢失的；投保人重复投保交强险的；被保险机动车被转卖、转让、赠送至车籍所在地以外的地方；新车因质量问题被销售商收回或因相关技术参数不符合国家规定交管部门不予上户的。

2. 商业险

在机动车保险中，车辆损失险与第三者责任险构成了商业险的主干险种，并在若干附加险的配合下，共同为保险客户提供多方面的危险保障服务。

（1）车辆损失险　车辆损失险主要针对的是保险车辆遭受保险责任范围内的自然灾害或意外事故所造成的保险车辆自身的损失。车辆损失险的保险标的是各种机动车辆的车身及其零部件、设备等。当保险车辆遭受保险责任范围内的自然灾害或意外事故，造成保险车辆本身损失时，保险人应当依照保险合同的规定给予赔偿。

车辆损失险的保险责任，包括碰撞责任、倾覆责任与非碰撞责任，其中碰撞责任是指被保险车辆与外界物体的意外接触，如车辆与车辆、车辆与建筑物、车辆与电线杆或树木、车辆与行人以及车辆与动物等发生碰撞，均属于碰撞责任范围之列；倾覆责任是指保险车辆由于自然灾害或意外事故，造成本车翻倒，车体触地，使其失去正常状态和行驶能力，不经施救不能恢复行驶；非碰撞责任主要包括保险单上列明的各种自然灾害及各种意外事故。

车辆损失险的责任免除包括风险免除（损失原因的免除）和损失免除（保险人不赔偿的损失）。风险免除主要包括战争、军事冲突、恐怖活动、暴乱、扣押、罚没及政府征用；在营业性维修场所修理、养护期间；用保险车辆从事违法活动；驾驶人员饮酒、吸食或注射毒品、被药品麻醉后使用保险车辆；保险车辆肇事逃逸；驾驶人员无驾驶证或驾驶车辆与驾驶证准驾车型不相符；非被保险人直接允许的驾驶人员使用保险车辆；车辆不具备有效行驶证件。损失免除主要包括自然磨损、锈蚀、故障及市场价格变动造成的贬值等。

（2）第三者责任险　第三者责任险是指被保险人允许的合格驾驶人在使用被保险车辆过程中发生的意外事故，致使第三者遭受人身伤亡或财产的直接损失，依法应当由被保险人支付的赔偿金额，保险人会按照保险合同中的有关规定给予赔偿。该险种主要是保障道路交通事故中第三方受害人获得及时有效赔偿的险种。在机动车交强险出台后，第三者责任险已成为非强制性保险。由于交强险对第三者的财产损失和医疗费用部分赔偿较低，可考虑购买第三者责任险作为交强险的补充。投保人在投保第三者责任险之前，要根据自

身车辆的具体情况，进行风险评估，赔偿限额越高，保费也随之增加。投保人可以根据实际需求和保费支付能力选择赔偿限额，在购买第三者责任险时，应体现高风险高保额、低风险低保额这一购买原则。

（3）附加险 为了满足被保险人对与机动车有关其他风险的保险要求，解除被保险人的后顾之忧，保险人常常通过附加险的方式承保。附加险包括全车盗抢险（盗抢险）、车上人员责任险、无过失责任险、车载货物掉落责任险、玻璃单独破碎险、车辆停驶损失险、自燃损失险、新增设备损失险、不计免赔特约险、涉水险及划痕险等。玻璃单独破碎险、自燃损失险、新增加设备损失险，是车辆损失险的附加险，必须先投保车辆损失险后才能投保这几种附加险。车上责任险、无过错责任险、车载货物掉落责任险等，是第三者责任险的附加险，必须先投保第三者责任险后才能投保这几种附加险；每种险别不计免赔是可以独立投保的。

第二节　汽车维修

汽车维修是汽车维护和汽车修理的总称。汽车维护是为维持汽车完好技术状况或工作能力而进行的作业，汽车修理是为恢复汽车完好技术状况或工作能力和寿命而进行的作业。

随着汽车设计和制造水平的提高，汽车通过有效维护，在8～10年的使用期限内，取消整车大修已逐渐成为一种发展趋势。由于汽车修理工作量的逐期减少，维护的工作总量已大于修理量。整车大修已被总成大修所代替，汽车维修的重点已转移到维护工作上，维护已重于修理。在汽车维修工作中，实际上也是以维护作业为主的。《汽车维护、检测、诊断技术规范》发布于2001年，并于2016年进行修订，是我国关于汽车维护制度的最高标准。

一、汽车维护的主要工作

汽车维护的主要工作有清洁、检查、紧固、调整、润滑和补给等内容。

1. 清洁

清洁工作是提高汽车维护质量、防止机件腐蚀、减轻零部件磨损和降低燃油消耗的基础，并为检查、补给、润滑、紧固和调整工作做好准备。其工作内容主要包括对燃油、机油、空气滤清器滤芯的清洁、汽车外表的养护和对有关总成、零部件内外部的清洁作业。

2. 检查

检查是通过检视、测量、试验及其他方法，确定汽车以及总成、部件技术状况是否正常、工作是否可靠、机件有无变异和损坏的一项作业，可为正确维修提供可靠依据。其工作内容主要是检查汽车各总成和机件的外表、工作情况和联接螺栓的紧度等。

3. 紧固

汽车在运行中，由于振动、颠簸、机件热胀冷缩等原因，会改变零部件的紧固程度，以致零部件失去连接的可靠性。紧固工作是为了使各部机件连接可靠，防止机件松动的维护作业。

4. 调整

调整工作是恢复车辆良好技术性能的一项重要工作。调整工作的好坏，与减轻机件磨损、保持汽车使用的经济性和可靠性有直接的关系。其工作内容主要是按技术要求，恢复总成、机件的正常配合间隙及工作性能等作业。

5. 润滑

润滑主要是为了减小有关摩擦副的摩擦力，减轻机件的磨损，延长汽车使用寿命，它是很重要的工作。其工作内容包括对发动机润滑系统更换或添加机油，对传动系操纵部分以及行驶系统各润滑部位加注润滑油或润滑脂等作业。

6. 补给

补给工作是指在汽车维护中，对汽车的燃油、润滑油及特殊工作液体进行加注补充，以及对蓄电池进行补充充电、对轮胎进行充气等作业。

二、汽车的维护制度

目前我国汽车维护制度可分为定期维护和非定期维护两大类，其中定期维护包括日常维护、一级维护和二级维护三类，非定期维护包括季节性维护和走合期维护两类。

1. 日常维护

日常维护是以清洁、补给和安全性能检视为中心内容的维护作业。日常维护通常由驾驶人本人完成，如有异常现象，应及时送修理站维修。日常维护的周期为出车前、行车中及收车后。

2. 一级维护

一级维护是除日常维护作业外，以润滑、紧固为作业中心内容，并检查有关制动、操纵等安全部件的维护作业。一级维护主要由专业维修企业负责执行。一级维护主要是由于车辆在经过较长里程运行后，特别要注意对车辆的安全部件进行检查维护。

3. 二级维护

二级维护是除一级维护作业外，以检查、调整制动系统、转向操纵系统、悬架等安全部件，并拆检轮胎，进行轮胎换位，检查调整发动机工作状况和汽车排放相关系统等为主的维护作业。二级维护由维修企业负责执行。二级维护主要是由于车辆在经过更长里程运行后，必须对车况进行较全面的检查、调整，维护其使用性能，以保证车辆的安全性、动力性和经济性达到使用要求。

4. 走合期维护

新购买或进行大修（包括发动机大修）的车，初期的使用阶段称为走合期（或磨合期）。在这段时间内对汽车进行的维护，称为走合期维护。新车的走合期通常为1000~3000km，大修后的汽车走合期一般为1000~1500km。汽车在投入使用时都应进行走合期的磨合，以提高汽车日后的使用性能和使用寿命，新车经过走合期维护后，才可投入正常使用。

新车和修复车在走合期满后，应进行一次走合维护。该维护一般由制造商指定的维修厂家负责完成。其作业内容包括清洁、检查、紧固和润滑工作。

5. 季节性维护

每年 4、5 月份和 10、11 月份，汽车即将进入夏季或冬季运行，应进行季节性维护。进入夏季运行前，应当及时更换空调滤芯，检查空调制冷剂的含量。进入冬季运行前，应当做好相关部件的保温工作等，通常可以结合二级维护进行。

此外，对于长期停放的车辆，会因为受到大气侵蚀而使各总成和机构的技术状况逐渐变坏，以致失去原有的技术性能。例如长期停放会使机油、制动液、防冻液、电解液氧化变质，轮胎及轮辋变形等，需经常对长期停放的车辆进行必要的养护工作，以使其处于良好的性能状况。

三、汽车美容

汽车美容是指针对汽车各部位不同材质所需的保养条件，采用不同汽车美容护理用品及施工工艺，对汽车进行的保养护理。"汽车美容"源于西方发达国家，英文名称为"Car Care"。由于汽车工业的发展，社会消费时尚的流行，以及人们追求新异思想的影响，新车款式更新换代速度非常快，追新族们为得到新车而不愿旧车贬值，因而在汽车消费与二手车市场之间，汽车美容应运而生。汽车美容是工业经济高速发展、消费观念进步以及汽车文化日益深入人心的必然产物，并已成为普及性高、专业化强的服务行业。

汽车美容不只是简单的汽车打蜡、除渍、除臭、吸尘及车内外的清洁服务等常规美容护理，还包括利用专业美容系列产品和高科技技术设备，采用特殊的工艺和方法，对漆面增光、打蜡、抛光、镀膜、镀晶及深浅划痕处理，全车漆面美容，底盘装甲和发动机表面翻新等一系列养车技术，是一个复杂的系统工程。

一般来说，专业汽车美容，是通过先进的设备和数百种用品，经过几十道工序，从车身、车室（地毯、皮革、丝绒、仪表、音响、顶篷、冷热风口、排档区等进行高压洗尘、吸尘、上光）、发动机（免拆清洗）、钢圈轮胎、底盘、保险杠及油电路等处作整车处理，使旧车变成新车并保持长久，且对较深划痕可进行特殊快速修复。专业汽车美容的主要项目如下：

1）车身外部清洁，包括大块泥沙冲洗，油污、静电去除及新车开蜡，深度清洗和漆面胶油、沥青、鸟粪等杂物处理。

2）内饰的清洁保养。

3）底盘防锈静音处理，通过施工底盘装甲达到隔音防锈的效果。

4）发动机系统的美容护理。

5）漆面美容护理，包括漆面缺陷的处理，如轻划痕，去除太阳纹等。漆面上光保护，漆面打蜡、封釉、镀膜、镀晶。

6）轮胎、轮毂等保养护理。

7）塑料件、皮革等的美容护理。

8）车内空气净化，包括甲醛净化，光触媒，车载空气净化器等。

9）大灯修复。

10）玻璃清洁和修复。

四、汽车修理

1. 汽车修理级别的划分

在修理中，所有零件及总成有易损零件与不易损零件之分，其磨耗与损坏的程度也不尽相同，需要修理的行驶里程很难一致。因此，按照不同的对象和不同的作业范围，汽车修理可分为整车大修、总成大修、汽车小修和零件修理。

(1) 整车大修 汽车在行驶一定里程（或时间）后，经过检测诊断和技术鉴定，需要用修理或更换零部件的方法，恢复车辆整体完好的技术状况，完全或接近完全核复汽车使用性能和寿命的恢复性修理，就是整车大修。

(2) 总成大修 汽车的主要总成经过一定使用时间（或行驶里程）后，用修理或更换总成零部件（包括基础件）的方法，恢复其完好技术状况和寿命的恢复性修理，就是总成大修。

(3) 汽车小修 用修理或更换个别零件的方法，保证或核复汽车局部工件能力的运行性修理，就是汽车小修。它主要是消除汽车在运行过程或维护作业过程中发生或发现的故障或隐患。

(4) 零件修理 对因磨损、变形、损伤等不能继续使用的零件的修理就是零件修理。汽车修理和维护换下来的零件，具有修理价值的，可修复使用。

2. 汽车大修和总成大修的送修条件

(1) 整车 对于货车，发动机已达到大修标准，同时有两个或两个以上其他总成符合大修条件。对于客车、轿车，车身总成已达大修的送修条件，同对发动机或其他两个总成也达到大修标准时，均应进行大修。

(2) 发动机 气缸磨损量超过规定标准，发动机最大功率或气缸压力较标准降低25%以上，燃油和机油消耗量明显增加，发动机加速性能恶化，发动机出现异响，发动机重大损伤事故，发动机不能正常运转或根本不能运转。

(3) 车架总成 车架断裂、锈蚀、弯曲变形逾限；大部分铆钉松动或铆钉孔磨损，必须拆卸其他总成后才能进行矫正、修理或重铆方能修复。

(4) 车身总成 客车车身总成大修送修标志是车厢骨架断裂、锈蚀、变形严重，蒙皮破损面积较大，需要彻底修复；货车车身总成大修送修标志是驾驶室锈蚀、变形严重、破裂，或车厢纵、横梁腐朽，底板、栏板破损面积较大，需要彻底修复。

(5) 变速器（分动器）总成 壳体变形、破裂，轴承孔磨损逾限，变速齿轮及轴严重磨损、损坏，需要彻底修复。

(6) 车桥总成 桥壳破裂、变形，半轴套管轴承孔磨损逾限，主销轴承孔磨损逾限，减速器齿轮严重磨损，需要校正或彻底修复。

3. 汽车修理的主要工作

在整个汽车修理工艺过程中，主要包括外部清洗、总成拆卸、总成分解、零件清洗、检验、修复与更换、装配与调整及试验等各道工序。

在分解检验时，对主要旋转零件或组合件，如飞轮、离合器压盘、曲轴、传动轴及车轮等，须进行静平衡或动平衡试验；对有密封性要求的零件或组合件，如气缸盖、气缸

体、散热器、贮气筒以及制动阀、泵、气室等，应进行液压或气压试验；对主要零件及有关安全的零部件，如曲轴、连杆、凸轮轴、前轴、转向节、转向节臂、球头销、转向蜗杆轴、传动轴、半轴及半轴套管或桥壳等，应作探伤检查。

对基础件及主要零件，应检验并恢复其配合部位和主要部位的尺寸、形状及位置要求等。主要总成应经过试验，性能符合技术要求时，方可装车使用。

第三节　汽车性能检测

汽车本身是一个复杂的系统，随着行驶里程的增加和使用时间的延续，其技术状况将不断恶化。为确保车辆运行安全和技术状况良好，对在用车辆进行定期和不定期的技术检测。汽车检测是确定汽车技术状况或工作能力的检查，其目的是判别汽车技术状况是否处于规定水平。

在用车辆的技术检测分为自检和强制性检验。自检由车辆所属单位进行，以确保车辆具有更好的动力性、经济性和安全性为主要目的。强制性检验由车辆管理部门进行，通过检查其是否符合国家规定的技术条件，以确定被检车辆的技术状况是否满足运行安全和营运的基本要求。

一、汽车检测

我国从 20 世纪 60 年代开始研究汽车检测技术，70 年代开始大力发展汽车检测技术，80 年代开始有计划地建设汽车检测站，30 多年来我国的汽车检测技术取得了迅速的发展。《中华人民共和国道路交通安全法实施条例》于 2004 年 4 月 30 日公布，自 2004 年 5 月 1 日起施行。2017 年 10 月 7 日进行了修改。该条例对机动车检测做出了明确的规定。机动车应当从注册登记之日起，按照下列期限进行安全技术检验：

1）营运载客汽车 5 年以内每年检验 1 次；超过 5 年的，每 6 个月检验 1 次。

2）货车和大型、中型非营运载客汽车 10 年以内每年检验 1 次；超过 10 年的，每 6 个月检验 1 次。

3）小型、微型非营运载客汽车 6 年以内每 2 年检验 1 次；超过 6 年的，每年检验 1 次；超过 15 年的，每 6 个月检验 1 次。

4）摩托车 4 年以内每 2 年检验 1 次；超过 4 年的，每年检验 1 次。

5）拖拉机和其他机动车每年检验 1 次。

营运机动车在规定检验期限内经安全技术检验合格的，不再重复进行安全技术检验。

中华人民共和国交通运输部《道路运输车辆技术管理规定》对道路运输车辆检测提出明确规定。道路运输经营者应当自道路运输车辆首次取得道路运输证当月起，按照下列周期和频次，委托汽车综合性能检测机构进行综合性能检测和技术等级评定：

1）客车、危货运输车自首次经国家机动车辆注册登记主管部门登记注册不满 60 个月的，每 12 个月进行 1 次检测和评定；超过 60 个月的，每 6 个月进行 1 次检测和评定。

2）其他运输车辆自首次经国家机动车辆注册登记主管部门登记注册的，每 12 个月进行 1 次检测和评定。

车辆检测的目的是检验车辆的主要技术性能是否满足 GB 7258—2017《机动车运行安全技术条件》的规定，作为发放和审验"行驶证"的主要依据。同时，督促车属单位和个人对车辆进行维修和更新，确保车辆具有良好的技术状况，消除事故隐患，确保行车安全。

汽车检测一般可分为汽车安全性能检测、汽车综合性能检测和汽车维修检测、特殊检测、临时性检测等。

1. 汽车安全性能检测

汽车安全性能检测的目的是确定汽车性能是否满足有关汽车运行安全和公害等法规的规定，是对全社会民用汽车的安全性检查。根据检测手段不同，一般分为外检和有关性能的检测。

外检通过目检和实际操作来完成，其主要内容如下：

1）检查车辆号牌、行车执照有无损坏、涂改、字迹不清等情况，校对行车执照与车辆的各种数据是否一致。

2）检查车辆是否经过改装、改型、更换总成，其更改是否经过审批及办理过有关手续。

3）检查车辆外观是否完好，联接件是否紧固，是否有四漏（漏水、漏油、漏气、漏电）现象。

4）检查车辆整车及各系统是否满足 GB 7258—2017《机动车运行安全技术条件》所规定的基本要求。

对汽车有关性能的检测，采用专用检测设备对汽车进行规定项目的检测，主要有侧滑、制动、噪声、排放及灯光等。

2. 汽车综合性能检测

汽车综合性能检测的目的是对在用运输车辆的技术状况进行检测诊断，对汽车维修行业的维修车辆进行质量检测，以确保运输车辆安全运行，提高运输效率和降低运行消耗。汽车综合性能检测的主要内容如下：

1）汽车的安全性（制动、侧滑、转向、前照灯等）检测。

2）可靠性（异响、磨损、变形、裂纹等）检测。

3）动力性（车速、加速能力、底盘输出功率、发动机功率、转矩、供给系统、点火系统状况等检测）。

4）经济性（燃油消耗）检测。

5）噪声和排放状况检测。

3. 汽车维修检测

汽车维修检测的目的是对汽车维修前进行技术状况检测和故障诊断，据此确定附加作业和小修项目以及是否需要大修，同时对汽车维修后的质量进行检测。

汽车二级维护前检测的主要内容如下：

（1）汽车基本性能　检测最高车速、加速性能、燃油消耗量、制动性能、转向轮侧滑量及滑行能力等。

（2）发动机技术状况　检测气缸压力、机油压力、工作温度、点火系统技术状况、

机油质量及发动机异响等。

（3）底盘技术状况　检测离合器、变速器、主减速器、传动轴的技术状况（密封、工作温度、异响等），以及车轮、悬架技术状况，车架有无裂伤及各部件铆接状况等。

（4）车辆外观状况检查　检查车辆装备是否齐全，车身有无损伤，车轴和车架有无断裂、变形以及有无"四漏"现象等。

汽车二级维护质量检测的主要内容如下：

（1）外观检查　检查车容整齐，装备齐全，无"四漏"现象等。

（2）动力性能检测　检测发动机功率或气缸压力、汽车的加速性能及滑行能力。

（3）经济性能检测　检测燃油消耗量。

（4）安全性能　检测转向轮定位和侧滑量、转向盘自由转动量、制动性能、前照灯发光强度及光束照射位置、车速表误差、喇叭声级及噪声等。

（5）排放　检测汽油车急速污染物（CO、HC）排放、柴油车自由加速烟度排放。

（6）异响　检测发动机和底盘各总成有无异常声响。

汽车或发动机修理质量的检测应根据 GB/T 3798.1—2005《汽车大修竣工出厂技术条件　第 1 部分：载客汽车》、GB/T 3798.2—2005《汽车大修竣工出厂技术条件　第 2 部分：载货汽车》和 GB/T 15746—2011《汽车修理质量检查评定方法》进行。

4. 特殊检测

特殊检测是指为了不同的目的和要求对在用车辆进行的检验。在检验的内容和重点上与上述各类检测有所不同，故称为特殊检测。其内容主要包括：

（1）改装或改造车辆的检测　为了不同的使用目的，在原车型底盘的基础上改制成其他用途的车辆后，因其结构和使用性能变更较大，车辆管理部门在核发号牌及行车执照时，应对其进行特殊检验。包括汽车主要总成改掉后的车辆的检测，有关新工艺、新技术、新产品，以及节能、科研项目等的检测鉴定。

（2）事故车辆的检测　对发生交通事故并有损伤的车辆进行检测。一方面是为了分析事故原因，分清事故责任；另一方面是为了查找车辆的故障，确定汽车的技术状况，以保证再行车的安全。

（3）外事车辆的检验　为保证参加外事活动车辆的技术状况，防止意外事故发生，必须对车辆的安全性能和其他有关性能进行检验。

（4）其他检测　接受公安、商检、计量、保险等部门的委托，进行有关项目的检测。

5. 临时性检测

临时性检测是指除对车辆年检和正常检验之外的车辆检验。车辆临时性检测的内容与年检基本相同，其目的是评价车辆性能是否满足 GB/T 7258—2017《机动车运行安全技术条件》的要求，以确定其能否在道路上行驶，或车辆技术状况是否满足参加营运的基本要求。

在用车辆参加临时性检测的范围如下：

1）申请领取临时号牌（如新车出厂、改装车出厂）的车辆。

2）放置很长时间，要求复驶的车辆。

3）遭受严重损坏，修复后准备投入使用的车辆。

4）挂有国外号牌，经我国政府允许，可进入我国境内短期行驶的车辆。

5）车辆管理部门认为有必要进行临时检验的车辆（如春运期间、交通安全大检查期间）。

营运车辆在下述情况下，应按交通运输管理部门的规定，参加临时性检测：

1）申请领取营运证的车辆。

2）经批准停驶的车辆恢复行驶前。

3）经批准封存的车辆启封使用时。

4）改装和主要总成改造后的车辆。

5）申请报废的车辆。

6）其他车辆检测诊断服务。

二、汽车的更新和报废

汽车的更新是以新车辆或高效率、低消耗、性能先进的车辆更换在用车辆。汽车报废则是在汽车无法使用或失去使用价值时将其作为废品处理。车主须将汽车交售给报废汽车回收拆解企业，由报废汽车回收拆解企业按规定进行登记、拆解、销毁等处理，并将报废汽车登记证书、号牌、行驶证交公安机关交通管理部门注销。

1. 汽车报废标准

国际通行的汽车报废制度是以汽车的技术状况为主要检测指标的。

《机动车强制报废标准规定》自 2013 年 5 月 1 日起施行新规定。该规定共 11 条，明确根据机动车使用和安全技术、排放检查状况，由国家对达到报废标准的机动车实施强制报废。新规定中，各类机动车的使用年限分别如下：

1）小、微型出租客运汽车使用 8 年，中型出租客运汽车使用 10 年，大型出租客运汽车使用 12 年。

2）租赁载客汽车使用 15 年。

3）小型教练载客汽车使用 10 年，中型教练载客汽车使用 12 年，大型教练载客汽车使用 15 年。

4）公交客运汽车使用 13 年。

5）其他小、微型营运载客汽车使用 10 年，大、中型营运载客汽车使用 15 年。

6）专用校车使用 15 年。

7）大、中型非营运载客汽车（大型轿车除外）使用 20 年。

8）三轮汽车、装用单缸发动机的低速货车使用 9 年，其他货车（包括半挂牵引车和全挂牵引车）使用 15 年。

9）有载货功能的专项作业车使用 15 年，无载货功能的专项作业车使用 30 年。

10）全挂车、危险品运输半挂车使用 10 年，集装箱半挂车使用 20 年，其他半挂车使用 15 年。

11）正三轮摩托车使用 12 年，其他摩托车使用 13 年。

需要注意的是，对于小、微型非营运载客汽车、大型非营运轿车、轮式专用机械车，无使用年限限制。

对达到一定行驶里程的机动车引导报废，各类机动车的行驶里程限制分别如下：

1）小、微型出租客运汽车行驶 60 万 km，中型出租客运汽车行驶 50 万 km，大型出租客运汽车行驶 60 万 km。

2）租赁载客汽车行驶 60 万 km。

3）小型和中型教练载客汽车行驶 50 万 km，大型教练载客汽车行驶 60 万 km。

4）公交客运汽车行驶 40 万 km。

5）其他小、微型营运载客汽车行驶 60 万 km，中型营运载客汽车行驶 50 万 km，大型营运载客汽车行驶 80 万 km。

6）专用校车行驶 40 万 km。

7）小、微型非营运载客汽车和大型非营运轿车行驶 60 万 km，中型非营运载客汽车行驶 50 万 km，大型非营运载客汽车行驶 60 万 km。

8）微型货车行驶 50 万 km，中、轻型货车行驶 60 万 km，重型货车（包括半挂牵引车和全挂牵引车）行驶 70 万 km，危险品运输货车行驶 40 万 km，装用多缸发动机的低速货车行驶 30 万 km。

9）专项作业车、轮式专用机械车行驶 50 万 km。

10）正三轮摩托车行驶 10 万 km，其他摩托车行驶 12 万 km。

除此之外，已注册机动车有下列情形之一的也应当强制报废：

1）经修理和调整仍不符合机动车安全技术国家标准对在用车辆有关要求的。

2）经修理和调整或者采用控制技术后，向大气排放污染物或者噪声仍不符合国家标准对在用车辆有关要求的。

3）在检验有效期届满后连续 3 个机动车检验周期内未取得机动车检验合格标志的。

2. 报废汽车回收管理办法

为了规范报废机动车回收活动，2019 年 6 月 1 日起施行《报废机动车回收管理办法》。

任何单位或者个人不得要求机动车所有人将报废机动车交售给指定的报废机动车回收企业。报废机动车回收企业对回收的报废机动车，应当逐车登记机动车的型号、号牌号码、发动机号码、车辆识别代号等信息；发现回收的报废机动车疑似赃物或者用于盗窃、抢劫等犯罪活动的犯罪工具的，应当及时向公安机关报告。报废机动车回收企业不得拆解、改装、拼装、倒卖疑似赃物或者犯罪工具的机动车或者其发动机、方向机、变速器、前后桥、车架（以下统称"五大总成"）和其他零部件。

拆解的报废机动车"五大总成"具备再制造条件的，可以按照国家有关规定出售给具有再制造能力的企业经过再制造予以循环利用；不具备再制造条件的，应当作为废金属，交售给钢铁企业作为冶炼原料。拆解的报废机动车"五大总成"以外的零部件符合保障人身和财产安全等强制性国家标准，能够继续使用的，可以出售，但应当标明"报废机动车回用件"。

国务院负责报废机动车回收管理的部门应当建立报废机动车回收信息系统。报废机动车回收企业应当如实记录本企业回收的报废机动车"五大总成"等主要部件的数量、型号、流向等信息，并上传至报废机动车回收信息系统。负责报废机动车回收管理的部门、公安机关应当通过政务信息系统实现信息共享。

　　禁止任何单位或者个人利用报废机动车"五大总成"和其他零部件拼装机动车，禁止拼装的机动车交易。除机动车所有人将报废机动车依法交售给报废机动车回收企业外，禁止报废机动车整车交易。

思　考　题

　　8-1　汽车营销的主要内容有哪些？汽车营销有何功能？

　　8-2　汽车的销售渠道和营销模式有哪些？

　　8-3　汽车售后服务工作的主要内容有哪些？

　　8-4　何谓汽车保险？汽车保险分几类？

　　8-5　汽车维护主要工作有哪些？

　　8-6　目前我国规定的汽车维护制度分几级？各有何特点？

　　8-7　何谓汽车美容？专业汽车美容有何特点？

　　8-8　汽车修理分为几类？各有何特点？

　　8-9　我国对汽车安全技术检验是如何规定的？

　　8-10　汽车在哪些情况下应进行临时性检验？

　　8-11　汽车安全性能检测、汽车综合性能检测、汽车维修检测三者的主要区别有哪些？

　　8-12　汽车的更新和报废有何不同？汽车报废标准是如何规定的？

参 考 文 献

[1] 吴光强，陆忠东. 汽车文化 [M]. 上海：上海科学技术文献出版社，2016.

[2] 陈家瑞. 汽车构造 [M]. 北京：机械工业出版社，2009.

[3] 史文库，姚为民. 汽车构造 [M]. 6版. 北京：人民交通出版社，2013.

[4] 清华大学汽车工程系. 汽车构造 [M]. 北京：人民邮电出版社，2000.

[5] 王望予. 汽车设计 [M]. 北京：机械工业出版社，2004.

[6] 余志生. 汽车理论 [M]. 北京：机械工业出版社，2009.

[7] 金国栋. 汽车概论 [M]. 北京：机械工业出版社，2010.

[8] 王中亭. 汽车概论 [M]. 北京：机械工业出版社，2006.

[9] 赖晨光. 汽车工程概论 [M]. 北京：中国工信出版集团，人民邮电出版社，2016.

[10] 凌永成. 汽车工程概论 [M]. 北京：机械工业出版社，2015.

[11] 北京中车行高新技术有限公司. 常见汽车识别代号（VIN）速查手册 [M]. 北京：机械工业出版社，2003.

[12] 姜立标. 现代汽车新技术 [M]. 2版. 北京：北京大学出版社，2016.

[13] 郑安文. 汽车安全 [M]. 北京：北京大学出版社，2014.

[14] 麻友良，丁卫东. 汽车电器与电子控制系统 [M]. 北京：机械工业出版社，2006.

[15] 李明惠. 汽车应用材料 [M]. 北京：机械工业出版社，2016.

[16] 陈焕江. 汽车运用工程学 [M]. 北京：机械工业出版社，2018.

[17] 《汽车工程手册》编辑委员会. 汽车工程手册：设计篇 [M]. 北京：人民交通出版社，2001.

[18] 中国汽车工程学会，等. 中国汽车轻量化发展：战略与路径 [M]. 北京：北京理工大学出版社，2015.

[19] 杨志华. 汽车试验方法 [M]. 北京：国防工业出版社，2013.

[20] 肖健，汽车使用性能与检测 [M]. 北京：机械工业出版社，2002.

[21] 崔胜民. 新能源汽车概论 [M]. 北京：北京大学出版社，2015.

[22] 姜顺明. 新能源汽车基础 [M]. 北京：北京大学出版社，2015.

[23] 王刚，荆旭龙. 新能源汽车 [M]. 北京：清华大学出版社，2015.

[24] 凌永成，等. 汽车运行材料 [M]. 北京：北京大学出版社，2013.

[25] 徐礼超，李书伟. 汽车检测与诊断技术 [M]. 北京：国防工业出版社，2012.

[26] 司传胜，沈辉. 汽车维修工程 [M]. 北京：国防工业出版社，2012.

[27] 张国方. 汽车营销学 [M]. 北京：人民交通出版社，2017.

[28] 汽车维修编写组. 汽车维修 [M]. 北京：人民邮电出版社，2000.